U0670370

中国企业信息化理论与实践丛书

暨南大学本科教材资助项目（普通教材资助项目）

企业资源计划

Enterprise Resource Planning

王惠芬　黎　文　葛　星　张秋芳　田状状　刘　婷　编著

中国・广州

图书在版编目（CIP）数据

企业资源计划/王惠芬，黎文，葛星，张秋芳，田状状，刘婷编著.—广州：暨南大学出版社，2020.7
（中国企业信息化理论与实践丛书）
ISBN 978-7-5668-2868-2

Ⅰ.①企… Ⅱ.①王… ②黎… ③葛… ④张… ⑤田… ⑥刘… Ⅲ.①企业管理—计算机管理系统—研究 Ⅳ.①F272.7

中国版本图书馆CIP数据核字（2020）第041432号

企业资源计划
QIYE ZIYUAN JIHUA
编著者：王惠芬 黎 文 葛 星 张秋芳 田状状 刘 婷

出 版 人：张晋升
责任编辑：曾鑫华 高 婷
责任校对：张学颖 孙劭贤
责任印制：汤慧君 周一丹

出版发行：暨南大学出版社（510630）
电　　话：总编室（8620）85221601
营销部（8620）85225284 85228291 85228292 85226712
传　　真：（8620）85221583（办公室） 85223774（营销部）
网　　址：http://www.jnupress.com
排　　版：广州市天河星辰文化发展部照排中心
印　　刷：广州市穗彩印务有限公司
开　　本：787mm×1092mm 1/16
印　　张：10.75
字　　数：262千
版　　次：2020年7月第1版
印　　次：2020年7月第1次
定　　价：35.00元

前　言

本书是为高等院校管理专业编写的 ERP（Enterprise Resource Planning，企业资源计划）教材，ERP 是近五十年来管理思想和管理方法与计算机信息技术的融合，是企业管理和实践经验的总结。

本书在编写中，力求做到以下两点：

一是采用富有启发性的案例来说明复杂的 ERP 系统流程，用简明易懂的语言表述难于理解的概念。通过每章结束时的案例讨论来加强学生对 ERP 系统知识的认识深度，培养他们运用 ERP 系统思想解决实际管理问题的能力。

二是避免了将 ERP 内容按理论、方法、实践三大模块划分，导致理论、方法与实践相脱节的不足。本书按照企业中的流程来划分章节，通过 ERP 的原理、方法以及实践等对 ERP 系统进行综合讲解，增强了 ERP 知识的可理解性。

全书分为八章，第一章系统介绍了 ERP 的概念与发展轨迹；第二章介绍了业务流程再造及其在 ERP 系统中的应用；第三章从组织结构方面分析了 ERP 的运用；第四章介绍了 ERP 质量管理系统；第五章从生产计划方面分析了 ERP 的运用；第六章和第七章分别从企业市场营销、财务管理方面介绍了 ERP 的运用；第八章介绍了 ERP 系统在企业中的实施过程与实施方法。

本书主要由暨南大学王惠芬老师编写，黎文、葛星、张秋芳、田状状、刘婷也参与了本书的编写和修改工作。另外，李娜、刘杰、冯恒平、李建、杨平华、宋健、许建飞、余燕琼、李连跃、叶少硕、吴国军、耿庆科、李钢成、于良波、张艳、彭纯军、陈立云、张晓峰、常云芳、梁玉、楼润平、崔雷等人帮助搜集资料，对他们所付出的辛勤劳动，谨致衷心的感谢！

本书可作为高等院校、大专院校有关专业的学生学习 ERP 的教材，也可作为企业对员工进行 ERP 培训的教材。

由于作者水平有限，书中难免存在疏漏甚至错误，敬请广大读者批评指正。

作者
2020 年 4 月

目 录

第一章　引　言

第一节　ERP 的介绍

管理的四大职能包括计划、组织、领导、控制，这四个职能互相渗透、互相支持，其中计划是管理的首要职能。由于一个企业拥有的资源是有限的，企业不仅需要对企业本身的资源进行有效利用，而且要对企业之外的资源进行有效的计划、组织、领导和控制。《反经》上说“用非其有如己有之”，就是要把不是自己的资源当成是自己的资源一样来利用，企业资源计划就是要最大化地输入他人的资源来实现自己的有效产出。ERP 是英文 Enterprise Resource Planning（企业资源计划）的简写，其核心是计划，对象是企业资源。企业资源的范围很大，有形资源如人、财、物、产、供、销、技术、信息等，无形资源如企业的品牌、组织结构、知识、控制策略、检验方法等。ERP 就是对企业的无形资源和有形资源进行计划。由于计划离不开组织、领导、控制，因此 ERP 还涉及组织、领导、控制。通过对企业资源的计划来协同组织、领导、控制企业的资源。因此，ERP 中不仅有计划，还有组织结构、领导分工、控制方法等。

对于什么是 ERP，很多读者难以理解，主要原因是对于企业怎样管理、怎样做计划、产品怎样在生产线上进行加工等了解得不多。此外，有些人虽然在企业工作，但是由于一直在某个部门工作，他们对于一个企业的整体运作和管理也不完全清楚。家庭是社会的细胞，家庭资源的计划是家庭主妇的主要工作，家里的基本工作就是一个家庭资源计划的例子，家庭主妇需要管理的资源与企业很相似。家庭主妇对一天的饮食安排需要做计划，而且要确定需要满足的优先级别。例如，妻子通常会为丈夫和孩子做几样拿手好菜，菜式的食物成分类似于企业构成产品的物料，用物料清单（Bill of Materials，简称 BOM）来表示。此外，做饭时家里备的酒、佐料等，类似于企业仓库的备料，即库存。家里做饭的场所和工具类似于企业的固定资产和加工设施。做饭最关键的是要遵循炒菜的顺序，在企业则表现为产品的加工顺序。当得知丈夫和孩子想吃的菜后，妻子要确定菜单，要去市场采购原材料，时间来不及还需要打电话订购外卖。同时，家庭主妇还要算家里的开销，记录家庭财务的变动状况。以上家庭工作在企业里就表现为确立客户的需求订单、采购原材料、外协加工、收取货款等。

第二节 ERP 的定义

ERP 的定义有很多种，比较典型的定义有以下几种：

（1）德勤咨询公司（Deloitte Consulting）的定义：ERP 系统就是一个允许公司“对其业务流程的主要环节进行自动化和集成化，让公共数据和业务活动在企业内外得到共享，在实时环境里生成数据并访问信息”的套装软件系统。

（2）美国生产与库存管理协会（APICS）的定义：ERP 系统是一个财务会计导向的信息系统，主要功能为对满足客户订单所需的资源（包括采购、生产与配销、运筹等项目所需资源）进行有效整合与规划，ERP 系统的目标是扩大企业整体经营绩效、降低成本。

（3）思爱普（SAP）公司的定义：SAP 公司提出了“管理 + IT”的概念，即 ERP 不只是一个软件系统，而是一个集组织模型、企业流程、信息技术、实施方法于一体的综合管理应用体系。ERP 使企业的管理核心从“在正确的时间制造和销售正确的产品”转变为“在最佳的时间和地点，获得企业的最大利润”，这种管理方法和手段的应用范围也从制造业扩展到了其他行业。

除了上述商务企业和协会给出的定义，国外许多学者对 ERP 的定义也提出了各自的看法，例如 David C. Yen，David C. Chou 和 Jane Chang（2002）引用了加特纳咨询公司（Gartner Group）对 ERP 系统的定义：“ERP 是用来管理整个企业业务的应用集合。ERP 系统集成了销售、制造、人力资源、后勤、财务和其他功能。ERP 系统允许销售、制造、人力资源、后勤、财务等功能共享一个数据库和数据分析工具。”此外，Majed Al - Mashari，Abdullah Al - Mudimigh 和 Mohamed Zairi（2003）等人认为“ERP 是一个集成的管理系统，不仅采用了现代信息技术的最新成就，而且是现代企业管理思想、管理模式和信息技术的有机统一”。

综合以上，关于 ERP 和 ERP 系统的定义，本书主要采用加特纳咨询公司的定义，认为“ERP 是用来管理整个企业业务的应用集合。ERP 系统集成了销售、制造、人力资源、后勤、财务和其他功能。ERP 系统允许销售、制造、人力资源、后勤、财务等功能共享一个数据库和数据分析工具”。

第三节 ERP 的演变历程

ERP 系统是对企业资源进行计划的系统，企业资源包括销售、制造、后勤、财务、人力等资源。ERP 系统依赖集成的数据库和数据分析工具对企业的资源进行计划，计划过程中反映企业的资金流、物流、信息流状况。此外，ERP 系统是一个集成的管理系统，不仅采用了现代信息技术的最新成就，而且是现代企业管理思想、管理模式和信息技术的有机统一。ERP 的主要特性是对企业的资源进行计划，对客户需求、企业内部的经营活动、供应商资源、经销商资源进行整合，体现了以用户需求为中心的经营思想。此外，ERP 系统从满足动态监控发展到了商务智能的引入，使得以往简单的事物处理系统变成了真正智能化的管理控制软件。但是，ERP系统的实现需要借助数据库技术、网络技术等。从软件结构而言，现在的ERP系统能够适应互联网，可以支持跨平台、多组织的应用，并和电子商务的应用有广泛的数据、业务逻辑接口。

ERP的演变经历了20世纪60年代的MRP（Material Requirement Planning，物料需求计划）、80年代的MRPⅡ（Manufacturing Resource Planning，制造资源计划，相当于第二代MRP）、90年代的ERP（Enterprise Resource Planning，企业资源计划），以及ERPⅡ（Extended ERP，扩展ERP，即第二代ERP）四个主要阶段。ERP的发展浓缩了西方近五十年的企业管理理论和方法，尤其采纳了生产运作领域的众多科学管理思想和方法，如MRP、JIT、TQC、SCM等。ERP的每一步发展都推动了企业管理的进一步优化，正像MRPⅡ是第二代MRP，ERPⅡ是第二代ERP。

随着ERP系统的发展，企业的资源计划范围不断扩展，解决的企业管理问题也逐步增多。例如，MRP主要计划企业的物料和加工时间，解决物料的加工配套问题。MRPⅡ计划的对象涉及机器设备能力、客户需求订单的品种搭配以及资金的准备等，解决了企业产、供、销和人、财、物的匹配问题。ERP的计划范围进一步扩展到企业的客户和供应商，把客户资源、供应商资源及其多个工厂的资源当成企业的内部资源进行计划，沿着供应链对企业资源进行统筹管理。进入ERPⅡ时代，企业资源的计划扩展到企业集群的范围，不同行业及不同部门的企业之间利用互联网进行资源的调配，实现企业间的协同商务。因此，随着计划范围的不断扩大，企业逐步实现“用非其有如己有之”，为企业经营管理带来了巨大的发展空间。ERP的演变背景及其核心管理理论如表1－1所示。

表1－1　ERP的演变背景及其核心管理理论

阶段	环境	企业经营状况	待解决的问题	系统及主要计划对象	应用理论
20世纪60年代	市场竞争加剧，计算机技术飞速发展	产、供、销脱节，追求降低成本，手工订货、发货	确定订货时间和数量，物料不配套	时段式MRP，将物料订货时间纳入计划范围	库存管理、主生产计划、优先级计划、BOM、期量标准
20世纪70年代		没有考虑企业现有生产能力，计划偏离实际、人工完成车间作业计划	保障能力计划实施及时间调度，产、供、销协同运作，及时反馈	循环式MRP，将设备、人员的产能纳入计划范围	能力需求平衡、生产和采购实行PDCA循环
20世纪80年代		资金流与物流分离管理，各子系统缺乏联系，人、财、物系统间冲突很多	实现从订单下达到产品到达最终客户的一体化管理体系，财务与业务集成	MRPⅡ，将营销、财务纳入计划范围	系统集成技术、管理会计、物资管理和决策模型

（续上表）

阶段	环境	企业经营状况	待解决的问题	系统及主要计划对象	应用理论
20世纪90年代	经济全球化，互联网时代到来	寻找新的企业增长点，适应市场环境的变化	在全社会范围内利用供应链上的资源，合作竞争	ERP，将客户需求、供应商资源作为企业内部制造活动的计划对象	供应链管理、约束理论、业务流程重组、精益生产
20世纪90年代末至今		适应全球化的市场变化	通过协同商务在全球范围内利用资源	ERPⅡ，将企业内外部资源作为计划对象	商务智能、高级生产计划、价值链、CRM、SCM

ERP系统包含了当今最新的信息技术，ERP系统的推广过程也是信息技术在企业的推广、应用、扩散的过程，将极大地提高管理的功能和效率，但也会引起企业管理的深刻变革。Kyung－Kwon Hong和Young－Gul Kim（2002）等分析了ERP系统的特点，并归纳了ERP的效益，认为ERP的实施使得企业发生变革并提高企业效率，“ERP系统集成企业所有的应用于一个中心数据库，跟踪成本和信息资源，控制服务水平和开销，并且提供一线员工做决策的信息，各个相关人员可以简易地查询。ERP提供标准化的企业数据流，ERP使企业从根本上发生了变革，提高了效率”。

第四节　ERP的应用效益

由于ERP给企业带来的效益通常难以衡量，因而造成了很多尚未实施ERP的企业对ERP产生的效益持怀疑态度。ERP的效益一般分为定量和定性两种，定量效益容易被企业所重视，而定性效益则经常被企业忽视。

一、ERP的定量效益

ERP的效益，可以从定量效益（又称有形效益）和定性效益（又称无形效益）两个方面来计算，其中定量效益包括减少库存、缩短生产周期、降低库存资金等指标；定性效益包括加快市场反应速度、提升企业形象、改善与供应商的关系等。ERP系统的定量效益，如表1－2所示。

表 1－2　ERP 系统的定量效益

企业管理方面	改善幅度
库存方面	库存量下降 30%～50%
	库存投资减少 40%～50%
	库存周转率提高 40%～50%
交货方面	延期交货减少 70%～80%
	准时交货率提高 50%～60%
	误期率降低 30%～40%
采购方面	提前期缩短 40%～50%
制造生产方面	停工待料减少 60%
	制造成本降低 10%～20%
管理水平方面	管理人员减少 10%～20%
	生产能力提高 10%～20%

二、ERP 的定性效益

ERP 作为一个管理软件，将生产运作、营销、财务等系统无缝整合，能够为企业经营者提供决策所需的数据，提高企业对市场环境的快速反应能力，创造企业竞争优势。ERP 融合了先进的管理理念，改善了企业管理模式和员工工作模式。ERP 不仅能够给企业带来定量效益，还能给企业带来难以衡量的定性效益。ERP 系统的定性效益，如表 1－3 所示。

表 1－3　ERP 系统的定性效益

企业管理方面	定性效益
决策方面	大量数据和管理工具的使用促进了经营、生产、财务、人事方面的科学决策
生产方面	结合能力需求计划制订生产计划，使生产过程有条不紊；ERP 系统与并行工程、模块化设计的结合提高了产品的可制造性，加快了产品生产周期
产品方面	采取基于过程的质量监控，减少产品的不合格率，产品质量大幅提高
员工方面	把新工作理念和工作方式引入企业，绩效考核有据可查，使员工的士气大增，员工的潜力得到最大的挖掘，工作效率大幅提高
企业形象方面	延期交货现象的减少，产品质量的提高，使得企业形象提升
与供应商关系方面	供应商、中间商与企业形成新型的合作关系，相互间通过信息共享提高了对市场的反应速度

第五节　ERP Ⅱ及特点

一、ERP Ⅱ的定义

21 世纪的竞争是供应链与供应链之间的竞争，市场竞争的压力迫使企业根据市场机遇快速组建或重构供应链以赢得竞争机会。企业集群龙头企业的 ERP 的应用带动上下游企业的 ERP 应用，龙头企业从战略高度、管理层面到执行层次快速采纳国际化计划、国际化采购、国际化制造和国际化分销，催生了企业集群协同商务的诞生。

随着协同商务时代的到来，美国加特纳咨询公司在原有 ERP 的基础上扩展了 ERP Ⅱ的概念。ERP Ⅱ是通过支持和优化企业内部和企业之间的协同运作和财务过程，以创造客户和股东价值的一种商务战略和一套面向具体行业领域的应用系统。ERP Ⅱ的发展过程是顺应企业经营环境的变化和解决企业经营问题的过程，电子商务环境下的协同商务趋势势必推动 ERP Ⅱ的发展。

ERP Ⅱ在 ERP 的基础上利用电子商务技术结合了 SCM 和 CRM，将核心功能扩展到整个行业供应链，将促进企业在制造企业集群里形成具有竞争力的战略联盟。Weston（2003）对ERP Ⅱ的解释：在生产制造环境（或其他环境）中，ERP Ⅱ通过将企业各种职能有效整合，在具有实时计划、执行和控制功能的闭环系统中实现企业信息、流程、职能的整合和自动化。此外，ERP Ⅱ 具有地域和语言上的独立性，并且逐渐将客户、供应商和合作伙伴纳入系统中。

ERP Ⅱ将 ERP 的核心功能向整个行业供应链的增值功能扩展。ERP Ⅱ不仅包含了原有 ERP 的前后台系统，而且还加入了 SCM 和 CRM 的功能系统。ERP Ⅱ利用现代企业管理技术、信息技术（图 1 - 1 展示了 ERP Ⅱ所涉及的多种技术）对供应链上的信息流、物流、资金流、业务流进行有效规划和控制，促进客户、供应商、制造商、销售商、服务商形成具有竞争力的战略联盟。

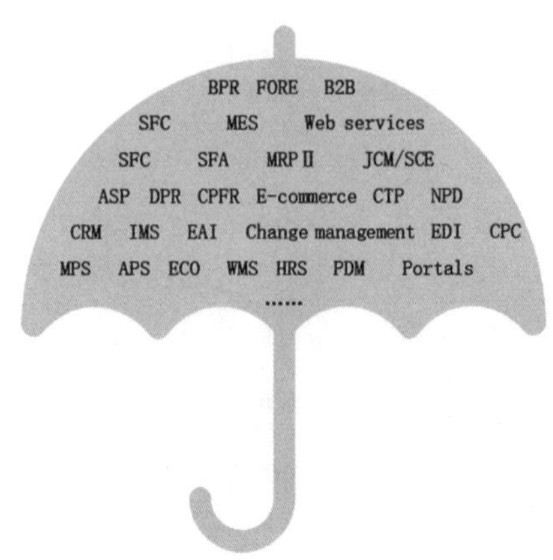

图 1 - 1　ERP Ⅱ涉及的技术（ERP Ⅱ “雨伞”）

图片来源：TED F C，WESTON J R. ERP Ⅱ：the extended enterprise system［J］. Business horizons，2003（11/12）：49 - 55.

二、ERP Ⅱ的特点

ERP Ⅱ的特点如下：

（1）ERP Ⅱ更多强调的是创新而不是效率。ERP 面对的环境相对稳定，企业间信息交流也有限，因而更多强调供应链的效率。而在协同商务时代，市场环境瞬息万变，已经制订的计划在执行过程中可能要不断修改。因此，ERP Ⅱ面向全球动态协同供应链的管理，支持虚拟企业的运作。

（2）ERP Ⅱ根据不同客户的需求提供定制化的企业门户和系统接口，利用电子商务功能将企业的所有数据和应用集成在统一的信息平台上，并通过协同商务平台与其他企业的数据和应用集成在一起。

（3）ERP Ⅱ也可以看作是基于价值链的系统，采用以客户为中心的管理模式，通过产品研发、生产、服务的相互集成为客户创造了增值服务。

（4）ERP Ⅱ将智能管理引入系统应用中，对信息进行智能化清洗、过滤，并模拟管理人员的管理偏好自主获取匹配信息。

表 1－4　ERP 与 ERP Ⅱ的对比

	ERP	ERP Ⅱ
角色	企业优化	价值链、协同商务
领域	制造、分销	所有领域
功能	制造、销售、分销	跨行业及特殊行业
处理	内部信息	外部信息
平台	封闭、关注 Web	基于 Web、开放、组件技术
数据	内部集成和使用	内部及外部、公开及共享

资料来源：BOND B，et al. ERP is dead—long live ERP Ⅱ ［J］. Gartner research note，2000，10（4）.

第六节　本书的结构

ERP 复合型人才是推广和应用 ERP 系统的人才，学习 ERP 课程对成长为 ERP 复合型人才有帮助。从知识层面上看，ERP 复合型人才必须具备财务知识、计算机知识和市场营销知识等；从经验层面上看，要有一定的企业管理实践经验，了解企业的整个管理过程；从技能层面上看，还要求有较好的沟通能力和语文表达能力。ERP 复合型人才不仅需要有管理和计算机方面的知识结构，还需要有具体管理技能的综合凝练，需要通过对大量的案例知识库的剖析和操作来获得行动中学习的智慧。

ERP 教学的理念是“学习 = 条理化的知识 + 对问题的洞察力 + 执行解决方案的行动”。案例教学是即学即用 ERP 知识的良好方式。本教材通过案例的推进来逐步灌输 ERP

的基本概念，实施的方法、步骤，不管该案例成功与否都深入分析其中的正确和错误，归纳出以后应该注意的问题。

本书的结构如图 1 –2 所示。

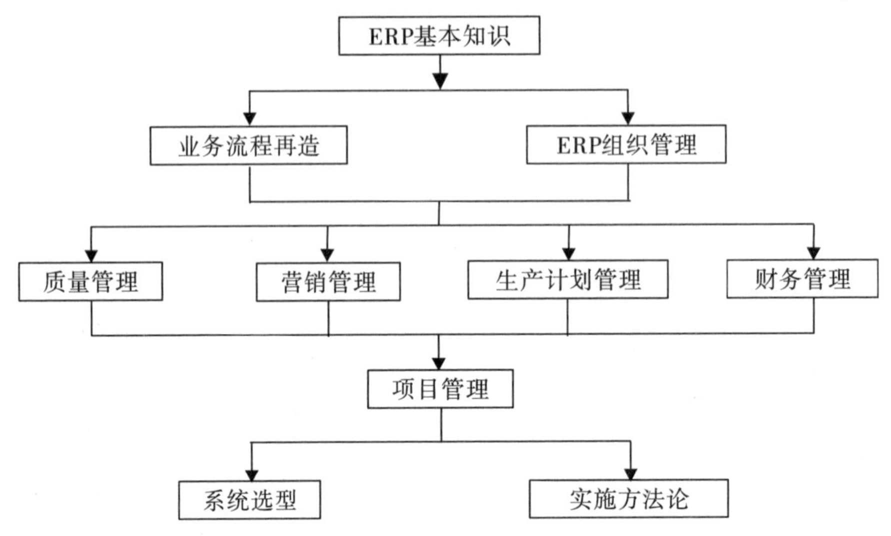

图 1 –2　本书的结构

本书首先简单介绍有关企业组织结构的知识（即基础企业建模的知识），包括各个部门的工作流程、部门之间的关联关系；其次，基于组织架构讲授 ERP 的基本功能和作用，以及模块划分原则和主要模块的功能，使企业实际结构与 ERP 系统对应起来；再次，结合几个典型的案例来理解 ERP 的具体功效，ERP 实施的工作流程、前期准备等相应重点的问题；最后，在总结实际应用案例的经验和问题后，重新回到理论的层面对 ERP 涉及的知识和技能加以概括。各个章节中穿插了前沿的 ERP 理论和一些新的 ERP 系统的功能与管理理念。

第七节　为什么要学习 ERP

学习 ERP 有以下好处：

（1）实现知识集成。对个人来说，学习 ERP 课程可以集成多门基础学科的知识，财务、生产运作管理、市场营销、管理信息系统等课程的知识都可以在 ERP 课程中有效集成。

（2）为企业 ERP 实施进行知识储备。随着软件标准化应用模式的出现，企业将大量的时间用于管理的需求分析、组织再造以及信息系统的实施和维护上，而用于软件开发上的时间较少，这就促使广大企业管理人员（非计算机专业人员）快速成长为 ERP 专家。学习 ERP 课程将为进入企业进行 ERP 实施的人才储备知识。

（3）培养管理咨询的技能。学习 ERP 的过程就是了解企业经营运作的过程。与 ERP 应用相关的 ERP 软件制造业及 ERP 管理咨询业是技术含量、知识含量高的新兴产业，属于高新技术产业范畴。因此，学习 ERP 课程对从事软件开发和管理咨询的人员有帮助，可以培养其管理咨询和诊断的技能。

案例

家庭版 ERP 故事①

对于什么是 ERP，有很多人觉得难以理解，主要是由于没有去过企业，对于企业是怎样管理、怎样做计划、产品怎样在生产线上进行加工了解得不多。接下来请阅读家庭版 ERP 故事，感受信息流、物流、资金流、责任流、权力流和利益流在家庭里的流转匹配。

场景一：客户订货

一天中午，丈夫在外给家里打电话："亲爱的老婆，晚上我想带几个同事回家吃饭可以吗？"（订货意向）

妻子："当然可以，来几个人？几点来？想吃什么菜？"

丈夫："6 个人，我们 7 点左右回来，准备些酒、烤鸭、番茄炒蛋、凉菜、蛋花汤……你看行吗？"（商务沟通）

妻子："没问题，我会准备好的。"（订单确认）

场景二：生产排程业务

妻子记录下需要做的菜单（主生产计划 MPS），具体要准备的东西：鸭、酒、番茄、鸡蛋、调料……（物料清单 BOM）

发现需要：1 只鸭蛋，5 瓶酒，10 个鸡蛋（炒蛋需要 6 个鸡蛋，蛋花汤需要 4 个鸡蛋，共用物料）……（BOM 展开）

打开冰箱一看（库房），只剩下 2 个鸡蛋（缺料）。

场景三：采购、质检业务

来到自由市场，妻子："请问鸡蛋怎么卖？"（采购询价）

小贩："1 个 1 元，半打 5 元，1 打 9.5 元。"

妻子："我只需要 8 个，但这次买 1 打。"（经济批量采购）

妻子："这儿有一个坏的，换一个。"（验收、退料、换料）

场景四：生产业务

回到家中，妻子准备洗菜、切菜、炒菜……（工艺线路）

厨房中有燃气灶、微波炉、电饭煲……（工作中心）

---

① 资料来源：王惠芬，周荔，李柱坚．企业六流匹配易经卦象及案例分析［M］．广州：暨南大学出版社，2017：28－29.

场景五：产能计划

妻子发现拔鸭毛最费时间（瓶颈工序、关键工艺路线），而且用微波炉自己做烤鸭可能来不及（产能不足）。

场景六：委外订货

于是妻子到楼下的餐厅里买现成的烤鸭（产品委外）。

场景七：紧急订货

下午4点，接到儿子的电话："妈妈，晚上有几个同学想来家里吃饭，你帮忙准备一下。"（紧急订单）

妈妈："好的，你们想吃什么？爸爸晚上也有客人，你们愿意和他们一起吃吗？"

儿子："菜您看着办吧，但一定要有番茄炒蛋，我们不和大人一起吃，6：30左右回来。"（不能并单处理）

妈妈："好的，肯定让你们满意。"（订单确定）

妈妈："鸡蛋又不够了，打电话让小店送过来。"（紧急采购）

6：30，一切准备就绪，可烤鸭还没送来，急忙打电话询问："我是李太太，怎么订的烤鸭还没送来？"（采购委外单跟催）

小店："不好意思，送货的人已经出发了，可能是堵车吧，马上就会到的。"

门铃响了。

送货人："李太太，这是您要的烤鸭。请在单上签字。"（验收、入库、转应付账款）

6：45，女儿的电话："妈妈，我现在想带几个朋友回家吃饭可以吗？"（又是紧急订购意向，要求现货）

妈妈："不行呀，女儿，今天妈妈需要准备两桌饭菜，时间实在是来不及了，真的非常抱歉，下次早点说，一定给你们准备好。"（这就是ERP的使用局限，要有稳定的外部环境，要有一个起码的提前期）

场景八：财务业务处理

送走了所有的客人，妻子在电脑前计算今天的所有开销，共花了250元（成本分析）。

丈夫："我们这次请吃饭虽然花了不少钱，但是朋友们都很开心，儿子的同学也都很开心。我们的感情收益远大于我们的支出。"（盈利分析）

妻子："但是我们今天的支出超出预算了，5天后将会出现资金缺口。"（现金预算）

丈夫："那我从小金库拨款给你吧。"（应收款处理）

场景九：固定资产及人力资源管理

坐在沙发上，妻子对丈夫说："亲爱的，现在咱们家请客的频率非常高，应该要买些厨房用品了（设备采购），最好能再雇个小保姆。"（连人力资源系统也有缺口了）

丈夫："家里你做主，需要什么就去办吧。"（通过审核）

由上面九个场景构成的家庭版ERP故事可见，家庭主妇需要管理的资源与企业很相似。家庭主妇对于一天的饮食安排需要做计划，而且要确立需要满足的优先级别。例如，妻子通常要为丈夫和孩子做几样拿手好菜，如烤鸭、番茄炒蛋等。烤鸭和番茄炒蛋都有食物成分，类似于企业构成产品的物料，用BOM来表示。此外，做饭时家里一般要备些酒、佐料等，类似于企业仓库的备料，即库存。家里还需要有厨房、锅、碗、瓢、盆等做饭的场所和工具，类似于企业的固定资产和加工设施，如厂房、机器设备、工具等。做饭最关键的是要遵循炒菜的顺序，包括放油、下料、翻炒、试味起锅等，在企业则表现为产品的加工顺序，包括下料、车、铣、刨、磨、质量检验等。当得知丈夫和孩子想吃的菜后，妻子要确立菜单，去市场采购原材料，时间来不及还需要订购外卖。同时，妻子还要计算家里的开销，记录家庭财务的变动情况。以上工作在企业就表现为确立客户的需求订单、采购原材料、外协加工、收取货款等。

讨论：

1. 你认为 ERP 是什么？
2. 你认为个人或家庭有哪些资源需要计划和管理？

【本章小结】

本章介绍了 ERP 的概念、ERP 的发展历程和应用效益，并进一步阐述了 ERP 的新发展形式 ERPⅡ。通过 ERP 与 ERPⅡ的多个方面的对比，揭示了今后 ERP 的发展趋势。

【讨论题】

1. 试说明企业采用 ERP 后将有哪些效益？
2. 调查一家企业，看看该企业使用 ERP 之前有哪些经营弊端？ERP 是怎样改善企业的运作的？
3. 试讨论 ERPⅡ的必然发展趋势，以及在我国发展 ERPⅡ将遇到哪些障碍？

第二章　业务流程再造（BPR）与 ERP 应用

第一节　流程与建模

流程，简单地说就是做某事的具体过程。流程可以说是无处不在，在日常生活中，我们一边喝茶一边看电视，这就是一个流程。放茶叶、倒开水、打开电视、喝茶、看电视节目等一系列的动作构成了流程，这里面每一个动作就是一个流程的步骤。显然，各个步骤之间必须保持一定的逻辑关系和先后顺序，还需要茶叶、水壶、开水、电视以及人的参与才能完成，这些都属于流程所用到的资源，此外，做事情必然要有开始和结束，所有这些加在一起就构成了流程。

流程可定义为：从一个固定的时刻开始，占用一定时间和资源，按照一定内部逻辑关系和先后顺序逐步完成多个步骤，得到最后结果的过程。

一、业务流程模型

业务流程建模是一种描述业务的方法。在一个业务环境里，模型或业务过程图表能说明公司的过程、任务和组织结构。公司的模型也可以包括对公司其他方面的描述，如数据、功能、组织、信息流和通信流。或者，它也可以用于强调公司的个别需求，在现有情形的基础上，创建公司的理想模型或目标模型。

事件驱动的过程链方法（EPC）是现在通用的一种描述企业业务组织和过程的方法。EPC 从用户、管理人员和顾问的利益出发描绘了业务信息系统，同时加入了其他一些重要特征，如组织结构、功能、数据和信息流。通过连接事件和任务，企业可以清楚地建模，分析相当复杂的业务过程。EPC 模型可以显示任务和责任链的哪个步骤断裂了，显示哪些业务流程损害了公司优化业务过程的能力。

当公司试图确定优化业务过程的可能性时，通常会涉及 EPC 的四个基本设计对象：事件、任务或功能、组织、信息。

（1）事件：询问“什么时候应该执行某任务?”一个事件可以是一次定购、采购或交货，它会引发过程链的后续过程。例如，某位客户送来了某产品的订单，那么“订单到达”这个事件就会触发过程链的开始。事件会触发或驱动后续过程。

（2）任务或功能：询问“应该做什么事?”在一个公司内部，任务或功能描述了员工实际做的事情。在信息系统内，一个任务功能就是一个事件。为了能够执行任务，计算机必须具有该任务的数据信息。这个数据反过来又作为流程上其他相关任务的输入。

（3）组织：询问“什么人应该执行任务？”组织可以是一个位置、公司、部门或员工。通常，业务人员面临的最大挑战之一就是优化他的组织。

（4）信息：询问“需要什么信息来执行一个任务？”信息用于执行特殊的业务任务，如客户订单或采购请求的信息。信息既可以在信息系统内生成，也可以从外部输入系统，信息可作为一个过程的输入或输出。换句话说，信息对于正在进行的过程和下一个过程都是必要的。

EPC 的过程描述语言元素，如表 2－1 所示。

表 2－1　EPC 的过程描述语言元素

图形	含义	实例
	事件：描述状态的发生	接收订单，发出报价
	功能	验证订单，收货
	组织单元	销售组，采购部门
	过程	交货过程，质量检验过程，入库过程等
∧　∨　XOR	逻辑关系符	与，或，或非
	信息，物料或资源对象	订单检查结果
——→	信息流，物流	
---→	控制流	

资料来源：CURRAN T，KELLER G，LADD A. SAP R/3 业务蓝图——理解业务过程参考模型［M］. 潇湘工作室，译. 北京：人民邮电出版社，2000.

二、举例：招收新雇员

公司人事部门招收新雇工来填补职位，由一系列的流程组成，图 2－1 描述了公司招收新雇员的流程。

人力资源主管的第一项任务就是对新职位进行岗位描述。这个任务包括写下主要任务、责任或岗位技能等信息。一旦创建了岗位描述并输入到系统中，就会产生下列三个事件：①从公司内部找到某人；②根据文件上的申请聘用某人；③必须从公司外部找到某人。

如果这个职位必须从外部进行填补，那么，管理人员就会写下一则招聘广告，登在当地报纸或媒体上。几个星期后，有 100 多人申请这个岗位，这时管理人员就会开始处理申请材料。首先，将各个申请者的基本数据输入到计算机系统，给每个申请者发一封信，说明他的申请材料已经收到，并且公司会通知选中的人员在指定日期进行面试。人力资源主管面试了20位申请者，最终选中一位。人力资源主管会用拒绝信的方式通知未被录取的19位申请者，而用打电话的方式通知选中的申请者。然后，给这位新雇员发出一份合同，并安排他到岗的工作日期。

在这个新雇员的第一个工作日，他的申请材料、薪酬、假期、保险、社会保险号码、纳税信息以及退休计划都会被输入系统。这样就填补了这个职位。

对这个流程进行建模，如图2-1所示。

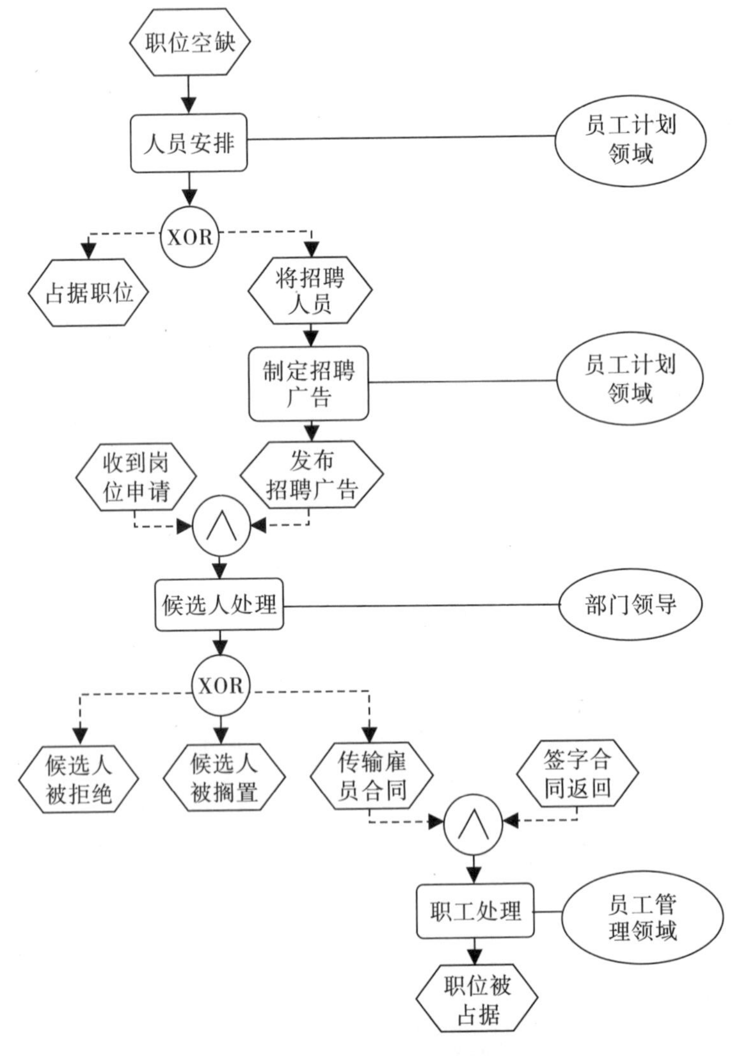

图2-1　招收新雇员的流程

资料来源：CURRAN T，KELLER G，LADD A. SAP R/3 业务蓝图——理解业务过程参考模型［M］．潇湘工作室，译．人民邮电出版社，2000.

第二节　什么是业务流程再造

业务流程再造（BPR）可以被定义为“为显著改善成本、质量、服务和速度等衡量企业运营水平的重要指标而从根本上重新思考，再造企业业务流程”（Hammer Champy, 1993）。也就是说，对企业的业务流程进行根本性的再思考和彻底性的再设计，从而在成本、质量、服务、速度等衡量企业运营水平的重要指标方面，获得显著的改善。

通常有两种流程再造的方法，渐进式再造法是在辨析理解现有流程的基础上，系统地在现有流程基础上创建提供所需产出的新流程；全新设计法是指从根本上重新考虑产品或服务的提供方式，零起点设计新流程。

在上述两个极端状况之间，有一个广阔的中间地带，许多企业都是选择两种方式相结合的途径。不论选择何种方式，都要注意不能过分分析现有流程，应该对改造的新的核心流程而不是原有流程给予更多的关注，后者仅仅是再造的起点。

第三节　流程再造的核心原则

流程再造的核心原则是指导变革方向的根本性原则，包括三个方面——以流程为中心的原则，以人为本的原则和以顾客为导向的原则。

一、以流程为中心

坚持以流程为中心的原则，就是使流程再造的目的由过去的以职能部门和分工为中心改造成以流程为中心。许多企业的流程再造偏离了最初设计的轨道，原因就在于未能坚持以流程为中心的原则。而那些在再造中取得巨大成功的企业，则无一例外地贯彻了这一原则。

为了贯彻以流程为中心的原则，企业必须做到以下四步：第一步是企业必须识别和命名它的各种流程。流程的识别是困难的，因为流程跨越现有组织的界限，并且它需要一种新的认识能力，要有横向观察整个组织的能力，而不是自上而下地观察。典型的流程包括：获得订单、完成订单、开发产品、选择市场、提供售后服务和研发等。显然，这些流程中没有几个能够完整地描述企业的运作，但它们是企业的基本流程。通常将基本流程划分为若干子流程，这些子流程可以用基本任务或活动来描述。

第二步是保证企业中的每个人都意识到这些流程以及它们对企业的重要性。关键是从高级管理人员到基层车间人员，从公司总部到各个销售网点，每个人都必须认识公司的流程，能叫得出它们的名称，清楚它们的投入、产出和相互关系。坚持以流程为中心并不是立即改变人们所执行的任务，但它会改变人们的心理定式。

第三步是重新设计企业的流程体系。企业原有的流程体系是基于职能结构的，因而许多流程被肢解成碎片状分布于企业的各个职能部门之间。要实现以流程为中心，一个重要的方面就是打破职能框架，将这些破碎的流程重新组合起来，以一种全新的、完整的方式运转。

第四步是认真实施流程的管理。一个以流程为中心的企业必须积极管理它的流程，以便使其不断得到改进。管理一个企业的核心是管理它的流程，确保它们是在发挥其潜力，寻找使流程得到改进的机会，并把这些机会变成现实。

二、以人为本

以流程为中心的企业应该既关心人，也关心流程。进行团队式管理，并非由企业领导者随意发挥，而是由组织所负担的任务决定的。在传统企业中，除了领导者以外，其他人思考问题的出发点都是如何完成本职工作，衡量一个员工称职与否的标准也是他工作是否努力、是否能完成本职工作，在这样的企业里，每个人都不关心自己工作所属流程的进展。而在竞争激烈、变动频繁的现代，需要以流程为中心，在这样的企业里，每个人都关心整个流程的运转情况。

在以流程为中心的企业里，企业领导者扮演的角色是要将主要流程编制在一起，既要分配资源，也要制定战略。在一家生产某种产品的公司里，必须有人将产品开发、生产与订货统一起来，以防两头各干各的；必须有人确保产品开发与订货方面的投资保持在合理的水平；必须有人制定企业的全面发展战略；必须有人调动大家的积极性。

让人们从“要我做”变成“我要做”，这是流程再造的最高境界，也是坚持团队式管理的精髓所在。

三、以顾客为导向

以顾客为导向，意味着企业在判断流程的绩效时，是站在顾客的角度考虑问题的。

以顾客为导向必须使公司的各级人员都明确，企业存在的理由是为顾客提供价值，而价值是在流程进行中创造的。只有改进为顾客创造价值的流程，企业的改革才有意义。所以，任何流程的设计和实施都必须以顾客的标准为标准。流程再造核心原则与传统企业原则的比较，如表 2－2 所示。

表 2－2 流程再造核心原则与传统企业原则的比较

流程再造核心原则	传统企业原则
以流程为中心	以职能为中心
以人为本的团队式管理	以工作顺序为基础的部门式管理
以顾客为导向	以成本为导向

资料来源：彭东辉．流程再造教程［M］．北京：航空工业出版社，2004.

第四节　BPR 与 ERP 的关系

一、实施 ERP 需要进行 BPR

ERP 不仅仅是一套管理软件，使企业的日常经营管理活动自动化，更重要的是对企业传统的经营方式进行改革，使其更加合理化、科学化，从而大幅度地提高企业的经营收益。这种效益提高的重要原因之一就是得益于 BPR。

ERP 设计背景要求企业进行 BPR。ERP 是适应西方典型的市场经济运行状况和管理要求而设计出来的先进的企业管理信息系统。目前我国的市场经济发展还落后于西方国家，企业管理方法和手段也相对落后，这些都要求企业在应用 ERP 之前，首先要对企业流程进行根本性再造。

ERP 功能的实现要求企业必须进行 BPR。ERP 改变了我们传统的经营管理方式，将企业的经营管理活动按照功能分为制造、财务、分销、人力等几个模块，这些功能的实现必须要求对企业原有的组织结构、人员设置和业务流程等进行重新安排，以保证其功能的实现。

ERP 的应用目的要求企业实施 BPR。企业为了改善经营管理，提高企业的经济利益，必须要求进行 BPR，优化企业流程。因为企业现有的业务流程中必定存在不合理的地方，如果不彻底改造这些不合理的流程，而是在原来的业务流程基础上实施 ERP，必然导致 ERP 实施的失败。

BPR 是促进企业成功实施 ERP 的一个重要因素，它的作用不容小觑。企业业务流程的再造与完善，是把内部与外部的信息加以比较，找出规律再制订最终的实施计划。再造是为了适应内部管理与外部市场竞争的需要，再造并不是意味着简单的放弃，而是更加合理的归并与完善，这一步是实施 ERP 最重要和最基础的工作，它的好坏直接关系到 ERP 实施的成败。

二、实施 BPR 离不开 ERP 的支持

企业实施 BPR 可以理顺业务流程，但在优化流程时，如果离开 IT 手段，实施 BPR 往往是困难的，这必然会影响 BPR 的实施效果甚至导致 BPR 项目的失败。可以想象，没有信息在流程上连续传输，要消除信息重复录入和处理等无效劳动是不可能的；没有信息共享机制，要想将过去的串行业务处理流程改造为并行业务处理流程也是不可能的；没有信息系统的支持，要将决策点定位于业务流程执行的地方也是很难的。创造性地把信息技术用于 BPR，这样 ERP 的实施就成为实现全新的、有效的企业流程的一种手段。ERP 的核心管理思想就是实现对整个供应链的有效管理，与 ERP 相适应而发展起来的组织间扩散型 BPR 创造了全部 BPR 的概念，是全球经济一体化和互联网广泛应用环境下的 BPR 模式。ERP 和 BPR 的结合是必然的，而且互为成功条件。

第五节　BPR 的典型模型

过去几年里，管理学界的一些专家以及一些知名管理咨询公司的高级顾问们，创建了一些指导或评价企业进行 BPR 实现绩效改进的理论方法、模型体系，比较有代表性的有 7 - S 模型和业务集成模型。

一、7 - S 模型

7 - S 模型重在强调企业组织的动态变化和绩效改进程序之间需要在七个特定的方面达到一致和平衡，以促进企业实现流程再造和绩效改进，这七个方面分别是：

（1）策略（Strategy），为获得一定的竞争优势而采取的一组相互联系、前后一致的行动方法等（如企业资源分配方法）。

（2）技能（Skill），由企业作为整体掌握的某种特有的能力，区别于某些个人能力。

（3）价值共享（Shared Values），被企业或大多数成员认可的企业基本原则、企业精神。

（4）组织（Structure），表明企业成员之间向谁报告、向谁负责的关系组织结构图。

（5）系统（System），企业处理各种事情的流程和程序。

（6）全体成员（Staff），统计意义上的企业成员，包括他们的技能和能力。

（7）风格（Style），利用时间、关系以及某些象征活动方面的领导行为。

二、业务集成模型

全球领先的企业管理与信息技术咨询机构——安盛咨询倡导的“业务集成”（Business Integration）理念就是指在企业明确的发展战略和经营策略的指导下，实现组织人员、业务流程和信息技术的有机结合，有效地增强企业的核心能力，使企业能够在经营业绩和各项业务表现方面获得显著的进步。同时，这也是一个通过“促进—实现—持续”三个步骤来不断前进、循环发展的长期变革过程。

安盛咨询的业务集成模型建立在驱动企业实现其商业价值的四个方面：策略、人、业务流程以及技术，如图 2 - 2 所示。

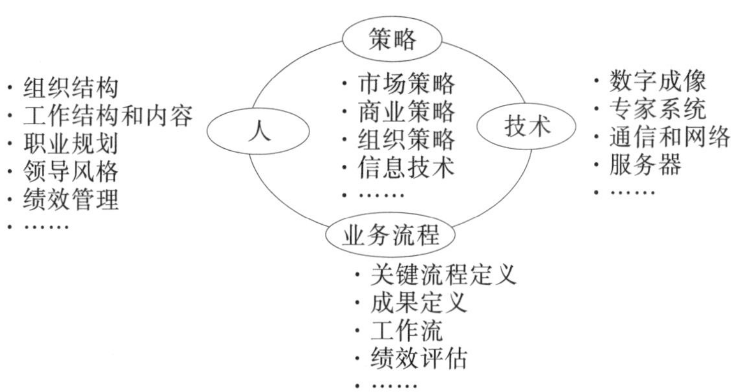

图 2－2 业务集成模型

第六节 BPR 实施的步骤

一个企业要实现 BPR，其实并没有一个统一的模式，最基本的原则就是从企业的实际出发来重新安排业务流程。那 BPR 是不是没有任何规律？不是的，一些基本的东西是存在的，那就是——BPR 七步法。

一、设计企业远景

高层主管应当从企业战略的高度来考虑 BPR。在信息化项目启动的第一阶段，高层主管就应当考虑到 BPR 的必要性。过去的流程是否需要做根本的改变？企业信息化要达到什么目标？只有对这些问题都有了清晰的认识，才能推动后续的流程有条不紊地进行。否则，就无法对现有流程进行整体把握。如果对未来新流程没有清晰的目标，以及没有从企业战略的高度来设计公司远景，则很难使这项工作取得实际成效。

二、启动项目

在这个阶段上，企业高层主管要确定哪些流程需要改造，然后设定出清晰的流程再造目标，并且成立 BPR 项目领导小组，制订出详细的项目规划。这里需要强调的是：企业一定要让了解企业业务的高层主管直接加入项目小组，并担任主要领导，要防止让 IT 部门来主导项目小组。联想成功实施 ERP 的一条经验就是：他们曾经让 IT 人员主导 BPR，结果难以推动工程进展，后来他们决定让熟悉业务的企业高层主管来主导 ERP 项目小组，从而消除了实施 BPR 的障碍，推动工程的顺利进行。更明确地说，BPR 不能只靠企业的行政力量来推行，也不能只靠信息部门的人员来组织，而是必须吸收了解企业业务流程的专门人才和相关部门一起做。

三、流程诊断

对现有流程和子流程进行建模和分析，诊断现有流程，找出流程中的瓶颈，为 BPR 定义基准。尽管一些专家认为 BPR 不应当拘泥于当前的流程，但在实际工作中，忠实地描述现有流程，在此基础上寻找流程再造的突破口还是最直接的方法。此阶段的工作可以分为两个步骤：首先要表述现有的流程；然后分析现有流程。联想在推行 BPR 时，就曾经画出了现有工作的 80 多个流程，并在此基础上进行分析，发现了应当进行改造的流程。

四、设计新流程

在分析原有流程的基础上，设计新的流程原型并且设计支持新流程的 IT 架构。此阶段的主要任务包括：

（1）定义新流程的概念模型。

（2）设计新流程的原型和细节。

（3）设计与新流程相配套的人力资源结构。

（4）分析和设计新的信息系统。

在此过程中，有许多业务流程分析工具如 ARIS，IDEF，BPWin 等都可以使用。

五、实施新流程

新流程是否可靠、方便和完善？还有待这一阶段的检验。在 BPR 实践中得到的经验是：在此阶段，工作方式的变革容易产生一些困惑，需要通过管理层、项目组和员工之间的广泛沟通来消除矛盾。例如，在一家烟草公司实施 BPR 的过程中，工作方式的改变引起了采购部门和财务部门的争议，双方都认为应当由对方来输入一类单据。最后，实施小组的负责人从物流的合理性考虑，决定由采购部门输入单据。经过一段时间的训练，终于使员工熟悉了新系统，工作效率得到了很大的提高。

六、流程评估

在 BPR 完成以后，需要对项目的运维结果进行分析评价，以确定企业愿景和项目的完成情况。流程评估阶段的工作主要包括以下六个方面：

（1）评价流程再造的收效。

（2）尽快地对经过再造的业务流程做出业绩评估非常重要，要采用产品或服务交送时间、流通效率、客户满意度、产品质量、资金利用率等衡量指标进行评价，测定项目的实施效果。

（3）实现流程改进的效益。

（4）找出项目的成功之处后，要充分发挥它们的作用，以迅速提高企业的运转效率，获得更高的经济效益。

（5）发展流程再造的新用途。

（6）除了发展现有产品和服务外，企业业务能力的拓展还体现在向现在客户提供新产品和新服务以及向新顾客提供新产品和新服务等方面。

七、持续改善

所有的变革完成以后，要认识到短期和小范围的变革并不能满足发展的需要，应该不断地改进，以促进整个组织的改变。BPR 从大的范围来说是一个长期的过程，例如，福特公司在它的财务支付流程再造项目上花费了 5 年时间。因此，企业再造方案的实施并不意味着企业再造的终结。在社会发展日益加快的时代，企业总是不断地面临新的挑战，这就需要对企业再造方案不断地进行改进，以适应新形势。

第七节　ERP 应用中的 BPR 实施方法

对应用 ERP 的企业来说，ERP 软件的流程标准、规范，包含了先进的管理思想，然而，企业也希望把蕴含行业特色的业务流程在系统中得以实现。这样就出现了一种两难选择：到底是企业改变流程还是顾问公司改变软件？本书提出了企业实施 ERP 中全程的流程变革方法，用循序渐进的业务流程改进，防止单方面强调软件功能或者特殊流程的极端做法。

一、ERP 实施中的两难选择

在 ERP 项目实施过程中，业务需求分析和解决方案制订阶段尤其重要，因为这阶段描述了 ERP 将要实现的业务内容和未来在系统中运用的业务处理方式，包括系统内的流程和系统外的处理，所以制订解决方案实际上是一个业务需求与软件功能相匹配的过程。

与手工流程相比，ERP 的标准流程往往更规范、更有效率，因为其包含了先进的管理思想，因此大部分系统流程能很自然地被用户接受。然而，对于一些蕴含行业特点的业务处理流程，用户也希望将其运用在系统中，但这是系统的标准功能所不能满足的。这时，对业务人员、IT 人员和咨询顾问来说，就会出现一种两难的选择——是业务部门改变流程还是顾问公司改变软件？

在早年的 ERP 项目中，两难选择的结果是请软件公司进行二次开发，以满足客户的特殊业务，但不久人们就发现，如果定制开发一味地模仿手工流程和特殊业务，就容易导致业务逻辑的混乱。一个典型的例子是，一家企业在正常的销售流程外，要求顾问公司做一个“特批”销售发货的功能，以跳过 ERP 系统严格的价格审批和客户信用度控制，其理由是软件必须要考虑特例情况。实际使用后，这种特殊流程成了销售员首选的业务流程，每个销售员都在设法找理由，找领导特批，通过这一特殊流程进行销售，而正常的销售流程却被弃之不用。结果是 ERP 系统上线几个月后，就因为价格体系失控和客户信用不准而停用。随后的几年，顾问公司汲取了早期的教训，反复地强调 ERP 的流程和逻辑，并将其在解决方案中进行固化，然而，从实际效果来看，这种全面照搬 ERP 流程的做法并不理想。一方面，企业既有的管理办法、业务流程是长期积累下来的，体现了企业独特的管理思想和企业文化，是企业的宝贵财产，不应该抛弃。另一方面，基础数据、基础管理不可能在短期内达到 ERP 的要求从而直接采用 ERP 的流程，使原来通过手工流程管理得挺好的东西没有保留，而系统中电子流程又不能立刻起作用。结果，系统流程似乎成了"一管就死，一放就乱"的代名词。

二、ERP 实施中影响流程变革的三个关键因素

在 ERP 实施过程中，并不是只要运用流程变革就定能取得很好的效果。关键还取决于三个方面的因素：项目团队成员的组合是否科学、项目的进展是否卓有成效和参与人员的工作负荷是否适中。

1. 项目团队成员组合的科学性

浏览 IT 项目团队成员名单时，我们经常能看见名单上除了领导的名字，就是 IT 工程师的名字了。其实，要通过流程变革来推动 ERP 项目的实施，光靠 IT 部门和几个挂名高管的力量显然是不够的。除了 ERP 厂商派出的服务团队、第三方的顾问团队和内部的 IT 技术骨干的专职参与外，企业还必须将三种人纳入项目团队中来，并确保他们每人能把不少于 30% 的工作时间和精力投入项目中来。首先是有决策权和执行权的高层管理人员。他们在企业里具有相当的说服力，能够通过经常性的宣传和监督，提高大家对项目的支持度和期望值，并控制项目的进度、质量与成本。其次是有较高威望的人力资源管理人员。他们能够较好地营造氛围，鼓舞士气，并且通过组织手段推动项目发展。最后是具有丰富经验的直接作业人员。他们熟练掌握了原有的操作技巧，只要将他们的习惯调整过来，就能取得成效，能更好地调动其他人的积极性。

2. 项目进展的成效性

项目进展并不能以软件安装的进度来衡量，而是要看是否体现出了阶段性相关的效益，达到了阶段性的目标。特别对于系统规模较大，用户人数较多的项目来讲，历时漫长而又让人看不清前景，几乎就是失败的孪生兄弟。要善于把项目分解成不同的阶段，并明确每一个阶段的目标，每月对照目标进行不少于 2 次的评估，不断地提醒参与人员已经取得的成绩和努力的方向。难度大、周期长的项目要更加注意挑选切入点，让参与人员在较短的时间内能先看到成效，以树立项目成功的信心。

3. 参与人员的工作负荷

不管解决方案提供的愿景多么诱人或是项目实施后可以如何解放生产力，在系统的实施过程中，所有参与人员的工作负担是不可避免要加重的。不管是软件相关知识和技能的培训，还是手工作业与电子作业同时进行或是项目带来的其他活动都会让有本职工作的参与人员的工作量大幅度增加，而光靠领导宣传、组织鼓励以及物质刺激都是很难起到作用的。因此，合理分配和调整参与人员的工作负荷是获取大家支持，提高工作效率的重要手

段。一方面，项目团队在评估项目进度的时候，应该充分考虑会给每个人员增加的工作量，进行平衡和调节，在不影响进度的情况下，保持工作负荷不至于过重；另一方面，不管是项目团队成员还是参与人员，人力资源部都应该事先进行规划，对职责分工进行调整，将一部分工作交给其他人员进行分担。据统计，对于项目团队成员平均日加班时间在 2 小时以内以及项目参与人员额外工作负荷量增加在 20% 以内的项目的进度、质量和成功率要远远高于长时间超负荷工作的项目。

从流程变革的角度来看，用流程变革的方法来推动 ERP 项目，这无疑是给项目实施带来了新的增长点。所团结的力量和获取的支持也会让 IT 人员倍感兴奋。同时，在 ERP 项目实施过程中，通过宣传流程变革所产生的成就感，也更利于大家认识和接受这一新鲜事物，而不是感觉到又是在重复一件陈旧乏味的工作。

三、ERP 实施中的流程变革

目前，咨询公司通常的做法是先进行 BPR，再实施 ERP，俗称 BPR + ERP 项目。BPR + ERP 项目从想法上是非常好的，一是通过业务流程重组提升对客户的基础管理，二是力求在 ERP 实施之前完成新流程与软件匹配。但是 BPR + ERP 项目实现起来风险也很大。业务流程重组除了涉及 IT 支撑之外，更多地涉及企业的战略、组织、绩效和管理模式等诸多方面，ERP 流程只是其中的一部分。同时，“彻底的再造”对企业的冲击过大，给 BPR 之后的 ERP 的实施增加了很多不确定因素。

其实，现在的问题不是要不要在 ERP 项目中进行流程再造，而是如何稳妥地进行。这里提出 ERP 全程的流程变革，是要慎重地进行流程再造，通过流程管理的方法和实践，稳步推进流程变革，以求在改变流程和改变软件中寻求最佳结合点。所谓 ERP 全程的流程变革，就是以业务流程为核心，运用 IT 技术进行变革，用循序渐进的业务流程改进（BPI）代替 BPR 的“彻底的再造”，防止单方面强调软件功能或者特殊流程的极端做法。

1. 流程变革的策略与条件

业务流程是否需要改变，最本质的还是看这个流程是否增值，看改进后的流程在提高工作效率、提升客户满意度、有效利用信息资源、降低成本等方面是否有效。但是，不同企业在其发展的不同阶段，企业规模、业务模式、行业特点、管理基础、信息化应用程度等状况是不尽相同的。因此，实现流程变革的策略也会有所不同。

一般来说，可以从企业成长阶段、管理方式两方面考虑业务流程变革策略，如表 2－3 所示。

表 2-3 流程变革策略的选择

企业成长阶段	管理方式	流程变革的适用策略
第一阶段	集中管理，流程少而简单，制度不健全	直接导入 ERP 流程，以规范企业流程体系
第二阶段	授权管理，已建立企业的流程管理体系和配套制度，管理上有特色	实施 ERP 之前进行流程分析梳理，使用 ERP 的 e 化（即电子化）流程，同时适当地进行二次开发
第三阶段	集团运作，流程复杂，管理有重叠	先进行与 ERP 无关的 ERP 项目，理清业务关系，再实施 ERP 项目

企业信息化程度也是进行流程变革必须着重考虑的客观条件之一。一个已经应用 OA 系统的企业，对电子审批并不陌生，但对于一个没有 OA 系统的企业，要实现系统内的审批，就需要一个接受的过程。所以，对那些曾经用过 IT 系统的企业，可以提高 e 化程度。而从手工方式转为实施 ERP 的企业，上线之前的流程变革的幅度不应该过大。

2. 流程变革步骤

成功的流程变革，是将一个颇具风险的流程再造过程分解为几个分步实现的步骤，并与 ERP 的实施同步开展，再经过几轮优化改进的循环，达到变革目标——提高流程的效益和效率。

伴随 ERP 的实施和应用，ERP 全程的流程变革分为三大阶段和五个步骤，它们是实施 ERP 之前对关键流程的分析和评估；实施中的 e 化流程和流程配套；实施后的流程优化和持续改进。此外，流程改革也是一个循环往复的过程，如图 2-3 所示。

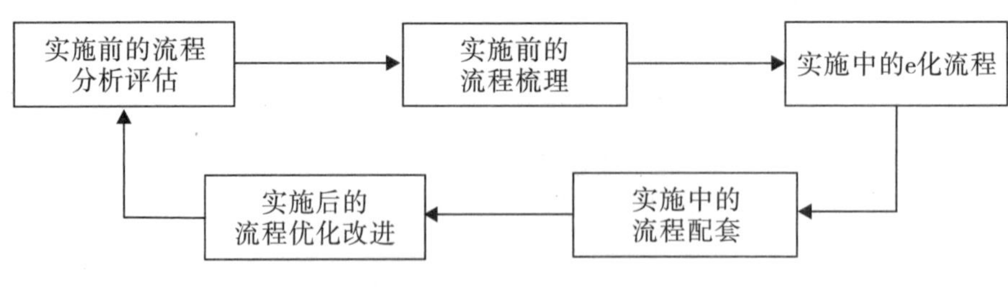

图 2-3 流程变革步骤

第一步：ERP 实施前的流程分析评估。流程分析（BPA）是通过分析评估来明确企业现有流程中哪些是关键流程，这些流程是否需要改进，改进的流程是否与 ERP 的实现有关。

影响流程效率和效益的因素来自企业的战略、组织、绩效、管理模式、IT 等诸多方面，在 ERP 实施之前，其中一些是不需要 IT 技术支撑就可以经过流程再造先行调整的。

比如因人浮于事造成的流程效率低下是可以通过组织调整、重新定岗、加强绩效考核来改善的，这部分流程应该与 ERP 支撑的流程区分，将剩下的与 ERP 实现有关的核心流程放入下一步流程梳理。

第二步：ERP 实施前的流程梳理。流程梳理是在分析评估的基础上，明确现有流程与软件中的标准流程有多大差距，对可以直接应用 ERP 流程的情况进行匹配，对需要适当改变处理方式的流程给出未来的实现方案。根据流程优化的 ESIA 方法，用户可以很清晰地获悉常见的流程梳理内容。通过流程梳理，企业将进一步明白 BRP 中流程变化的内容，为下一步实现 e 化流程打下基础。

第三步：ERP 实施中的 e 化流程。IT 是实现流程变革不可缺少的手段和工具，这一过程称为 e 化流程。如何 e 化，这与所选 BRP 软件的功能和顾问咨询能力有关。e 化流程时，如果 ERP 标准功能不能满足要求，就必须另想办法。因为有了前面的流程分析和流程梳理，已经确认需要 e 化的流程是必须且可实现的，这时二次开发在所难免，适度的开发既可以解决企业特色问题，又使流程更加通畅。

二次开发可以在 ERP 系统内进行，也可用外挂系统。但需要防止简单地将手工流程电子化，单纯的技术实现往往只能解决业务流程自动化需求，而忽略流程简化、整合的优化方法。比如，过去银行柜面在办理存取款业务时，为防范监守自盗，在手工作业下总是需要出纳和记账员两个人共同经办一笔业务。使用信息系统后，虽然还可以模拟共同经办的业务处理流程，但实质上并不需要这样，一个人就可以完成柜面业务，因为电脑代替了记账员，流程得到了简化和整合。在实际业务中，银行只在有大额存款业务时才要求第二个人复核以确保资金安全。

进行 e 化的流程需要仔细设计业务逻辑和数据时效等，可能不能一次就优化到位，这就需要通过上线后的持续改进来完成。

第四步：ERP 实施中的流程配套。因为流程只是企业管理的一个方面，虽然非常重要，但是如果没有与之配套的部门和岗位职责、管理制度、操作流程等，流程就不能长期、稳定地运作。例如，新旧流程切换策略就是对 IT 部门提出的一个流程配套措施。在切换时，新流程谁来做、如何做，旧流程未完成的单据应该如何处理等，都需要事先考虑周全。

第五步：ERP 实施后的优化改进。ERP 实施后，随着 ERP 应用的深入和业务需求的变化，需要对流程的执行定期考核，通过流程监控和 ERP 应用状况评估，比较历史数据和同行的应用水平，从而在应用深度和广度两个方面找出差距，提出优化改进建议。这时的优化已经不再局限于 ERP，只要是合理的需求都可以考虑满足。比如 IT 治理、ERP 数据展现、数据分析等新的流程都是流程优化阶段的重要工作。在组织架构上，流程管理部门会应运而生。手工模式下，业务大都是通过部门分工完成，考核指标也大都面向部门而不是面向流程。ERP 实施后，流程的时间特性被系统记录、贯穿部门的业务流程更加透明，流程的效率、效益就可以成为管理的重点和考核的目标，专职或兼任的流程经理需要从组织上保证优化和持续改进的力度。

四、流程变革注意事项

在 ERP 项目的成功要素中，最主要的是贯彻三个全程：全程的数据准备、全程的教育培训和全程的管理变革。流程变革是企业管理变革的重要组成部分，所以流程变革是影响 ERP 项目成败的重要因子。成功的 ERP 需要全程的流程变革，在这一过程中，应该着重坚持以下几点：

（1）始终关注核心流程，抓大放小，抓住创造效益的收益流程和提高效率的核心流程；

（2）流程不应该是纸面上的“流程图”，需要通过 e 化流程来固化；

（3）通过适度的二次开发实现业务流程的自动化和流程化；

（4）业务流程不应该孤立开展，需要与配套的管理制度、绩效有效结合；

（5）以管理为主，技术为辅，建立信息技术和业务流程的继承管理体系，关注流程的时间价值；

（6）不增值的流程不一定都可以立即清除，应该区分层次和主次，优化改进，逐步消除；

（7）流程优化不是“一锤子买卖”，流程管理不是“一次性革命”，需要进行持续改进。

第八节　业务流程再造后 ERP 实施的成效

通过对物流、资金流、信息流三大重点业务流程的再造，确保 ERP 的实时、准确、快捷的理念在流程中得以运用，可以实现各流程之间数据的共享，提高工作效率。

1. 提高管理效率

在信息化系统实施的整个过程中，可以通过下列途径提高企业的管理效率：机构精简和重组、业务流程重组和优化、节省人力和减员增效、业务由处理向分析过渡、管理标准化和规范化。

2. 提高管理时效性

提高管理时效性也是改进管理的重要内容。传统管理仅停留在事后延时开展，事中的实时控制和事前的预先控制困难。信息化系统的实施应该使管理者能够精确计划生产，降低库存；可以更加有效地调度资金，减少不必要的现金储备；能够改变以往的报告期概念；网络系统使用能够使经营和管理指令一瞬间传达到全厂各级部门。

3. 提高管理效益

信息化系统帮助企业降低管理成本，基于网络的分销管理软件可以解决全国各地销售网点的各种销售数据的收集、处理、分析和报告问题；基于工作流和群邮件技术的软件系统，不仅加快了企业内部信息交流的速度，而且降低了大量的传输成本、库存成本、生产成本和有关管理费用。

案例

“四流合一”——海尔信息化进程研究[①]

一、海尔企业概况

海尔品牌是中国最具价值的品牌之一，公司主要从事电冰箱、空调、电冰柜、洗衣机、热水器、洗碗机、燃气灶等家电及其相关产品的生产经营，以及日日顺商业流通业务。公司在全球建立了 29 个制造基地，8 个综合研发中心，19 个海外贸易公司，全球员工总数超过 6 万人，已发展成为大规模的跨国企业集团。海尔自始至终重视信息化发展工作，不断加大信息化应用和投入的力度，6 年多时间，海尔共投入 3 000 多万元资金，应用高新计算机技术，结合企业的实际应用，已经逐步推广并实施覆盖全国的信息网络，已经建成和运行的信息工程有 CAD/CAM/CAE 系统、互联网、电话服务中心、售后服务网络系统、营销网络通信系统等。海尔集团信息化工作，已经走在国内企业的前列。

二、海尔的信息化进程

（一）基础应用阶段（1992—1998 年）

1992 年海尔成立海尔集团信息中心，确定了由直属于集团公司的规划发展中心兼管全集团的信息化规划与建设工作，以此专门负责收集各类信息，推进企业信息化。

从 1995 年开始，海尔陆续建立了门户网站、内部网和邮件系统，打通了企业从内到外以及内部之间信息流通的壁垒，极大地提高了海尔内部各部门的沟通运作效率，并利用网络信息扩大企业信息辐射范围。

（二）总体架构阶段（1998—2003 年）

在这一阶段，海尔的信息化以 BPR 为基础，以订单信息为中心，带动物流和资金流的运动，实现零库存、零运营资本和用户零距离的目标，解决了人码、订单码和物码不合

---

① 资料来源：暨南大学 2016 级本科生海尔公司调研案例。

一等问题，构建了全集团统一营销、采购和结算系统，并利用全球供应链资源搭建全球采购配送网络，辅以支持流程和管理流程：以市场链为主线实现了企业内外信息系统的集成和并发同步执行、带动了供应链内配套的中小企业信息化。

1. OEC 管理模式

OEC 管理模式指的是 Overall（全方位）、Every（每人、每天、每件事）、Control & Clear（控制和清理），总结起来叫作日事日毕，日清日高。OEC 管理方法可以概括为五句话：总账不漏项，事事有人管，人人都管事，管事凭效果，管人凭考核。以 OEC 管理模式为代表的制度行为法则的一个显著特征就是对目标负责，严格的考核制度在督促完成规定管理目标的同时，也逐渐将“日清日高”管理模式转化成了全公司上下共同的行为准则。现在，海尔的每个班组依然张贴有每日、每周、每月的进展情况，每个员工的奉献都以“岗位明星、改进明星、革新明星、创新明星”等称号公布于众，并给予物质奖励。

2. SST 管理体系

SST 是海尔市场链管理模式的三大核心内容：“索酬”“索赔”和“跳闸”，常常被员工称为“两索一跳”，这一制度的推出，使海尔的产品、服务等各项工作都有了更高的提升。“索酬”的本质是目标分解和模拟市场关系，在实施企业目标时，海尔会按照层级将目标逐一分解为各个部门的目标，各部门再把目标细化为每位员工的具体目标，大到机器设备，小到一颗螺丝都要落实到具体责任人和监督者，每项工作、每个环节的标准、责任以及奖罚额度，每位员工的工作按什么标准执行、执行到什么程度，甚至领取什么报酬都有明确的制度。“索赔”则是为了化解“内部矛盾”设置的，以海尔流水线为例，上道工序为下道工序提供半成品或服务，下道工序发现问题，就找上道工序索赔。“跳闸”可以理解为第三方监管，在海尔，每条生产线的终端都有终端质检人员，即上下工序的“第三方”。若上下工序达不成索赔协议，就可以在流水线上为产品悬挂“品质条”，对产品的问题进行说明，产品在到达终端质检人员手里并确认问题后，终端质检人员负责维修，并在维修过程中将所需时间和材料记录在案，最后按图索骥找到问题工序人员索赔，索赔所得即终端质检人员的工资。

3. SBU 管理机制

为充分体现海尔市场链流程再造的思想并对新的企业流程实施有效的管理，海尔在取得了第一阶段流程再造的成绩之后，通过对不同层级的 SBU 进行建设，将市场链再造推进到了一个新的阶段。按照新模式形成的市场链经营主体大致可分为三级：S 级 SBU（本部长级）、B 级 SBU（事业部长级）和 U 级 SBU（终端）。SBU 是一种由企业提供资源平台（现状水平、先进信息、问题解决渠道、支持流程），根据用户需求创新性地解决问题，并从用户的满意中获取报酬的一种激励制度。其目的是让员工成为创新主体，经营自我，体现自己的价值，或者说，是要把企业里的 3 张表（资产负债表、损益表、现金流量表）变成每个人的 SBU 经营效果兑现，并按照 SBU 的“经营收入 = 劳动力价格 − 损失 + 增值提成”的公式来核定员工报酬。

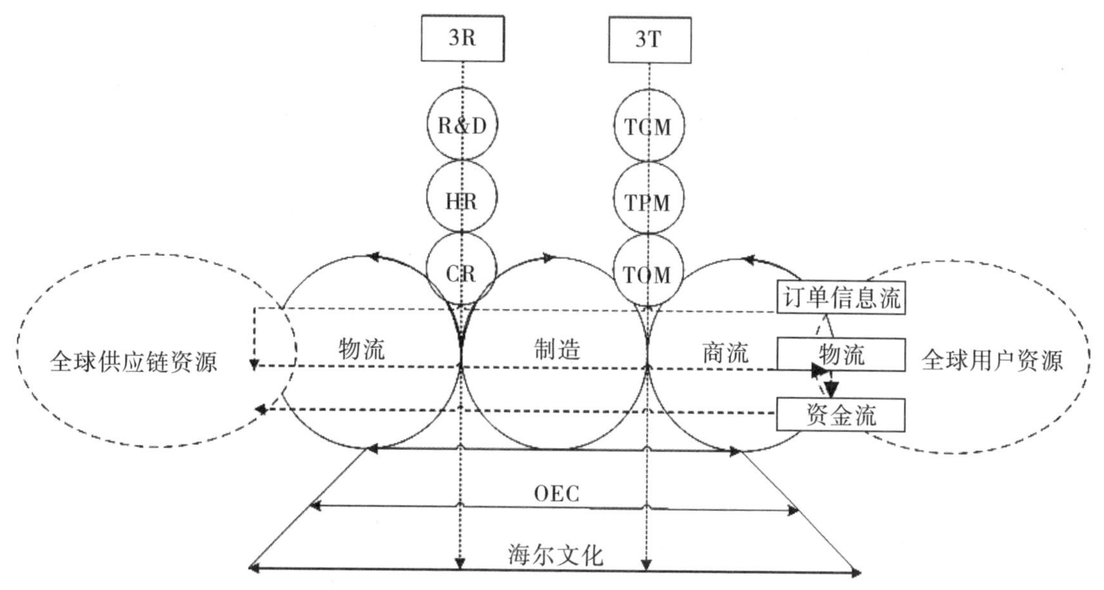

图 2－4　海尔市场链模型

（三）优化调整阶段（2003—2005 年）

1. 内部原因

家电产业是中国市场发展最普遍的市场之一，同样也是竞争程度最激烈的市场之一，大量的企业充斥在市场之中，竞争在不断推进各企业创新的同时也带来了惨烈的“价格大战”，面对如此情形，海尔要避免恶性价格大战给企业经营造成破坏的同时，又要满足消费者对产品品质的追求，不断提升企业市场竞争力。伴随着世界进入互联网时代，为提升企业竞争力，世界掀起了一场企业大变革，各大型跨国企业不断开始从单一型企业转型为基于互联网平台的综合服务型企业。透过这次世界企业的大变革，海尔敏锐地注意到，在互联网时代要把满足顾客需求作为企业发展的核心要素，因此，如何快速把海尔从单一制造型企业转变为服务型企业就成为海尔面临的首要问题。

2. ERP 实施与企业业务流程改造

海尔市场链的主流程就是把原来各事业部的财务、采购、销售业务全部分离出来，同时建立海外推进本部、商流推进本部、物流推进本部、资金流推进本部，再将企业内部原先分散、各自对外的各种资源整合为全集团统一创品牌服务的营销（商流）、采购（物流）、结算（资金流）体系，使整个企业变成一个环环相扣、运行有序的链条，目的就是通过整合，使海尔同步业务流程中各产品本部从原来分散的负责采购、制造、销售过程转变为统一面向市场客户的生产、开发产品过程，通过生产、开发出能满足消费者即时与潜在需求的卖点商品，创造有价值的订单。

商流通过全球的营销网络获取用户信息和订单信息，订单信息同步传递到负责向商流提供产品的产品本部，产品本部在同一时间向物流下达配件采购订单，物流按订单向全球采购配送网络采购供应配件，保证产品本部在最短时间内执行订单，再通过物流、商流满足用户需求。在市场链流程再造中商流处于链条的终端，直接与用户接触，并从全球用户资源中获取订单，是形成信息订单的源头。

物流利用全球供应链资源搭建全球采购配送网络。通过物流组织的再造，实现物流智能的集成化，成立物流推进本部，下设采购、配送、储运三个事业部，统一实施对集团内物流进行运作管理，统一采购、材料配送和产品配送；整合内外部的资源，优化外部资源，使得采购、生产支持、物资配送从战略上一体化，为物流作业的一体化奠定坚实的基础。

资金流（资金流推进本部）的目标就是通过实施信息化管理，利用信息流、物流的加速，努力减少资金的占用成本，实现“零营运资本管理”。为了实现这一目标，资金流推进本部借力信息化网络管理资源，同时利用自身的财务信息化管理优势来实现，主要表现在：物流加速带动资金流的高效运转、现款现收政策和良好的资金运作管理。

3. ERP 系统架构

（1）财务管理板块。

财务管理是企业的核心，企业一切的物流都要伴随资金流和信息流的发生，也是 ERP 的主要思想之一。海尔的财务同步管理是由三大模块实现的，销售与分销模块、财务管理模块和管理会计模块。

销售与分销模块主要功能就是在销售的整个流程中，由单据跟踪整个销售，并进行单据间的转换，正如流程再造中提到的以“订单”为凭据，连接业务流程中的每一个步骤，具体流程如下：产品报价→建立初步订单→信用审核→库存查询→建立正式订单→订单处理（修改、撤销、跟踪）→发票开出→开出生产计划管理板块发货单→货物发运。ERP 的单据跟踪功能最大限度地减少了单据间转换所需的时间和填写单据时所发生数据错误的可能性，大大提高了销售的效率。同时由单据跟踪销售的全过程，使得企业可以很好地掌握每一件商品在任何时间所处的状态。

财务管理模块负责生成各种对外的财务报表，这些对外的财务报表不但要把所有的会计交易行为记入账簿，反映在总分类账里，而且对外财务报表必须符合会计标准和法律规定。财务管理模块可以随时给出产品的成本与利润，完全不存在人为误差问题，使得财务报表的准确性大大提高。

在财务管理模块的基础上，管理会计模块向企业的经理们提供了一种了解企业内部财务状况的手段，它可以进行产品成本控制、盈利能力分析和利润核算等，经理们可以通过管理会计模块所提供的信息掌握有关计划中的预期数据之间的差异并根据这些数据制订出下一步计划。

（2）ERP 生产计划管理——看板管理。

看板管理是丰田公司 20 世纪 70 年代创造的一种新型的管理模式。看板就是一种记载某工序何时需要何数量的某种物料的卡片。看板管理是一种需求拉动式的生产模式，由需求者启动物料移动技术。当需求产生后，只对最后一道工序下达生产命令，下游工作中心当需要物料时便从其先前的上游工作中心去拉取物料。下游工作中心的需求作为授权上游工作中心进行加工的依据，而这种授权是通过看板作为传播媒介实现的，看板记录了下游生产中心所需要上游生产中心所生产的物料数量和生产时间，看板便是生产的信号。在 ERP 的基础上，海尔的看板管理制度有了新的发展。以前纸制的看板被计算机系统所取代，由计算机系统完全控制生产的每一道工序。由于 ERP 系统的财务同步功能，计算机掌握了所有的即时销售信息，当销售单正式确立时，便可直接转化成制造单，传到最下游的制造中心，下游的制造中心直接去上一个制造环节去提取物料进行生产，而在提货的同时，ERP 系统也将通知上游生产中心进行生产。由此生产信息按着生产流程从最下游一直传到最上游，全程的各种信息都由 ERP 系统所掌控，也由其负责调节生产能力和配发物料。配发物料是利用物料清单资料，同时考虑现有库存可用量等信息，计算物料需求，进行调配。ERP 使得看板管理的效率大大提高，而且精确度更加准确，强化了市场应变能力。

（3）供应链管理板块。

海尔的供应链管理就是"对流动在供应链上的商品和服务流、信息流、资金流进行计划和控制"。现金流沿着"供应商→制造→配送/分销→零售→客户"的方向流动，而信息流则在供应链上双向流动。供应链管理的最重要的任务是对供应链各环节之间的信息流进行管理，通过各种网络渠道来交流信息，使供应链上的各个环节保持协调一致。海尔 ERP 新供应链流程为客户定制产品→根据销售量补充进货→只生产市场需求的产品→根据精确的生产需求在线购买生产原料（以前的旧供应链则为购买物料）→制造产品→把货物运到市场→通过零售商进行销售。该供应链管理模式，由需求驱动生产，使客户和供应商结成伙伴，一起缩短响应时间、增加灵活性、提高生产率和服务质量、降低成本等。

（四）人单合一双赢阶段（2005 年以后）

什么是人单合一双赢模式？

（1）员工代表企业与用户零距离交流，满足用户的个性化定制需求，并代替用户向企业寻求资源，促使海尔由大规模制造向个性化定制转变。

（2）去中心化。传统企业中的各级管理部门解散，重新组成一个个以用户需求为目标的经营体。由原有的"正三角"组织结构转变为"倒三角"的组织结构（如图 2－5 所示）。去中心化后，每个员工都是老板，人人都是主角，以用户需求为中心，员工直接面向用户，不再有各级管理部门，这样大大减少了海尔的管理组织成本。

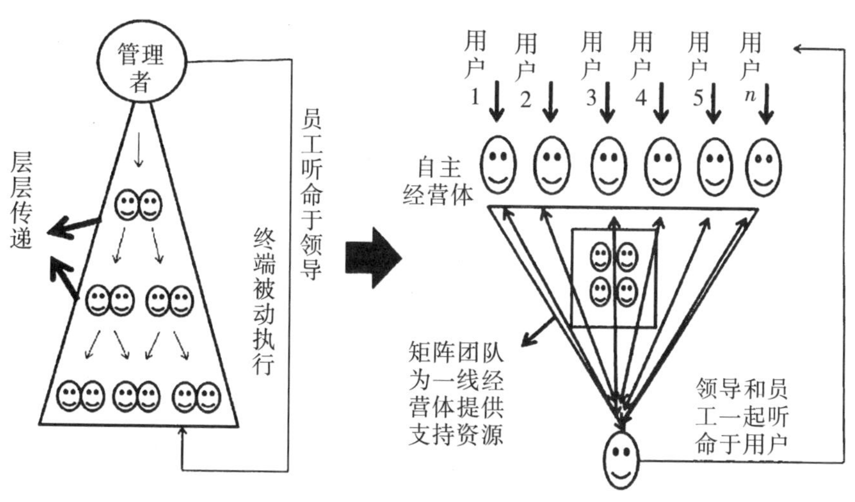

图 2－5　"正三角"向"倒三角"的转变

(3) 把企业变成一个提供资源的大平台，围绕用户需求，只要用户有对资源的需求，企业就是一个开放性的世界资源库。

人单合一双赢模式通过用户需求激活每个经营体，捆绑员工和用户，激发员工的工作热情和企业家精神。通过海尔，员工接入来自世界各地的资源，最终满足用户的个性化定制。它带来了组织结构和驱动机制的创新。

三、海尔信息化进程的启示

1. 企业在战略定位中要考虑多种战略管理方式

任何企业都不可以一成不变，都需要不断地变换本身的战略管理方式以符合当时市场竞争的要求，关注企业整体的战略目标，从而使得企业自身的战略措施与不断变化的竞争环境相适应，还要能兑现让每一个人才实现其价值的承诺才行。

2. 现代企业的成本战略需要考虑客户需求

对于企业自身，生产上应该给用户提供高品质的商品或服务，并保证该项商品或服务满足用户需求，企业生产活动的开展应该是建立在市场摸底调查基础之上的。企业的商业投入也应建立在对用户需求分析结果的指引上。现代企业还应当建立以全产业链为核心的网络体系，利用多种渠道和网络节点全方位获取信息，并且通过实施用户参与反馈计划，创建综合性问题解决机制，形成面向用户的集设计、制造、销售为一体的整体性品牌创新。企业的整体战略建立在追求提升用户及合作伙伴的价值需求上。

3. 企业要充分利用信息技术优化其业务流程

企业可以通过与供销商的互联网互联和个别实地对接，实现对市场的敏锐监控，并在利用互联网技术打破地理空间“隔离墙”的同时达到与用户的零距离连接，为企业提供制定个性化产品和实施柔性生产的机遇。

讨论：

1. 海尔集团的信息化过程经历了哪些阶段？
2. 海尔集团的“四流合一”体现在哪里？
3. 海尔集团在信息化进程中带给我们哪些启示？

【本章小结】

本章介绍了业务流程模型在 BPR 中扮演的角色，并简单介绍了业务流程图的基本画法以及进行流程再造的一些核心原则；最后通过案例说明如何对企业流程进行再造。

【讨论题】

1. 你如何看待业务流程模型在 BPR 中扮演的角色？
2. 你会画简单的流程图了吗？
3. 你知道企业进行流程再造的核心原则都有哪些吗？

第三章　组织结构与 ERP 中的组织结构变革

第一节　组织结构与组织结构变革

根据 Stephen P. Robbins 在《管理学》中的定义，组织是对人员的一种精心的安排，以达到组织特定的目的。组织结构是组织中正式确定的使工作任务得以分解、组合和协调的框架体系。组织结构确定了组织各部分的排列顺序、空间位置、聚集状态、联系方式以及各要素之间的相互关系的模式。组织结构是企业的基本架构，是企业管理的重要组成部分，是企业生存和发展的基础，也是企业实现发展战略的基石。20 世纪初“科学管理之父”泰勒提出了科学管理理论，构造了职能管理制，各职能部门之间实行专业化或标准化的分工。此外，法国管理学者法约尔提出了直线职能组织结构理论，韦伯提出了理想的行政组织体系理论，这些组织结构理论被称为“古典组织结构理论”。到 20 世纪 60 年代，系统学派和权变学派的组织结构权变理论开始出现并逐渐取代古典组织结构理论。

伴随着企业规模的变化，企业组织结构不断变化，第二节将介绍几种典型的组织结构。

第二节　典型的组织结构

自有企业以来，企业的组织结构形式经过了不断的变化。按企业规模可将企业分为三种类型，即小型企业、中型企业和大型企业。对中小型企业还没有统一的定义。我国目前实施的是 2003 年颁布的《中小企业标准暂行规定》，根据企业职工人数、销售额、资产总额等指标，并结合行业特点划分中小型企业。

一、小型企业

小型企业具有如下基本特征：①规模小、员工少。②出资者直接从事经营管理，甚至直接参加生产劳动。③出资者对企业中“人”的管理直接达到每一个员工，对“物”的管理直接达到各类机器设备、工具器具。出资者有精力，也有时间对企业经营过程中的各种事项逐一过问。④多数企业只从事一种产品的生产或者少数几种商品的买卖。这些特性决定了小型企业必然选择简单的组织结构。小型企业内部没有必要分设不同的职能部门，集体的协作和分工依靠出资者的随机分派，而且员工之间的分工并不明确，操作工同时可能在从事统计员的工作，财会员也可能同时协作采购，甚至出资者一人同时负责企业的采购、销售、财务等工作，只有少量的员工从事简单的加工制造。此时，企业组织结构呈现显著的扁平特征，如图 3－1 所示。

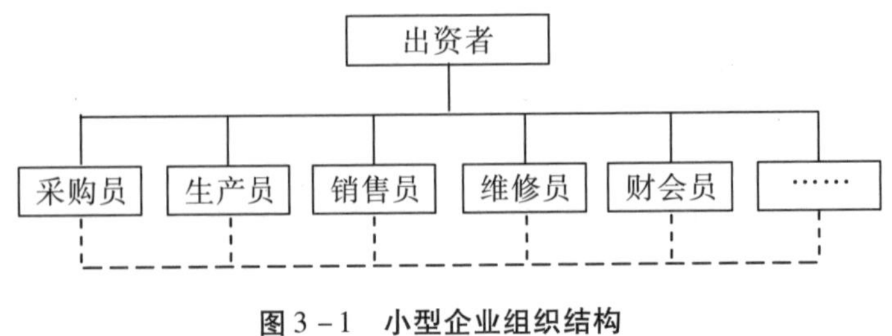

图 3－1　小型企业组织结构

二、中型企业

中型企业介于小型企业与大型企业之间，规模相对小型企业有所扩大，出资者控制着企业的经营管理权。企业的管理层次增加，出现专门从事某一方面管理的专职基层和职能管理人员，以直线指挥为主，横向协调为辅。此外，组织结构也相应地由扁平式向层次叠加的金字塔式转变，如图 3－2 所示。

中型企业的出资者与员工之间出现了职能管理部门和职能管理人员，管理层次增加。组织结构图中塔尖是同时承担经营管理职责的一个或者多个出资者，塔身是职能部门、车间、班组等组成的阶梯状结构，塔底是从事不同工作的员工。

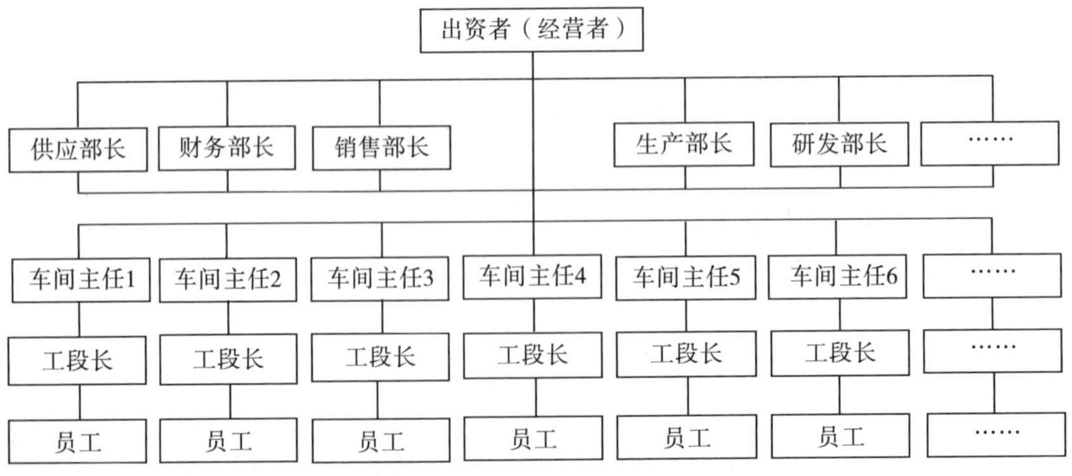

图 3－2　中型企业组织结构

三、大型企业

大型企业一般实行公司制。现代公司制企业保证了企业在更加广阔的社会范围内定向或者公开募集股本，确保了企业生命的独立性，使出资者只是对企业承担有限责任，并且把出资者从日常的烦琐管理事务中解脱出来。

公司制对企业组织结构的历史性变革集中在企业最高层，即由单个或者少数出资者直接经营管理企业转变为通过授权和委托代理形成的法人治理结构经营管理企业，如图 3－3 所示。

除少数企业的出资者由于自身杰出的经营管理才能仍然居于高层管理的关键岗位以外，绝大多数公司制企业的经营管理牢牢控制在一批专门从事企业经营管理的经理人员手中。

从管理层次角度分析，公司制的出现进一步推动了企业组织结构由扁平式向金字塔式转变。企业的塔尖再度隆起，由原先的一级——出资者，转变为三级——股东、董事会、经理人员。

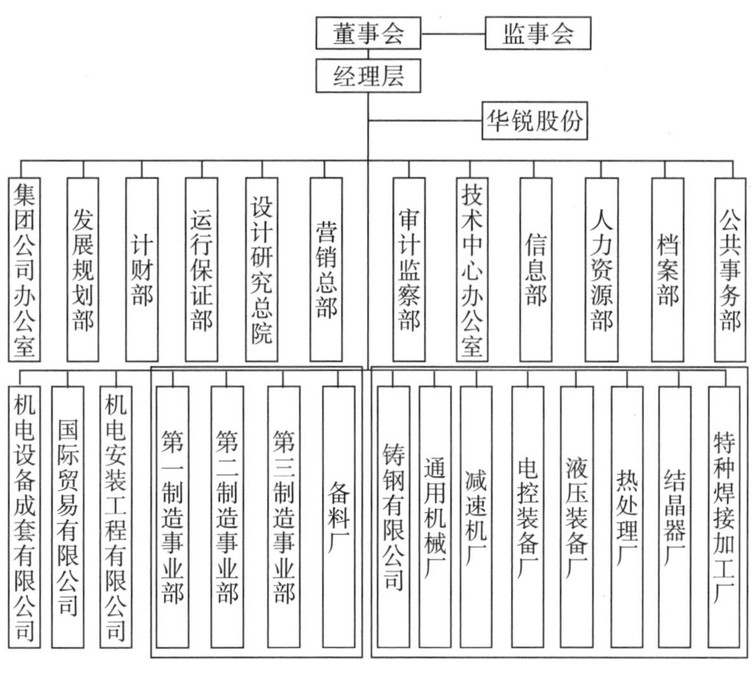

图 3－3　大型企业组织结构

资料来源：SAP 公司专利。

第三节　ERP 系统中的组织结构模型

企业结构是 ERP 中最重要的概念。ERP 的实施和制定，首先是建立在分析企业结构概念的基础上。在基于 ERP 系统的组织结构变革前，企业首先应该清楚 ERP 系统中的组织结构模型。例如，ERP 软件供应商 SAP 对企业组织结构中的各个组织单元进行了抽象，ERP 系统中各个组织单元之间具有严密的逻辑关系，这样既有利于规范企业组织结构的设置，也有利于根据企业的实际情况对企业的组织结构进行灵活的配置。下面对 ERP 系统中的财务组织结构模型、销售组织结构模型、物流组织结构模型，以及模型中的各个组织单元概念和它们之间的逻辑关系进行介绍。

一、ERP 中的企业组织结构模型概述

ERP 在研究发展过程中形成了企业结构理论。企业结构理论研究企业的财务隶属关系、成本控制关系、采购组织关系、销售组织关系、生产计划关系等。实施 ERP 系统，首先要对企业经营管理体制和全部职能分工进行分析研究，抽象出企业模型，再根据企业模型对 ERP 中反映企业模型的参数进行设置，进而采用业务流程图的方式描述实施 ERP 之前的业务流程和组织结构以及实施之后可能改变的业务流程和组织结构。图 3 -4 是典型的公司法人和职能部门组织结构示意图。

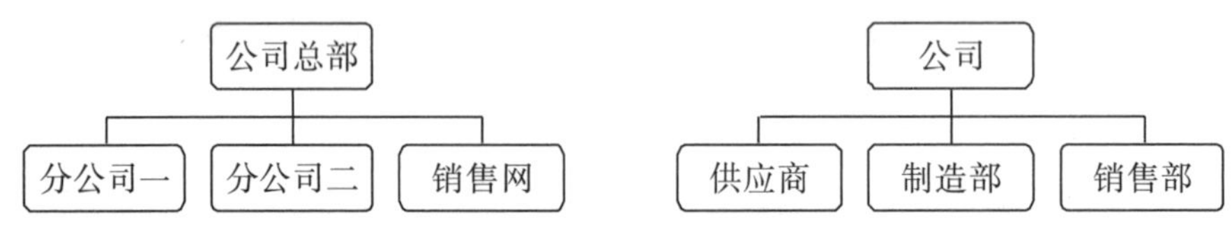

图 3 -4　典型公司结构简图

资料来源：SAP 公司专利。

在上图中所有独立法人之下的部门，如果都配备了完整的销售、采购、财务和生产等业务职能，它们完成各自的销售、成本核算、生产计划、组织采购、仓储、运输、配套运输、工艺性协作，那么这无疑将产生很多重复和低效率的业务环节。ERP 需要处理这些复杂的企业结构和业务流程，就要研究企业业务运转的内在规律。此外，企业要获得实施 ERP 的预期经济效益，往往需要在抽象建模的基础上调整不合理的企业结构和职能分工。

下面以 SAP R/3 中的组织结构模型为例对 ERP 中的组织结构加以介绍。从图 3 -5 可以看到，左边是企业的功能视图，右边是 SAP R/3 中的软件组织结构单元。图中每一个组织结构单元都是运用于特定的功能视图，这样既能保证数据的集成性，也能够保证数据的完整性。SAP R/3 中公司和控制区域两个组织单元对应企业的成本会计功能，公司代码对

应企业的财务会计功能，销售组织和采购组织对应企业的内部后勤功能。工厂是企业内部后勤的一个组织单元，企业的生产活动就在工厂组织范围中进行。

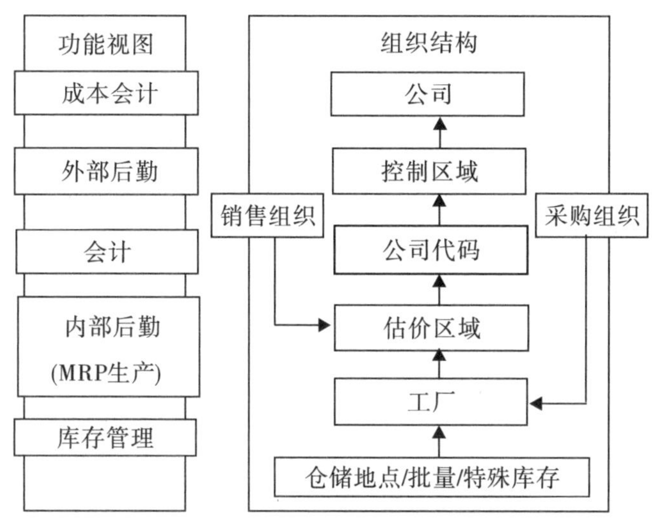

图 3－5　SAP R/3 环境下的组织结构

资料来源：SAP 公司专利。

同时，SAP R/3 的内部组织结构是一个虚拟的企业组织结构，是组织结构单元的一个逻辑概念，但不一定是真正意义上的组织实体。如销售组织和采购组织就是一个虚拟组织单元，采购组织负责为一个或多个工厂采购物料、商品以及服务，并负责与供应商进行合同、价格、交换条件等采购条件的谈判。采购组织可以对应企业中的一个采购部门，也可以对应企业中的几个采购部门。工厂也是 SAP R/3 中一个虚拟组织单元，一个工厂既可以是现实企业的一个制造车间，也可以是多个制造车间。一个工厂也可以被定义为企业的某一个部门，但是它必须具有工厂的属性，价格评估、计划、生产、成本核算都在这一层次进行，一个工厂也只能且必须隶属于一个公司。

二、财务组织结构模型

从财务会计（Financial Accounting）的角度，SAP R/3 中财务组织单元可分为内部组织单元和外部组织单元。外部组织单元一般是法定的组织单元，根据我国的会计术语，也称为会计实体，如资产负债表和损益表是根据外部组织单元编制的。其他的组织单元则是为内部会计目的而设计的。在 SAP R/3 系统中，每个职能范围都可以定义自己独立于其他职能范围的结构。对于财务组织单元，可以分为两大类：一类是服务于财务会计的目的；另一类是服务于管理会计（Management Accounting）的需求。

1. 财务会计组织单元

科目表、公司代码和业务区域是财务会计中三个主要的组织单元，它们三个组成了一个公司主要的财务会计的组织结构。科目表是总分类账科目的清单，可被分配到一个或多个公司代码。公司代码是构建企业法定独立单位并提供财务会计和单独结算操作的框架。业务区域是可以把业务范围分配到每个凭证行项目。术语“业务区域”在 SAP R/3 系统中是指根据财务会计准则细分企业。业务区域中，子部门的例子是产品组或产品部门。和公司代码不同，业务区域用于内部决策制定流程。此外，内部资产负债表可在任何时候通过业务区域来创建，以识别负责区域的损益情况。例如业务区域可从 SAP 后勤组织单位中通过合并工厂、销售区域和部门派生，如图 3－6 所示。

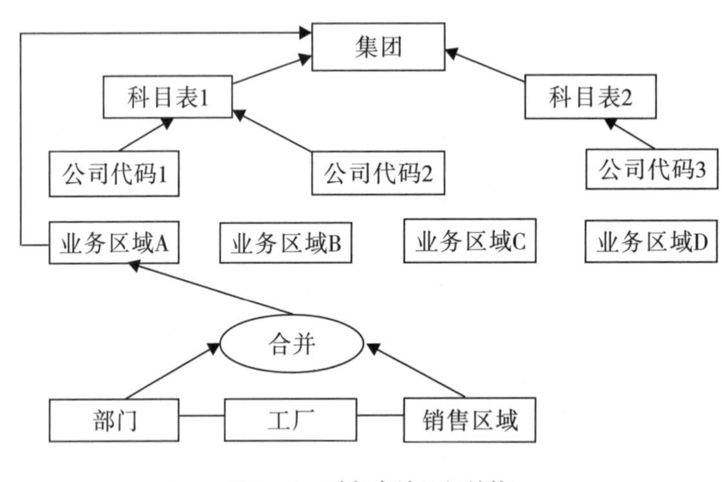

图 3－6　财务会计组织结构

资料来源：SAP 公司专利。

从图 3－6 可以看到，财务会计组织结构是一个虚实结合的组织结构形式，其中既有实体组织形式，如集团、公司代码，也有为实现某一特定功能需要而设立的虚拟组织单元，如科目表、业务区域，这种虚实相间的组织结构形式使得企业的财务管理更加扁平化和柔性化，逻辑关系也更加清晰。财务会计的各个组织单元又和其他业务模块中的组织单元相互关联，形成一个网络化的组织结构形式。

2. 管理会计组织单元

控制范围主要是为公司的成本控制而设立的一个虚拟组织单元，是企业中成本管理的最高组织单元。成本中心是控制范围下的一个组织单元，代表流通中的成本的一个相对独立的控制位置。成本中心可以基于职能要求、分摊准则、活动或服务类型、地理位置以及责任范围来定义，如一个成本中心可以是一个费用部门、一种业务类型等。成本中心是公司内部对费用负责的组织级别，作为成本收集的组织单元。计入成本中心的费用和成本可以用于进一步分摊，可以对成本中心未来费用进行计划，并与实际的成本费用进行对比。管理会计中的两大组织单元都是一种虚拟组织单元，它们之间组成了管理会计组织结构，如图 3－7 所示。

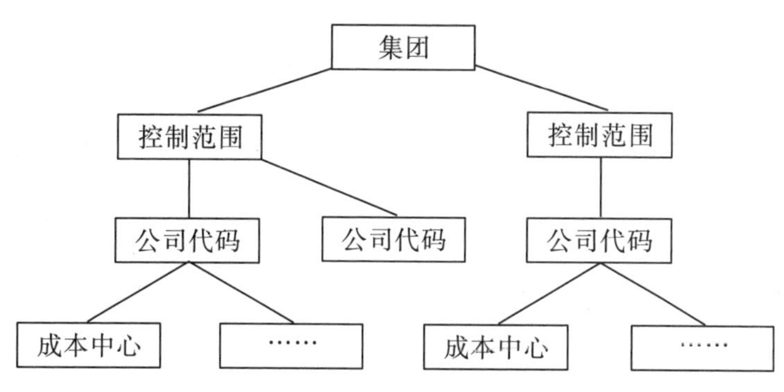

图 3－7　管理会计组织结构

资料来源：SAP 公司专利。

一个控制范围可以分配一个公司代码，也可以分配多个公司代码。通过控制范围与公司代码的联系，可以把财务会计与管理会计有机地结合起来。这种管理会计组织结构形式，不仅有利于公司进行成本核算，还可以使企业的总账数据与管理会计数据保持高度的一致，实现企业信息的高度共享。此外，成本中心对各个成本对象产生的成本进行监控，可以对成本对象进行实时的成本控制和成本分析，从而提高企业的控制和决策能力。

三、销售组织结构模型

组织结构是销售与分销投入运转前最重要的初始配置。销售组织在公司代码之下。销售组织有义务销售产品，也有权利谈判销售条件。销售组织主要目的是报告、分析和考核销售指标和业绩。销售模块中必须至少建立一个销售组织。一个销售组织只能属于一个公司代码。一个公司代码下可以建立多个销售组织。

销售与分销涉及的组织单位有：销售组织、分销渠道、销售大类、销售领域、工厂、销售办公室、销售组、装运点、装货地点、运输计划点等。在 SAP R/3 的销售组织中，通过这些组织单元可以定义灵活的组织结构，同时，这些组织单元之间严密的逻辑关系，也保证了销售组织内部之间的严格控制关系。具体关系如图 3－8 所示。除了虚拟的组织结构外，还有实体的组织结构，如图 3－9 所示。

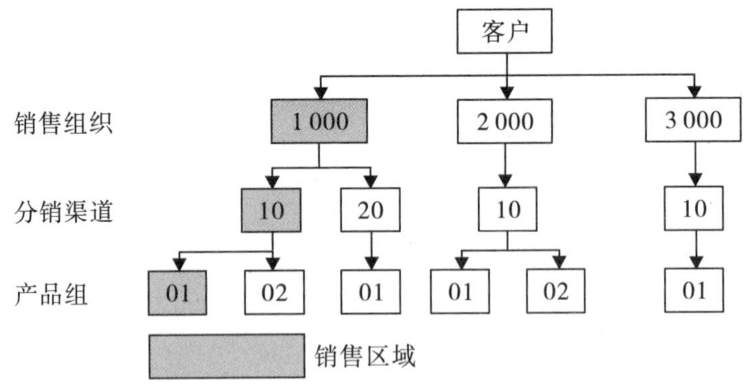

图 3-8　SAP R/3 分销中的虚拟组织结构

资料来源：SAP 公司专利。

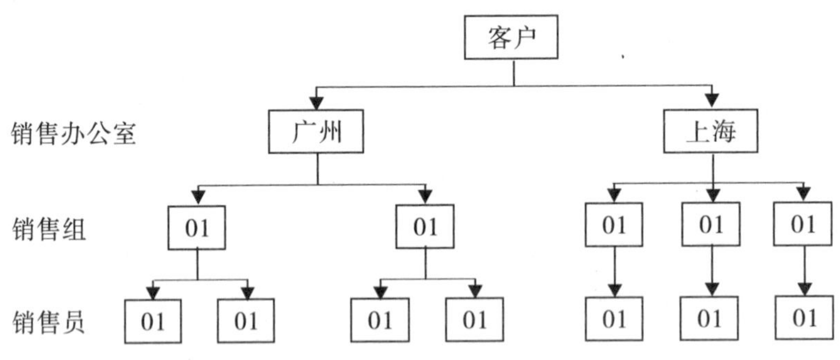

图 3-9　销售实体组织结构

资料来源：SAP 公司专利。

图 3-8 中分销渠道代表货物或服务到达客户的方式，例如零售、直销、代销等。销售模块中必须至少建立一个分销渠道。销售组织可以分配一个或一个以上的分销渠道。不同分销渠道可以有不同的销售条件，如最小数量、最大数量、定价条件等。

销售大类代表一个产品线。销售模块必须建立至少一个销售大类，销售大类分配给销售组织，多个销售组织可以共同使用销售大类，它的作用是做市场统计和制定市场策略。

销售领域是销售组织、分销渠道和销售大类的组合。建立主数据（如客户）和处理销售凭证时，企业主要和单一的销售领域发生联系。一个销售领域只属于一个公司代码。

工厂是生产货物、提供服务或可销售货物的场所。工厂可以是制造货物的场所，也可以是分销中心的仓库。在 SAP R/3 系统中物料管理首先是被看作物流，工厂要在 SAP R/3 系统中定义保存库存的生产场所和位置。销售模块中至少要定义一个工厂，一个工厂只能被分配到一个公司代码之下。一个销售组织可以为多个工厂销售，一个工厂可以支持多个销售组织。工厂是客户订单管理循环中的关键，这是因为库存存在于工厂层次之上，每个销售订单都必须分配工厂，工厂是确定发运点的基础。存储位置是工厂里存储产品的场所。

四、物流组织结构模型

物流组织涉及的组织单元有：①集团公司。②公司代码：代表独立的会计单位，独立法人。③工厂：从生产、采购、工厂维护、物料计划等方面构成企业结构的逻辑单位。④存储位置：一个工厂内允许有不同库存的逻辑组织单位，基于数量的库存管理在存储位置的层次上实现。⑤采购组织：采购组织可以为一个或多个工厂向供应商采购商品，也有权利谈判采购合同。采购组织可以专门为特定工厂采购，也可以为多个工厂采购，还可以跨公司代码为多个工厂采购。采购组织主要目的是报告、分析和考核采购业务。SAP R/3 的物流管理模块中必须至少建立一个采购组织。⑥采购组：一个或一组采购员的组织，他们一般有责任完成规定他们采购的某类物料或服务。企业结构中的采购组织如图 3－10。

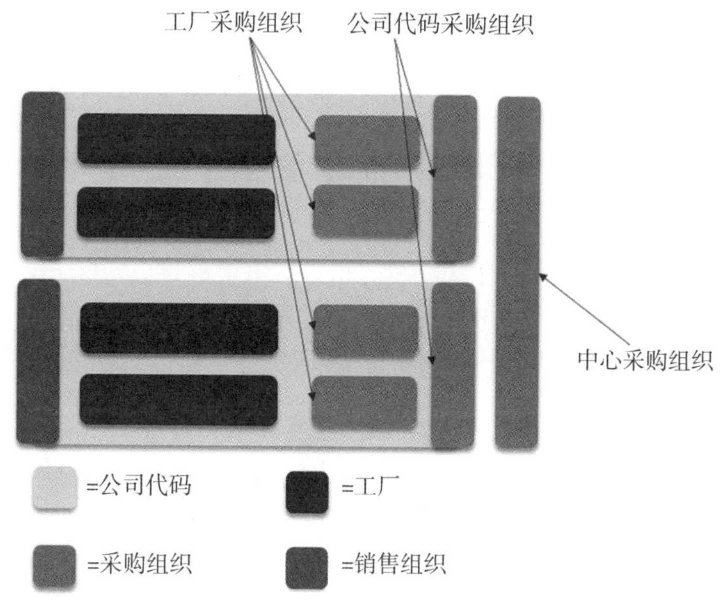

图 3－10　企业结构中的采购组织示意图

资料来源：SAP 公司专利。

物料管理业务涉及的主数据有以下几种：①供应商主数据，包括名称、地址、语言、联系人、通信控制数据。②有关采购组织的数据，包括订货货币、伙伴角色、订单接收方、供货方、开发票方、收款方。③采购数据，包括采购信息记录、支付条款等。物料主数据如图 3－11 所示。

物料主数据的组织所属层次有两种：①整个公司通用的数据，如物料代码、名称、基本和替代计量单位、物料组、体积重量等。②仅在一个工厂有效的数据，如采购数据、MRP 数据、预测数据、工作日程表数据等。

图 3-11 物料主数据

资料来源：SAP 公司专利。

第四节 ERP 系统中的组织结构特点

通过上述对 ERP 系统中财务组织结构、销售组织结构和物流组织结构的分析，可以看到 ERP 系统的组织是虚实相间的组织，这种虚实相间的组织有效克服了传统组织结构的弊端。ERP 系统中引入了虚拟组织单元来集成多个直线组织单元的管理职能，实现了组织结构的虚拟化、网络化和扁平化。

一、组织结构的虚拟化

财务组织是实体组织与虚拟组织的组合。图 3-12 按照财务组织和财务控制的需要设立了虚实结合的财务组织，包括经营区域、控制区域、利润中心、成本中心、工作中心等，它们之间也存在上下级关系，可以对部门内部和部门之间的财务管理和管理会计进行统一管理。企业实施 ERP 系统，这些组织就融进了企业的财务管理组织之中，与企业原有的财务组织一起运作。

销售组织是实体组织与虚拟组织的组合。图 3-12 中按照销售组织和销售控制的需要设立了虚实组合的销售组织，包括以销售区域、分销渠道、产品组为主的销售业务组织。企业实施 ERP 系统，这些组织就融进了企业的销售组织之中。

采购组织是实体组织与虚拟组织的组合。ERP 系统中还设置了采购组织、采购组等虚拟组织单元。这些虚拟的采购组织单元可以对不同地区的采购业务进行集中采购。这些组织通过 ERP 系统就融进了企业的采购组织之中，与企业原有的采购组织一起运作。

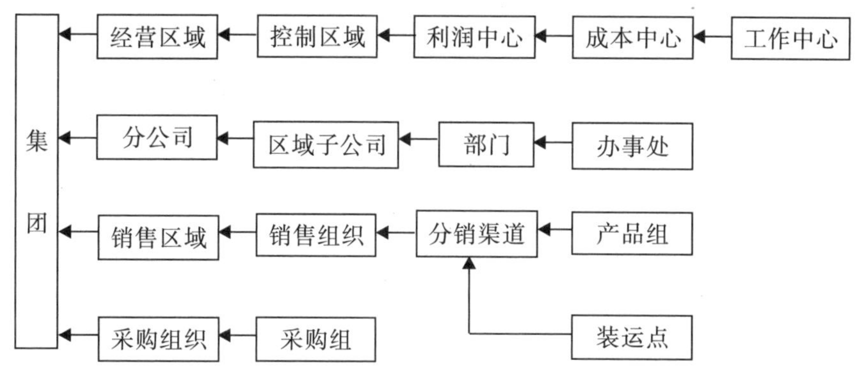

图 3－12　带有上下级关系的虚实相间的组织结构

ERP 系统的组织结构是由虚拟组织单元与实体组织单元所组成的虚拟化的企业组织结构模型，通过这种虚实相间的组织结构模型，企业不但能够灵活应对环境的变化，同时给企业组织结构扁平化提供了基础。

二、ERP 系统组织结构的扁平化

ERP 系统连接着企业内所有的信息点，企业的管理计划和活动规划也通过这个系统下达到每个信息点，指导着信息点相关的运作，这实际上已经取代了原先的多层次管理。这种集成的信息系统的运行（物流、信息流、资金流等的集成），使得只有与具体活动相关的科室或人员能涉及具体的决策，消除了以前那种多层次间、单位间扯皮的机会，减少了靠人力计算、统计、计划的工作量，降低了管理的复杂程度。ERP 系统使企业管理扁平化（各个信息点都在同一层面上），控制信息、反馈信息得以实时传递和处理，企业的组织结构实际上也已经改变。

传统金字塔式的组织中间层多，ERP 系统中引入了虚拟组织单元来集成多个直线职能单元的管理职能，实现了组织单元的虚拟化和扁平化。ERP 系统中除了传统的上下级关系的组织结构外，还根据多维统计、多维查询的需要设立了多套虚拟型的组织单元。此外，ERP 系统中的销售、采购、生产组织依次都是按照集团、分公司、业务部门、基层组织、工作地点等五个层次分层，避免了组织单元内部的组织结构繁衍，使得企业的组织层次减少。因此，ERP 系统中的虚拟组织单元使分散的组织单元实现了虚拟性的聚合，减少了组织的层次，避免了工厂之下再繁衍销售、采购等辅助组织，使得高耸的组织结构扁平化。

另外，由于每个层次的组织单元可以任意复制、任意添加，ERP 系统中组织单元的管理幅度可以无限扩大。在 ERP 系统里，虽然只有一个最高层次的组织单元即集团总部，但是企业在集团总部下面可以添加任何数量的有法人地位的子公司或者分公司，兼并的企业或者子公司可以很简便地添加到原有的组织结构中，只需要在 ERP 系统中进行子公司的设置就可以复制类似的单元。因此，ERP 系统中的组织单元可以任意添加、复制，同层次的组织单元可以无限制地扩大，使得企业的管理幅度可以无限制地扩大。管理幅度的扩大进一步促进了组织结构的扁平化、虚拟化。

三、ERP 系统组织结构的网络化

通过图 3－13 可以看到，一个集团下面包含了各个组织单元，其中财务会计、管理会计、生产、物流、销售等各个功能部门的组织单元在本部门中是以扁平化和虚拟化的结构来组织的，而各个功能部门之间，又通过部门之间、组织单元之间的逻辑关系形成了一个网络化的组织结构。

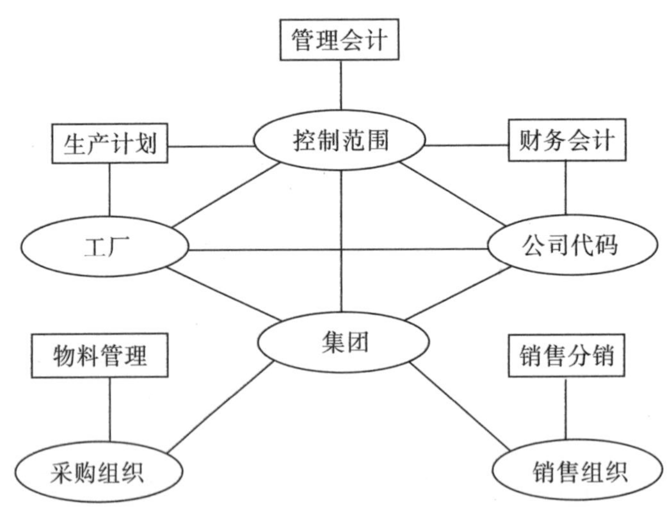

图 3－13 网络化的企业组织结构

四、ERP 系统组织结构的灵活性

ERP 系统中的组织结构是可以调节的，可以根据应用 ERP 系统的企业的规模、生产类型等进行定制。图 3－12 表示一个集团有多个分公司，每个分公司又分成不同的区域子公司，每个子公司又分成不同的部门，每个部门又有很多个办事处。这种带有上下级关系的层次结构模型反映出当前典型的跨国公司的组织结构，使得 ERP 系统适合大型跨国集团公司。通过对图中的组织结构进行简化，其同样适用于中小型企业，只不过集团对应的是中小型企业的一级。由于 ERP 中对组织的实体对象进行了抽象，因此，ERP 系统不仅适应于大型跨国集团公司，也适应于中小型企业。

第五节 ERP 系统中的组织结构变革

ERP 系统的组织结构模型具有现代企业组织结构所要求的各种特点，如扁平化、虚拟化、网络化等。如何把 ERP 系统中的先进组织结构移植到企业的组织管理中来？这是基

于 ERP 系统的企业组织结构变革策略所需要解决的问题。基于 ERP 系统的企业组织结构变革策略是一种系统化的组织变革策略，涵盖了组织结构的战略变革和业务流程再造。企业实施 ERP 系统要把战略、流程和技术三个层次有机结合在一起，以企业战略为导向，以流程来驱动，以 ERP 系统为组织结构的参考模型和技术支撑，使企业组织结构既能适应企业的战略，满足企业业务流程变革的要求，又能适应企业组织结构变革的要求。

一、组织结构的战略变革

环境、企业发展战略与组织结构之间有密切的关系。组织结构应该服从于战略，同时组织结构也影响着战略的实现。一个有效的组织结构，必须来源于企业的发展战略，如果一个好的战略没有一个相应的组织结构做支持，那么这个战略就成了空中楼阁。同样，企业组织结构变革也应该始终以企业的发展战略为导向，为企业的发展战略服务。

弗雷德·钱德勒对美国的大公司进行考察时发现，公司战略的变化导致了组织结构的变化。简单的战略只需要简单、松散的结构形式来执行，这时决策可以集中在一个高层管理人员手中，组织的复杂性和规范性都比较低。当组织不断成长以后，其会变得越来越复杂。

哈佛大学商学院战略管理学家迈克尔·波特教授提出了企业竞争的三种基本战略：总成本领先战略、差异化战略和目标市场集聚战略。总成本领先战略要求效率导向型组织结构，公司总部要对企业的各项业务实行严格控制，如在生产上实行标准化生产，对原材料实行全球集中化采购等。在组织内部，大部分权力集中在企业高层手中，普通员工很少有自主权，信息的流动方向主要是在企业高层与普通员工之间横向流动。差异化战略则要求学习导向型组织结构，公司实行的是分权化管理，鼓励员工与顾客密切接触，了解顾客的需求，发挥主观创造性，努力开发创新性产品；在组织结构内部，员工之间的横向交流机会比较多，公司则努力营造学习型组织，以提高员工的学习能力和创新能力，以保持产品的差异化优势。

因此，选择与企业战略要求相匹配的组织结构可以保证战略的成功实施，企业组织结构变革要以企业战略为目标，以服务于企业战略为目的，这样才能起到支撑企业发展战略的作用。

二、基于 ERP 系统的组织结构变革

组织结构变革的方式可以从战略、流程和技术三个维度展开，这三者之间是彼此联系的。企业组织结构变革需要考虑企业的战略、流程和技术对组织的影响。

BPR 是一种基于流程的组织结构变革新方法，它强调企业要对现有的流程进行根本的再思考和彻底的再设计，达到成本、质量、服务与速度四个方面的显著改善。但是 BPR 的思想根本上是一种基于信息技术的流程变革思想，如果缺乏信息技术的支持，就很难实现对企业流程的彻底改变，企业也不可能在成本、质量、服务和速度方面有大的改善，不能达到现代企业战略对流程的要求。

ERP 作为一种基于信息技术的管理应用软件，能够给企业提供一个扁平化、虚拟化、网络化的企业组织参考模型。同时，利用先进的信息技术，可以推动企业组织结构流程化、扁平化、虚拟化和网络化，使企业组织结构能更好地为战略服务。不管是组织结构的战略变革，业务流程变革，还是以 ERP 为主的技术性变革，它们三者的目标都是企业组织结构能够更好地为企业战略服务。战略、业务流程和 ERP 系统是企业内部三个层次对组织结构的影响，企业可根据系统的观点把企业战略、业务流程、ERP 系统有机地集成起来，并以 ERP 系统为支撑，形成一个系统化的组织结构变革策略。

通过上面对企业组织结构战略和流程的分析，以及前面所讨论的企业结构与 ERP 关系，可以建立企业组织结构与战略、流程和 ERP 系统的集成关系模型，如图 3－14 所示。

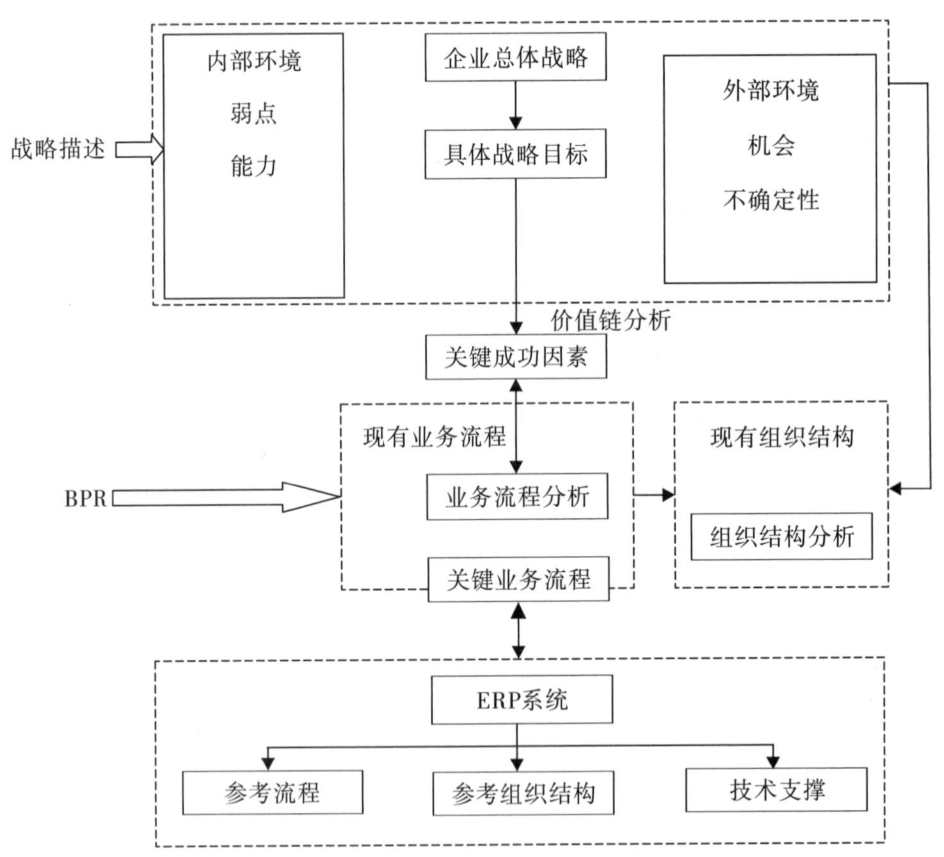

图 3－14　企业组织结构与战略、流程和 ERP 系统的集成关系模型

资料来源：SAP 公司专利。

从图 3－14 中可以看到，企业战略不仅直接对组织结构产生影响，还通过企业流程与 ERP 系统来影响组织结构。企业战略贯穿企业组织结构变革的整个过程，是企业组织结构变革的目标。对企业战略的价值链进行分析，可以确定支撑企业的关键成功因素。通过分析这些关键成功因素，结合 BPR，可以对企业现有业务流程进行分析，确定企业未来的关键业务流程。企业流程的变化导致相应组织结构的变化，对组织结构变革产生影响。

总之，不管是企业战略，还是流程，都是在企业的 ERP 系统中体现的。ERP 系统中的参考流程、参考组织结构为企业组织结构变革提供了模型参考工具。通过 ERP 系统的实施，企业组织结构能够从宏观和微观层次系统地进行变革。

三、以 ERP 系统为支撑推动企业组织结构持续改进

企业组织结构变革是一个动态的变革过程，建立一个确定的企业组织结构并不是企业组织结构变革的最终目标。企业组织结构不是一成不变的，随着企业的不断发展，组织结构也需要不断地做出调整，企业的不同阶段需要不同的组织结构，不同的战略需要不同的组织结构。因此，组织结构变革是一个动态的、持续改进的过程。组织结构的持续改进对于保证企业组织结构的高效非常重要，只有通过组织结构的持续改进，才能使组织结构适应企业发展的需要。

ERP 系统的组织结构是一个基于信息技术的、虚拟的企业组织结构，它不仅可以为企业组织结构变革提供信息技术的支持，而且为企业组织结构变革的持续改进提供了条件。ERP 系统的组织结构具有很强的可扩展性，理论上，企业可以根据需要，无限地扩展和减少企业的组织单元，使企业的管理幅度扩大和缩小。此外，ERP 系统的组织结构是基于组件化设计的，它们不仅具有严密的逻辑关系，并且可以按照系统的逻辑进行组合，具有很强的可复用性和重构性，给企业组织结构的持续变革提供了条件。

案例

汤臣倍健集团 ERP 系统项目实施分析①

一、企业介绍

1. 公司背景

汤臣倍健创立于 1995 年 10 月，在 2002 年，公司系统地将膳食营养补充剂引入中国非直销领域，并迅速成长为中国膳食营养补充剂知名品牌，年销量超过 1 000 万瓶。迄今为止，汤臣倍健已经汇聚全球 23 个国家的营养精粹，提出“打造营养品联合国”的愿景。产品有冰岛鱼油、新西兰乳清蛋白、欧洲越橘、法国葡萄籽、巴西绿蜂胶、巴西针叶樱桃、澳大利亚天然 β－胡萝卜素、美国牛初乳、日本辅酶 Q10、以色列番茄红素、中国螺旋藻及非转基因大豆蛋白等，提倡“以全球品质沉淀核心用户，用质量口碑拉动增量用户，造就美好用户体验，赋予每个人更高的生活质量”。

① 资料来源：暨南大学 2016 级本科生汤臣倍健公司调研案例。

2. 信息技术发展历程

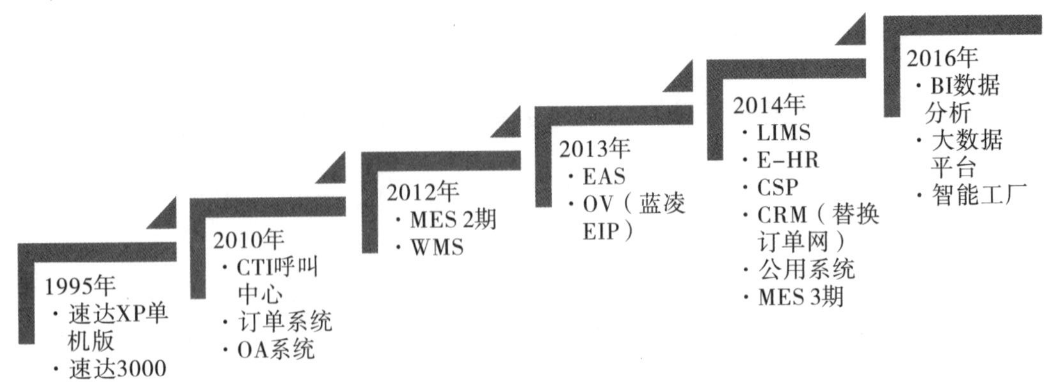

图 3－15　汤臣倍健信息化发展历程

二、汤臣倍健 ERP 系统应用

汤臣倍健 ERP 系统核心业务如图 3－16 所示。

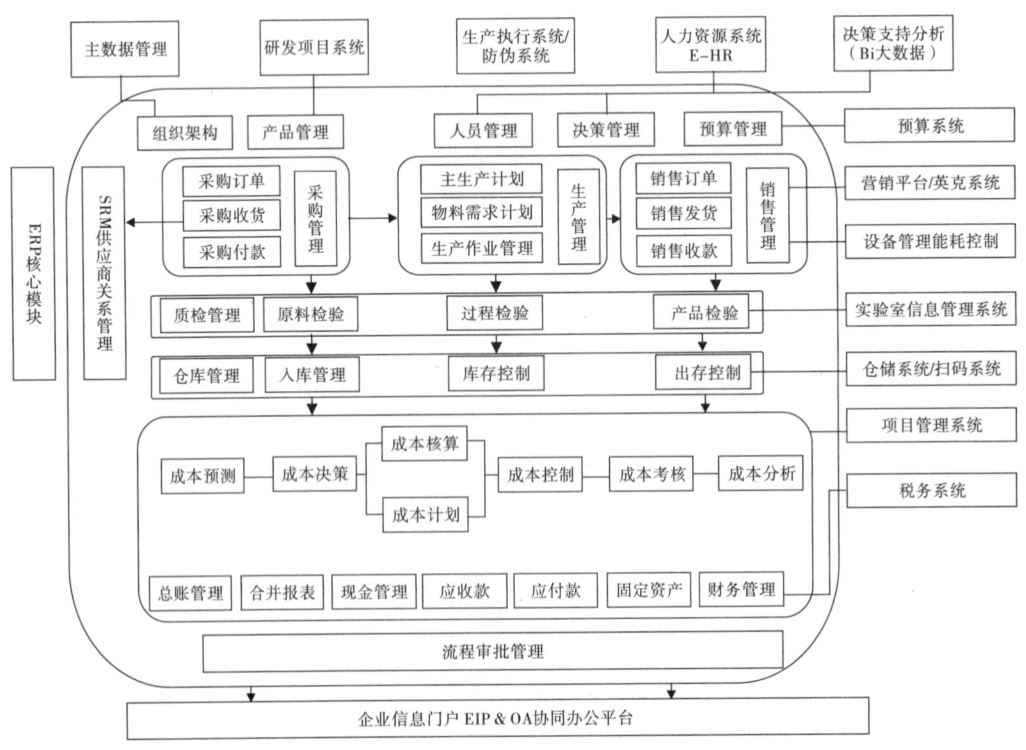

图 3－16　汤臣倍健 ERP 系统核心业务

1. 供应导出模块

汤臣倍健的供应导出罗盘如图3－17所示。

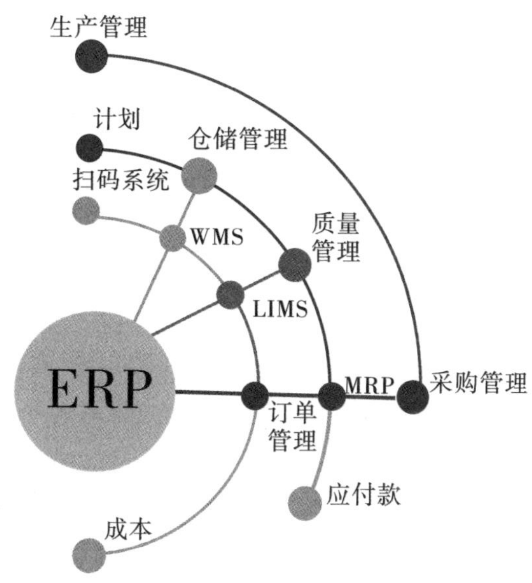

图3－17　供应导出罗盘图

汤臣倍健采取订单管理模式，按单生产，通过MRP制订物料需求计划。它的原料采购来自于全球23个国家，物料到货后采取100%质量检查，区别一般企业的抽样检查，杜绝次品的流入，确保产品质量，检验合格后才能够进入企业库存。

（1）实验室信息管理系统。

实验室信息管理系统（Laboratory Information Management System，LIMS）是实验室用来科学管理数据以及将结果发送到指定对象（如客户、主管、政府管理机构等）的计算机管理系统，具有强大的统计分析功能和灵活、方便的查询功能，有利于提高检验数据的使用价值，自动生成检验报告书、各种统计报表，减少人为误差，并对样品的检验数据进行自动归类和存档，协助监管部门发现和控制影响检验质量的关键因素，实现质量改进和质量体系的自我完善，提高实验室竞争能力。

汤臣倍健的LIMS主要按以下流程运作：委托检验（采购送检、生产送检、周期送检、紧急送检）、检验（样品登记、样品制备、任务分配、任务数据处理、任务校核）、报告回传（反馈给收货上级、生产放行、库存处理、紧急事件处理）。

实施步骤如下：

第一步是委托检验。汤臣倍健的采购送检与周期送检均采用与唯智信息公司合作的智能仓储物流管理系统（WMS）与LIMS衔接的方式，在原辅料正式入库前进入系统登记并打印条码标签，进行全部批次的质检。WMS向上与ERP系统连接，向下与条码打印终端连接，实现信息系统的无缝对接和数据交换，便于LIMS与ERP系统的数据互通。汤臣倍健的生产送检则采用了制造执行系统（MES）与LIMS衔接的方式。MES能够实现对车间自动化设备运行数据的采集、设备运行状态的管理和生产流程的管控，在此基础上与LIMS衔接，并通过检测结果反推生产流程出现的差错。紧急送检则采用手工方式，不必经过系统排序，能达到快速、高效的结果。

第二步是检验。过程具体包括样品登记、样品制备、任务分配、任务数据处理，在此基础上若审核成功则生成检验报告，若审核不成功则进入复检程序即任务校核。

第三步是报告回传。审核成功生成报告后，则一一对应委托检验所要求的目的，进行下一步行动。采购送检合格的原辅料则仍然通过 WMS/EAS 反馈给收货上级；生产送检合格的产品通过 MES 进行生产放行，进入仓库；周期送检的产品质检合格后通过 WMS 进行下一步的库存处理；紧急送检的产品则进行下一步的紧急情况处理。

（2）仓储物流管理系统（WMS）。

在供应链方面，汤臣倍健与唯智信息公司共同打造了现代化的智能仓储物流管理系统，实现数据采集及时、过程精准管理、全自动智能导向，提高库存准确性，提高工作效率，优化仓库作业动线以及实现仓库作业的自动化信息管理。汤臣倍健的整个 WMS 流程主要分为五大模块：入库、订单管理系统、库内管理、出库以及物流跟踪。

①入库。

在正式进入仓储系统之前，原辅料要经历 MRP 采购，然后，供应商向汤臣倍健发送预先发货清单（ASN），然后再安排送货。通过供应商的预先发货清单，汤臣倍健可以在事前做好货物进货的准备工作，同时凭借此清单核对订单交货数量等信息。供应商的货物运达后，汤臣倍健的仓储管理将会为收到的货品打印条码标签，等待汤臣倍健对采购回来的原辅料进行质检验收，没问题后才正式进入原辅料入库上架的流程。质检不过关的原辅料将在入库前与供应商进行退换，质检过关的原辅料将进入汤臣倍健的合格仓。汤臣倍健对于原辅料采取100%检验，每一批次的来料均要接受质检才能入库，区别于其他企业的抽检方式。

另外，在这一个阶段，WMS 为每一种原辅料都安排打印条码标签，但是在之后的MES 中，会将 WMS 标签转换为 MES 标签，以便于之后生产流程的运作。

②订单管理系统（OMS）。

订单管理系统是物流管理系统的一部分，而订单管理模块主要以订单管理为核心。汤臣倍健属于订单式结构，即针对订单的数量对采购、生产等模块进行计划安排，以避免产生不必要的采购、生产以及仓储等成本，所以汤臣倍健的 WMS 结合了 OMS 进行更加高效的运行。汤臣倍健通过 OMS 了解订单需求，并进行排产计划安排，根据先进先出的库存管理原则以及库存情况，下达发料订单以及进行波次计划。

③库内管理。

汤臣倍健拥有独立的原辅料仓库以及成品仓库，分别位于不同的厂房大楼。汤臣倍健采用无线射频（RF）技术以及全方位的条码管理，实现库存数据的自动采集。对于库内管理，汤臣倍健采用先进先出原则进行库存分配，有序存放物料，实现准确的批次管理，并利用手持终端设备，实现仓库无纸化作业。WMS 的应用提高了库存物资信息的准确性，系统对库内物资信息进行自动全面采集，有效减少了人工失误的情况。利用标签等技术，系统更是实现了对生产、流通等整个过程的质量追溯和查询。同时利用条码技术，系统对库位自动分配，有效提高了仓储管理效率，实现仓库空间的合理利用。

④出库。

利用订单管理系统对需求订单进行管理，制定对应的发料订单。根据发料订单安排波次计划，即对批量订单进行合并、分类。再根据 WMS 反映明细物料库存情况，对库存进行分配，若库存不足够，则需要进行多次补货再分配库存。之后再生成拣货任务，对所需物料进行拣货，完成拣货后对物料或成品进行包装出料，最后完成出库流程。

2. 生产导出模块

汤臣倍健的生产导出罗盘如图 3－18 所示。

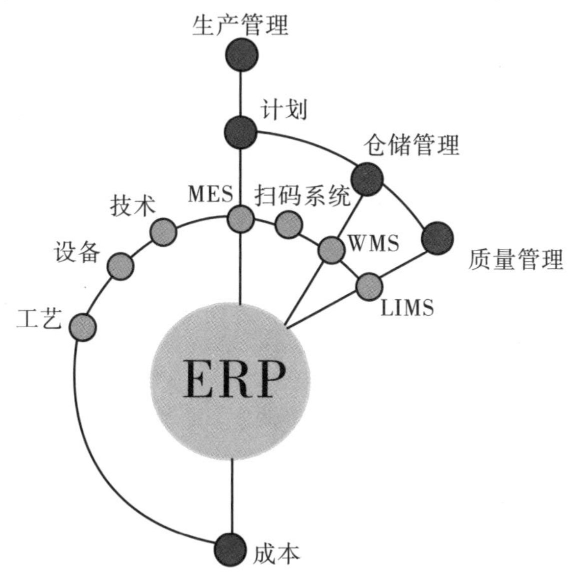

图 3－18　生产导出罗盘图

汤臣倍健集合生产加工各联动单元，由 ERP 系统下达订单任务计划，同时受到质量管理模块的监控，涉及仓储管理之中的原料进出库管理运作。

（1）制造执行系统（MES）。

MES 是一套面向制造企业车间执行层的生产信息化管理系统。汤臣倍健所使用的 MES 是由广州中浩公司提供的，可以对全厂的所有生产线进行 MES 管控，重点解决仓储物流、智能配料、投料配置防错、生产过程追溯、设备效能问题。在 MES 中，通过控制物料、设备、人员、流程指令和设施等所有工厂资源来提高制造竞争力，确保整个生产行为的最优。一方面，实施收集和传递生产数据，使管理者能迅速知晓生产的变化，对生产进行有针对性的调控，实现对生产有效控制；另一方面，通过对产品准确称量，对生产数据进行分析，找出规律，改进生产组织和管理方法，优化生产管理体系。

（2）MES 实施技术与方法。

原材料实施批次管理，产生并打印原材料入库批次条码，采集原材料供应商、PO、送货日期、数量、批次等基础信息，在实物上粘贴条码，条码随实物入库、领用出库，为产品追踪、追溯提供源数据。

在半成品车间，通过扫描流程卡条码，采集金属车间加工产出数据（工序、良品数、报废数、不良原因）等。

在包装车间，按生产工单产生并打印产品条码，并在组装零部件工位，扫描零部件批次或条码，采集产品组装信息；扫描不良代码，采集产品检测信息；包装完成后，产生卡板信息，建立产品条码与卡板对应关系，等待入库。

在入库环节，收集信息并控制打印条码，然后由 WMS 将成品信息通过网络传送给仓库，并接收生产线信息。在出库环节，接收生产线信息并产生出货清单，根据出货清单重新包装。

3. 财务导出模块

汤臣倍健的财务导出罗盘如图 3－19 所示。

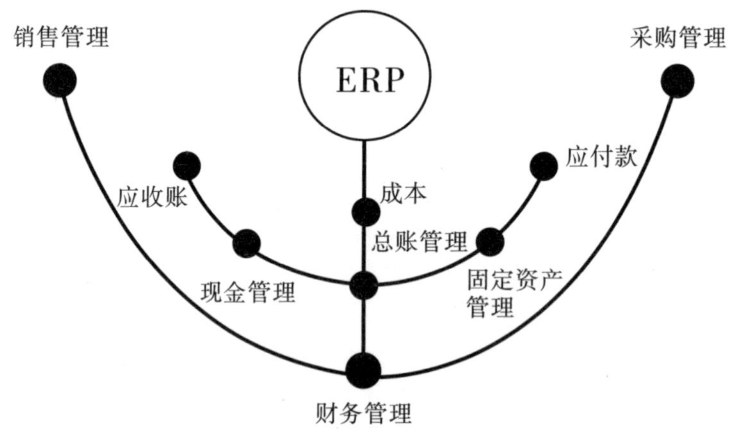

图 3－19 财务导出罗盘

汤臣倍健的财务管理中心能够对其他模块进行监控，财务管理模块包括总账管理、现金管理、固定资产管理以及应收账和应付款。销售管理对接应收款部分，对经销商和客户进行财务账目管理；采购管理对接供应商的应付款同时连接着采购成本计划，以及在生产过程中监控着成本管理。

（1）总账管理模块。

总账管理模块是财务管理的核心，包括凭证处理、账表查询、账龄分析、期末处理等日常业务核算，并支撑和统率着其他各部分，相互之间无缝集成，做到信息的及时传递。

汤臣倍健的金蝶 EAS 总账系统实现功能如下：

第一步是基础资料的维护，如会计科目、核算项目等数据。

第二步是总账系统参数设置。

第三步是凭证处理，包括凭证新增、导入、暂存、提交、查询等操作。

第四步是往来管理，主要包括往来业务科目凭证数据的核销等操作。

第五步是期末处理，主要包括资金的调汇和期间结账等操作。

除了上述日常业务处理功能外，金蝶 EAS 总账系统还提供了标准账簿和报表的查询，主要有科目余额表、试算平衡表 T/B、合并试算平衡表、明细表及相关的汇总报表等。

(2) 固定资产管理模块。

汤臣倍健现有系统的固定资产模块主要处理固定资产的新增、折旧、清理等业务，并能够依据这些业务自动产生凭证，实现了固定资产整个生命周期的业务处理。

由汤臣倍健公司总部建立统一的基础数据，如固定资产类别和折旧政策等，并在相应的组织单元中进行设置。汤臣倍健公司总部建立各单据的编码规则，并分配给相关的组织单元。汤臣倍健公司总部制定统一的固定资产新增、调拨、清理、拆分、组合、清理、报废等工作流程。子公司在此基础上初始化各公司的卡片，保证初始化完成的数据与总账科目的数据一致，并与总账联用。日常业务中新增卡片、卡片调拨、清理、折旧计算等需要自动生成凭证。期末计提也需要生成凭证，并与总账对账，确保数据的同步。

(3) 应付款模块。

金蝶 EAS 应付款系统有完整的付款流程，涉及付款申请单、应付单、发票业务、付款核销及生成凭证业务。金蝶 EAS 应付款系统帮助汤臣倍健在应付款模块上实现了发票管理，操作人员将发票输入后，可以验证发票上所列物料的入库情况，核对采购订单，计算采购单和发票的差异，查看指定发票的所有采购订单的入库情况，列出指定发票的支出情况和指定供应商的所有发票和发票调整情况。金蝶 EAS 应付款系统实现了供应商管理，提供每个物料供应商的信息，如使用的币别、付款条件、折扣代号、付款方式、付款银行和会计科目。此外，还有交易信息，如交易发票金额、折扣额等。金蝶 EAS 应付款系统实现了付款管理，可以处理多个付款银行与多种付款方式，进行支票验证和重新编号，将开出的支票与银行核对，查询指定银行开出的支票、作废支票。金蝶 EAS 应付款系统还实现了账龄分析，可以根据指定的过期天数和未来天数计算账龄，也可以按照账龄列出应付款的余额。

4. 销售导出模块

汤臣倍健的销售导出罗盘如图 3－20 所示。

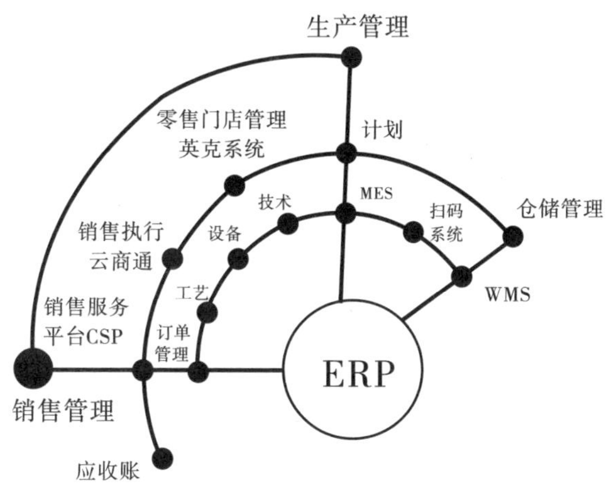

图 3－20　销售导出罗盘

汤臣倍健的销售导出模块主要以三个平台配合运作，分别是针对经销商网络化的销售服务平台 CSP、负责销售执行的云商通以及面对零售门店的英克系统。通过 ERP 系统对平台订单进行整合，协调生产需求以及进行货品出库管理，同时与财务应收账对接。

（1）销售服务平台 CSP（经销商）。

随着互联网营销策略推进，汤臣倍健利用传统线下门店资源，通过构建销售服务平台 CSP，与线下资源进行连接，从而充分发挥在体验、配送、积分奖励、社区化服务等领域的先天优势，实现线上与线下的“无缝闭环”。

（2）销售执行云商通（销售团队）。

销售执行云商通是客户关系管理系统的一个业务组件。通过运用云商通系统，提升销售团队的服务力。云商通系统包括消息中心、业绩达成、客户拜访、导购工作、网点管理、OA 日报、会员查询、订单管理等功能。

（3）零售门店管理英克系统。

零售门店管理英克系统是一套帮助传统零售企业基于已有的线下多门店的实体优势，以消费者为服务核心，通过线上线下的资源协同整合，提供近店、进店、决策、售后等体验及后端商品、库存、订单、会员等精细管理的服务转型的 O2O 系统开发解决方案。英克系统具体实施如下：

①电商接口。云平台可以与各类电商平台对接，实现数据同步。对线上和线下的实体销售、库存进行统一管理，提高工作效率，避免了多套系统烦琐的操作与费用投入。

②移动收款和移动小票打印。通过手机 App 直接收款，无须在收银台操作，也可通过手机直接打印小票，配合移动收款使用。

③会员管理。云平台会员管理系统，包含电子优惠券、分享功能、人群分析功能，协助管理好已有的会员并吸收更多的会员。

④O2O 微微到家。英克云系统 O2O 功能以提升单个门店业绩的方式，提升企业整体业绩。

⑤库房管理。通过手机 App 管理库房，收货、验货、出库，及时上传更新状态，节约了大量时间。

⑥仓库盘点。手机扫描盘点，无须打印复核，便捷快速。

5. 现行 ERP 系统罗盘分析

综合前面内容分析，汤臣倍健目前的 ERP 系统罗盘如图 3-21 所示。

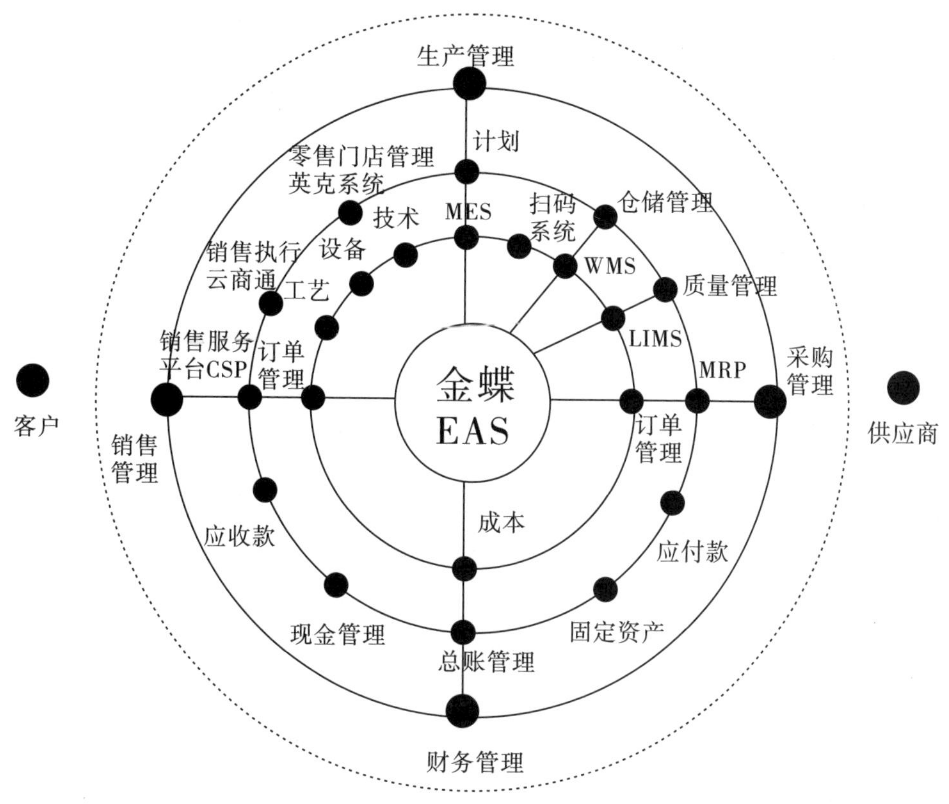

图 3－21　汤臣倍健现行 ERP 系统罗盘

三、六流卦象分析

1. ERP 实施前的卦象分析

(1) 信息流：原有的信息化基础薄弱，信息化规划无法匹配公司“打造营养品联合国”的发展战略。企业内部沟通不畅，存在“信息孤岛”，上传下达不够及时，重要信息传递不到位导致决策错失良机。因此，信息流为阴爻。

(2) 物流：汤臣倍健的仓库存货量大，造成产品到处挤压，工厂的物流容易混乱，难以控制，一旦发现某些产品出现问题便较难进行相应的改善。因此，物流为阴爻。

(3) 资金流：当前汤臣倍健的成长速度非常快，基本上保持了连续 9 年的利润高速增长，销售额和收入也连续 9 年增加。汤臣倍健的现金流一直是非常好的，且每年都在递增，说明控制下游的能力非常强。因此，资金流为阳爻。

(4) 责任流：汤臣倍健的市场还有很大的空间，利润规模还有上升空间，但目前内部产品生产不齐全，还存在改进空间，且未能让企业的各个部门员工有责任地向消费者推销。因此，责任流为阴爻。

(5) 权利流：企业通过对内部员工的管制，减少了各管理部门多余的管理权，增加了各部门有效的管理权力，提高了员工对企业内部结构运作的认知。因此，权利流为阴爻。

(6) 利益流：实施 ERP 系统之前，汤臣倍健还处于低效率状况，而且费用支出方面也较高，从而造成不同方面的损失情况。因此，利益流为阴爻。

由此判断，汤臣倍健在实施 ERP 系统之前的卦象为第 40 卦解卦。

2. ERP 实施后的卦象分析

(1) 信息流：汤臣倍健的 IT 系统贯彻整个企业的各个部门，虽各个部门拥有独立的运作系统，但平台都可实现信息及时传达，并进行统一的大数据管理，企业内部拥有即时的信息传输。因此，属于阳爻。

(2) 物流：WMS 的应用提高了库存物资信息的准确性；利用标签技术，实现了生产、流通等整个过程的质量追溯与查询；在后台对货品信息全面进行监控，使运输全过程透明化，原材料入库、成品出库过程都清晰明了。因此，属于阳爻。

(3) 资金流：通过金蝶 EAS 极其强大的集成平台，能够对企业的应收账、应付款等进行实时的更新及信息化处理，令集团总部能够高效率、低成本地掌握财务状况，加速回笼企业现金流。ERP 为企业的财务系统提供了一体化功能，使企业拥有强大的财务信息共享功能。因此，资金流为阳爻。

(4) 责任流：汤臣倍健对于原材料采取 100% 检验，表明其注重原材料质量，企业社会责任心强。并且在企业日益发展的情况下，积极主动引入并不断改善 ERP 系统，使企业效率和质量都得到提升和稳固，各部门的责任明确，在任何节点都有对应的负责部门和负责人来跟进这些节点的运作情况。因此，责任流为阳爻。

(5) 权利流：汤臣倍健组织架构并无过多冗杂的部门堆砌，上级领导对下级部门的控制力强，公司拥有对工艺制造以及生产运作管理进行改善的权利。因此，权利流为阳爻。

(6) 利益流：实施 ERP 系统之后，汤臣倍健的工作效率得到了提高。虽然增加了 ERP 系统实施的相关费用，但减少了决策失误带来的损失，总体来说是更偏向于获利的。因此，利益流为阳爻。

由此可以判断，汤臣倍健在实施 ERP 系统之后的卦象为乾卦。

讨论：

1. 汤臣倍健的财务、销售与物流组织结构有什么特点？
2. 汤臣倍健实施 ERP 系统对我国企业有什么启示？

【本章小结】

本章回顾了几种典型的企业组织结构，针对 ERP 系统中的组织结构模型，分析了

ERP 系统中的组织结构模型与组织结构特点，阐述了基于 ERP 系统的组织结构变革及其对策，揭示了大中小三类企业的组织结构特点。最后以案例详细说明 ERP 系统在大型企业的运作情况和实施效果。

【讨论题】

1. 大中小型企业的组织结构如何？有哪些不同点与共同点？
2. ERP 系统的企业组织结构具有哪些特点？

第四章　ERP 质量管理系统

ERP 质量管理系统是在财务会计、物流管理、生产管理等子系统的基础上，采用了 ISO9000 的先进质量管理思想，同时吸取 JIT、精益生产的管理思想，为制造企业提供供应商评估、采购检验、工序检验、产品检验、委外加工、入库检验、发货检验、退货检验、样品管理及质量事故和客户投诉处理等全方位的质量管理与控制的解决方案。ERP 质量管理系统帮助企业提高质量管理效率与生产效率，降低因原料、车间生产、库存物料等原因造成的质量事故，从而降低损耗与成本，提高产品质量与顾客满意度，提高企业核心竞争力。

第一节　ERP 与 ISO9000

ISO 是“International Standardize Organization”的英文缩写，意为“国际标准化组织”。ISO9000 不是指一个标准，而是一组标准的统称，是一组世界范围内通用的质量管理体系标准。“ISO9000 族标准”指由 ISO/TC176 制定的所有国际标准，TC176 即 ISO 中第 176 个技术委员会，全称是“质量保证技术委员会”，成立于 1979 年。1987 年 TC176 更名为“质量管理和质量保证技术委员会”。TC176 专门负责制定质量管理和质量保证技术的标准。ISO9000 是 ISO/TC176 制定的第 9000 号标准文件。因此，综合起来讲，ISO9000 是国际标准化组织制定的质量管理和质量保证的国际标准，是一套出色的指导文件。ISO9000 的本质是一套阐述质量体系的管理标准。最初的 ISO9000 标准把质量仅看作技术的理念，即只在狭义的“质量”专业范围内。20 世纪 80 年代后，质量不仅被看作技术问题，也被看作资源问题，质量与经营密不可分。在随后的几次修订中，ISO9000 标准融合了一些国际质量大师（如朱兰、戴明、费根堡姆等）关于质量管理的经营理念和思想，这为 ISO9000 标准注入了更为丰富的内涵，使质量的理念和思想得到进一步的升华。

自 1987 年 3 月 ISO9000 质量管理和质量保证系列标准发布至今，经过 1994 年的第一次有限修改和 2000 年的根本性修改，形成了新版的 ISO9000 系列标准，其包括四个标准：ISO9000：2000《质量管理体系——基础和术语》、ISO9001：2000《质量管理体系——要求》（用于认证）、ISO9004：2000《质量管理体系——业绩改进指南》、ISO1901：《质量和环境管理体系审核指南》。

根据 ISO/TC176/SC2（国际标准化组织/质量管理和质量保证技术委员会/质量体系分委员会）的工作规划，ISO9001：2008 版质量管理标准于 2008 年 10 月正式发布实施。标准修改较少，对于大多数组织而言，通常正常的监督评审过渡即可。读者可自行查询具体变更条款。

标准发布后，在世界范围内得到了迅速的推广和广泛的认可，成为全世界衡量质量管理水平与质量保证能力的公共标准。它以八项质量管理原则作为理论基础，并强调了最高管理者的领导作用，突出了顾客满意和持续改进。质量管理原则包括：

（1）以顾客为中心。

（2）领导作用。

（3）全员参与。

（4）过程方法。

（5）管理的系统方法。

（6）持续改进。

（7）基于事实的决策方法。

（8）互利的供方关系。

ISO9000 对组织质量管理体系的总要求如下：

（1）质量管理过程在企业中的应用。

（2）确定这些过程的顺序和相互作用。

（3）确定为确保这些过程的有效运行和控制所需的准则和方法。

（4）确保可以获得必要的资源和信息，以支持这些过程的运行和对这些过程的监视。

（5）监视、测量和分析这些过程。

（6）实施必要的措施，以实现对这些过程的策划结果和对这些过程的持续改进。

企业要保住客户资源，维持客户的满意度，提供的产品或服务必须满足客户的要求。ISO9000 提供了一个可靠的架构，以系统化的方法来管理业务流程和组织活动，使产品或服务可持续符合客户的期望，同时也意味着企业拥有持续满意的客户。

ISO9000 与 ERP 在管理思想上具有一致性，管理内容上也有很多重叠。ISO9000 为 ERP 提供了原则和管理体系框架，ERP 则是贯彻 ISO9000 的有效工具。ISO9000 的约束是柔性的，特别是对一些复杂的信息处理过程，采用人工操作的效果是无法与 ERP 相比拟的，这也是很多传统企业贯彻 ISO9000 达不到应有的深度、执行过程不稳定的根本原因。ERP 的刚性约束和强大功能，正好强化了 ISO9000 的贯彻，如表 4－1 所示。

表 4－1　ISO9000 与 ERP 对管理过程的要求对比

管理过程	ISO9000 要求	ERP 要求
采购管理	供方评价，进货验收，采购文件明确	采购计划和生产计划、存储量结合，采购权限控制，采购成本控制，采购订单跟踪
销售管理	明确要求，合同评审，加强沟通	建立客户信息档案，订单确认，佣金管理，销售成本控制，销售统计分析
生产管理	生产活动受控，确认质量	精确的物料计划、生产能力计划计算；按物料需求，按时、按质、按量与低成本地完成生产任务

（续上表）

管理过程	ISO9000 要求	ERP 要求
仓储管理	存储环境能保持质量不受影响	库存管理：维持销售产品的稳定、维持生产的稳定、平衡企业物流、平衡流通资金的占用
人力资源管理	人力胜任，有良好意识，适当培训	人力资源规划：劳动力安排、薪资核算、员工考核、时间管理
客户关系管理	客户有效沟通，客户满意度检测	客户管理：销售管理、营销管理、客户服务、联系人管理、潜在客户管理、网上营销
供应链管理	未明确要求	与供应商建立双赢的合作策略，建立虚拟企业的动态联盟，供应链之间的合作
财务管理	未明确要求	强调面向业务流程的财务信息的收集、分析和控制，使财务系统能做到对业务活动进行质量成本控制，为战略决策、业务操作等多层次管理提供信息
成本管理	未明确要求	强调面向业务流程的财务信息的收集、分析和控制，使财务系统能做到对业务活动进行成本控制，为战略决策、业务操作等多层次管理提供信息

第二节　全面质量管理和 ERP

美国的费根堡姆于 1961 年在其《全面质量管理》一书中首先提出了全面质量管理的概念："全面质量管理是为了能够在最经济的水平上，并考虑到充分满足用户要求的条件下进行市场研究、设计、生产和服务，把企业内各部门研制质量、维持质量和提高质量的活动构成一体的一种有效体系。"欧洲质量管理基金委员会将全面质量管理定义为：组织通常可以满足顾客、个人、股东和社会的需求和期望。

全面质量管理强调为了取得真正的经济效益，管理必须始于识别顾客的质量要求，直至顾客对他手中的产品感到满意。全面质量管理是为了实现这一目标而指导人、机器、信息的协调活动。全面质量管理强调"管理整个组织，从而使企业能够在各个方面表现卓越"。

ERP 在全面质量管理的应用主要体现在以下几个方面：

1．供应商管理

供应商管理不仅仅是财务上的管理，还包括供应商资格管理、供货质量管理等。ERP 使供应商管理变得更加及时。通过 ERP 系统可以选择"批准供应商列表"，由质量控制部门将需要控制质量的物料与批准的供应商关联，对于非批准的供应商是不允许制定采购订单和办理入库的。ERP 系统的质量模块的化验结果与供应商相关，可以详细地记录供应商的每一次供货质量。通过报表，可以任意查询一段时期内某个供应商的供货质量。

2. 物资的收、发、存管理

对于 ISO9000 认证的企业，保管员需要管理库存实物、财务账和 ISO9000 质量记录等多项内容。ERP 系统将物流、资金流和信息流高度集成，可以真正实现账、物（含物料的批次等信息）的一致性，物料的可追溯性。通过 ERP 系统的“物料控制表”，可以对物料的批次、化验周期、质量等级和批次状态等信息进行设置。需要质量监控的物料在企业中的每一个活动，都可以由 ERP 系统将质量信息进行详细的记录。通过报表，可以查询任意一段时期内某种物料的相关质量。

3. 检验与状态控制

在质量化验管理模块中，包含化验标准、化验记录和质量控制等功能。在 ERP 系统中，待检的物料及半成品是不允许投入使用的，可以防止不合格或待检的物料转入下一道工序。在 ERP 系统中，可以实现每一种物料针对某个客户的特殊要求，形成原料或最终产品的化验标准，以满足客户的要求。对于需要检验的原料、流程中的半成品和交付完工的成品，ERP 系统通过工作流的方式实现自动报检，化验结果按审批流程自动传递。质量检查员根据最终化验结果，对物料的质量状态进行判定。同时，ERP 系统根据物料状态判定该物料是否应该转入下一道工序。

质量控制子系统通常采用控制图来实现质量控制。控制图是判断生产工序过程是否处于控制状态的一种手段，利用控制图可以区分质量波动的原因是偶然引起的还是系统原因引起的。质量控制子系统可以对生产过程中影响产品质量的各个因素进行控制，通过控制图来判断生产是否异常，使生产处于受控中，做到预防为主，把影响产品质量的诸因素消灭在萌芽中，从而保证质量、降低成本，同时提高生产效率。

4. 质量成本的控制

ERP 系统将物流、资金流和信息流高度集成，使企业每一个活动中伴随的资金信息能够及时准确地体现，并通过财务相关的设置，利用报表将与质量相关的活动产生的费用体现出来，为决策者提供确切数据来决定质量预防工作所需的成本。

第三节　ERP 系统中的质量管理子系统

在 ERP 系统中存在三种流程：物流、信息流和工作流。三者以产品为核心，有序、集成地运转。物流、信息流和工作流的管理，是任何一个高效运转的企业必须做好的基础工作。接下来对 EPR 系统中的信息流进行详细介绍。

ERP 系统中的质量信息流包括：信息源、信息收集、信息加工、信息储存、信息输出和信息传递。它们之间的关系如图 4－1 所示：

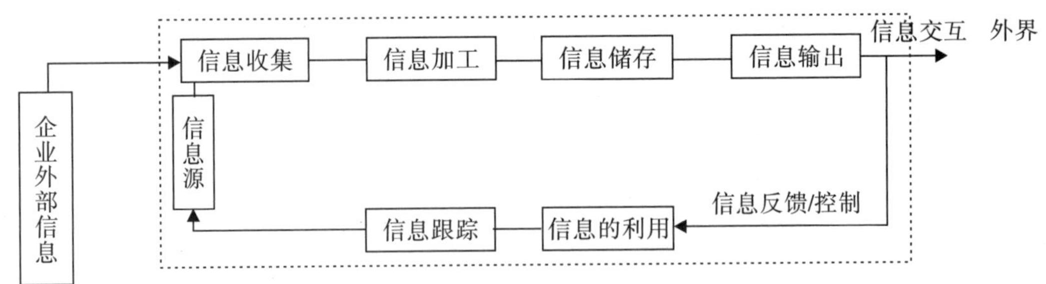

图 4－1 质量管理子系统信息流

ERP 系统的质量管理子系统以物料、物料清单、抽样标准、质量标准、检验方案等为基础信息，以检验清单为数据输入源，以质量检验单为检验结果信息，对物料的入库、供应商的评估、车间生产、工序控制、成品入库、库存管理及委外工序检验等方面实行全过程的质量控制，从信息集成应用的层面，使企业实现对产品全生命周期进行有效的控制和管理。质量管理子系统与其他子系统的集成，如图 4－2 所示：

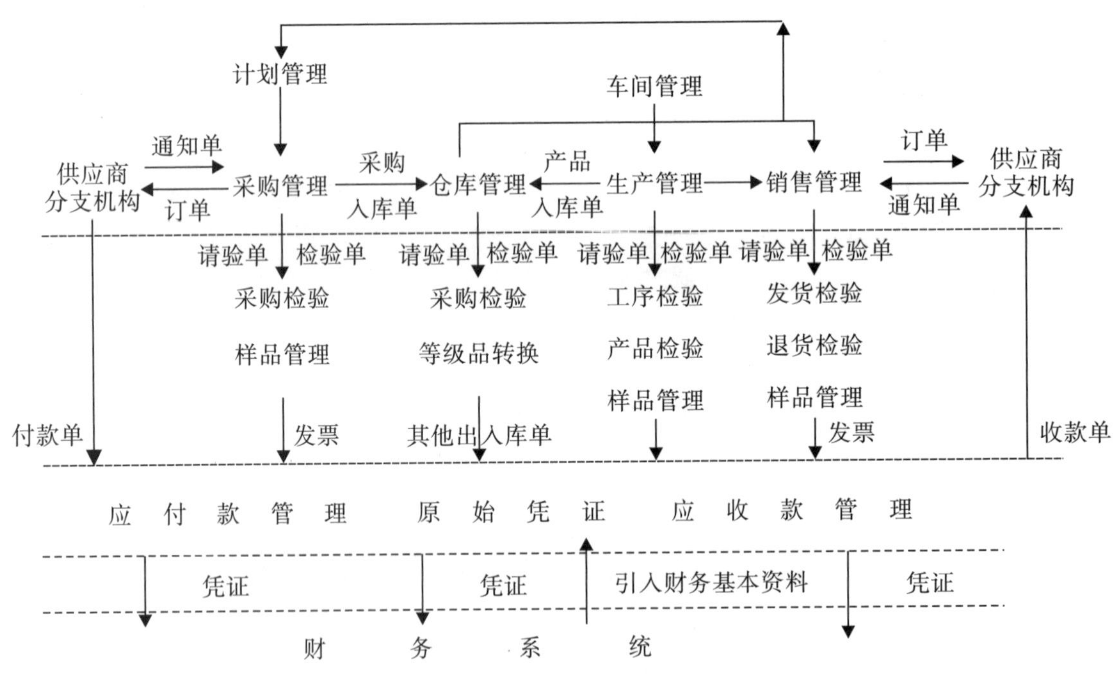

图 4－2 质量管理子系统与其他子系统的集成

质量管理子系统的管理功能主要有：基本数据维护、质量标准设定、质量控制、质量检验、质量分析，如图 4－3 所示。

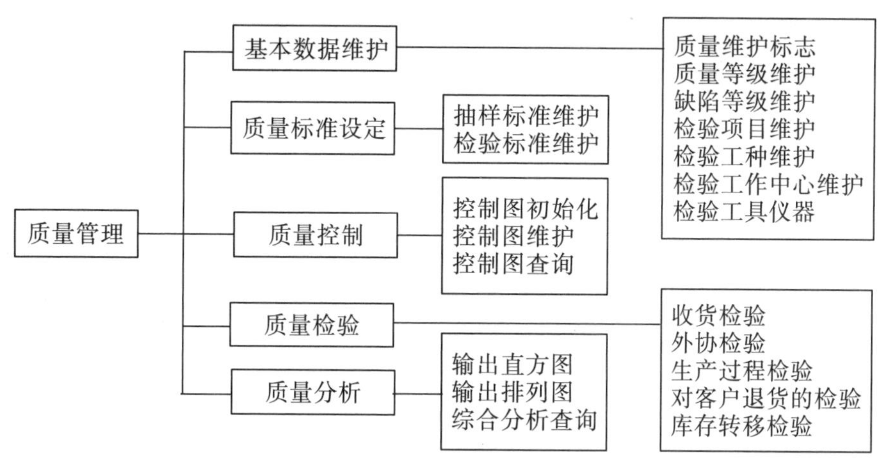

图 4－3　质量管理子系统的管理功能

1. 基本数据维护

主要包括质量标志维护、质量等级维护、缺陷等级维护、检验项目维护、检验工种维护、检验工作中心维护等。

2. 质量标准设定

质量管理部门向各个车间下达相应的质量标准，各个车间要严格按照此质量标准进行生产。质量标准和计划是质量检验的前期准备，包括确定产品的检验过程和标准，在 ERP 系统对检验特性、代码、检验方式、检验标准、取样过程等基本数据进行设置，通过科学的编码分类，使质量信息能够分类型、分产品、分工序、分原因等进行汇总分析。质量标准的主要内容有质量等级、质量缺陷分类、检测方法、检测项目类别、抽样标准、检测标准。

3. 质量控制

以质量水平记录为基础选择样本，运用质量控制图的控制技术进行统计处理，对检验产品进行评分，对检验过程中发现的内部或外部问题发出质量通知并对其进行更正；质量管理子系统对产品检验、检验结果和质量通知等进行管理。

4. 质量检验

质量检验是质量管理模块的核心，几乎所有的质量功能都与质量检验有关。质量检验可以由生产管理部门自己进行，也可以由质量部门进行，还可以由生产管理部门和质量部门一起进行。在质量检验中要确定检验类型，基本检验类型有收货检验、外协检验、生产过程检验、发货检验、对客户退货的检验、库存转移检验等，集成到物料采购、生产和销售的运作活动中，涉及组织运作的各个环节。质量检验的结果输入质量管理子系统，产生质量分析报告，从而实现制造过程质量跟踪。

5. 质量分析

质量分析是对质量管理过程形成的各种信息进行归纳、整理、加工与分析，从中可获取有关产品的质量或者生产加工过程的状态等信息。质量分析可发现产品与生产过程的质量问题，最终达到改进产品的设计质量与加工工艺水平的目的，并对各种影响因素加以控制。

根据质量分析的结果，企业可以对产品进行返工、翻修、改装，甚至进行工序的调整、工艺路线的改变。如果是后者的话，可能要重新进行 MPS 计算、MRP 计算。

第四节　SAP R/3 质量管理流程

依据 ISO9001：2000 质量管理标准，可以将 ERP 系统中的质量管理流程划分为四大类——管理职责界定流程、资源管理流程、产品实现流程、测量分析和改进流程。下面以 SAP R/3 系统为例对 ERP 系统中的质量管理流程进行分析。

一、管理职责界定流程

在管理职责界定流程中，ERP 系统需完成企业流程界定及岗位职责界定，目的是界定质量管理体系所需的过程及其在组织中的责任分布，通过对质量管理职责过程的顺序和相互作用的界定，确保这些过程的有效运行并有效控制质量检验，以实现对过程的监控、测量和分析。此外，依据流程制定各岗位职责，可确保岗位职责易于被识别及获取。

需要强调的是，任何 ERP 系统都无法提供企业质量方针制定、质量目标分解、职责和权限界定等功能。这些需要企业的最高管理层在系统实施前进行界定，ERP 系统只是协助将这些数据维护得更好，并提供一个更方便的读取机制。

二、资源管理流程

1．基础设施管理

针对基础设施的维护，SAP R/3 系统专门设定一个模块进行管理——工厂维护模块（Plant Maintenance，简称 PM）。PM 模块是基于维护计划来运作的，维护计划是为了保证生产设备长期、连续正常运转。有效的预防性维护不仅可避免生产系统的崩溃，同时可以降低由维护或系统更换所造成的成本，减少生产损失。ISO9001：2000 质量管理标准只是强调了必须维护基础设施，但是没有提供具体的做法，因为每一个企业所维护的设备与维护方法存在很大的差异。SAP R/3 系统则提供了多个维护方案供用户选择，而且能将维护成本记入财务账，使基础设施维护更具备可操作性。

2．工作环境管理

工作环境绝大部分都要通过设备来维护，所以，SAP R/3 系统将工作环境的控制归并到 PM 模块中处理。

三、产品实现流程

产品实现流程是从识别产品需求到向顾客交付产品并提供售后服务的全部过程。它涉及合同评审、设计控制、采购、顾客提供产品控制、产品标识和可追溯性、过程控制、检验、测量和试验设备、检验与试验状态、搬运、储存、防护与交付、服务等。在 SAP R/3 系统中，产品实现流程涉及 SD、PS、MM、PP、QM 等模块，它并不作为一个独立的功能模块存在于系统中。

四、测量分析和改进流程

1. 测量

全面质量管理思想强调组织应采取适宜的方法对质量管理体系过程及产品进行监控，并在适当的时候进行测量。在 ERP 系统中，最重要的过程之一就是生产过程，因此重点在于如何实现对生产过程与产品的监控和测量。SAP R/3 系统对生产过程的监控是基于对工艺路线的计划与监控。在 SAP R/3 系统的 QM 模块中，检验计划是最为核心的部分，它集成了检验特性、检验方法、检验目录、动态修改。对于每一种需要进行质量检验的产品，当被赋予一种检验计划时，就相当于明确了该产品所要检验的内容、结果记录准则、所需样品数量大小等核心数据。

全面质量管理的过程和产品监视与测量在 SAP R/3 系统中的运行流程，如图 4－4 所示：

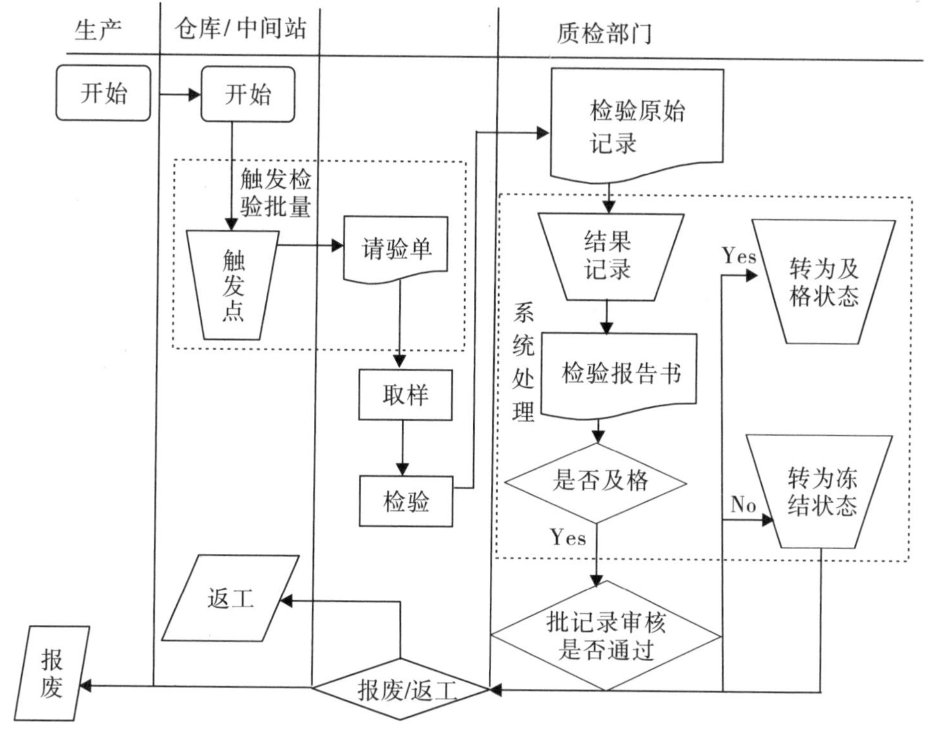

图 4－4 全面质量管理的过程和产品监控与测量在 SAP R/3 系统中的运行流程

2. 质量数据分析

作为一个管理信息系统，SAP R/3 在质量数据分析上拥有先天的优势，其三层客户机/服务器体系的结构将演示、应用程序和数据库功能分散到不同的计算机上，这样保证了整个系统的数据和分析的完整性。

3. 质量持续改进

当今商业和制造业中使用的一个关键短语是“持续改进”。许多企业已认识到当今市场中，仅有效率和生产率不足以维持竞争地位。此外，一个组织必须从过去的错误中吸取教训以完善制造和经营过程。在 SAP R/3 系统中，持续改进是通过质量通知单来实现的，质量通知单提供了处理有关质量问题的方法，处理思路如图 4－5 所示：

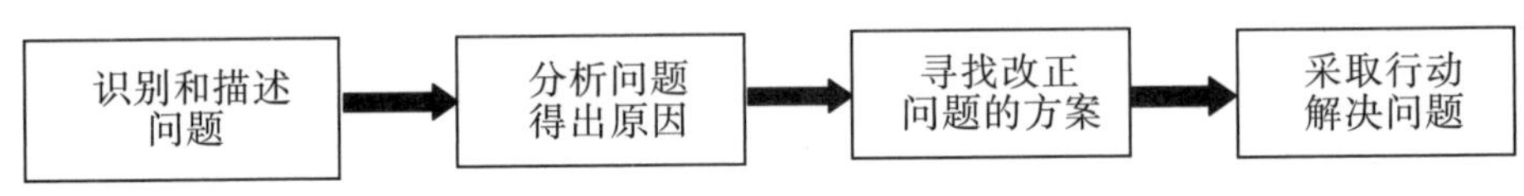

图 4－5　质量通知单持续改进思路

SAP R/3 系统是支持持续改进的工具，它允许企业快速、有效、充分地处理问题。质量通知单包括几个不同要素，SAP R/3 系统可以用它们来描述和处理问题，如图4－6 所示：

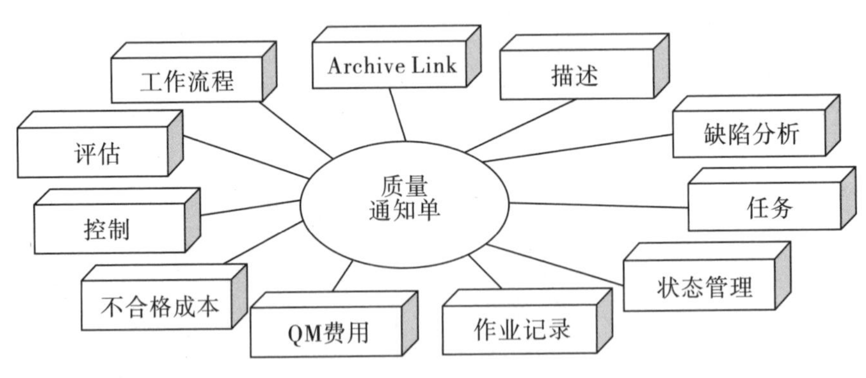

图 4－6　质量通知单要素

SAP R/3 提供了三种覆盖企业大部分业务的质量通知单：处理因交付给客户劣质商品的客户索赔的通知单；处理供应商交付劣质商品的对供应商索赔的通知单；处理组织内部生产质量问题的内部问题通知单。质量通知单按系统规定的工作流程解决问题后，会对所有问题进行归档和统计分析，从而杜绝类似问题的再次发生，不断持续改进。

案例

广州医药集团有限公司 SAP R/3 质量管理应用①

一、广州医药集团有限公司简介

广州医药集团有限公司（以下简称广药集团）是广州市政府授权经营管理国有资产的国有独资公司，该集团以中西成药制造和销售为主营。企业的产品包括中西药品、医疗器械、生物医药、保健食品、卫生材料等，它是广州市重点扶持发展的集科、工、贸于一体的大型企业集团，并被列为 2000 年中国最大的 1 000 家企业（集团）之一，是广东省 50 户工业龙头企业。集团建立了企业博士后科研工作站、省级重点工程技术中心。广药集团生产的医药产品有 1 000 多种，有 45 个国家中药保护品种，20 个国家中药独家生产品种，主要产品包括消渴丸、华佗再造丸、夏桑菊、蛇胆川贝枇杷膏、脂肪乳等。其中多个产品荣获国家和省市优质产品，企业形成了高效优质、包装新颖的“广药”特色。

二、广药集团质量管理的难题

药品生产质量管理规范（Good Manufacture Practice，简称 GMP）是控制医药商品从生产到流通环节所有可能发生质量事故的因素从而防止质量事故发生的一整套管理程序，现在已成为制药行业质量管理的依据。作为一个大型制药集团，广药集团所属企业拥有按 GMP 要求进行技术改造的生产场地和先进制药设备、生产线，拥有严格的生产、质量管理体系，但是仍然有不少问题困扰着企业的质量管理工作，归纳为如下三点：

1．质量数据量大，共享困难

广药集团旗下任何一家制造型企业每天都产生大量与质量管理相关的数据，给企业管理带来大量的工作，如各类计划（采购、库存、生产、销售、验证、清洗、消毒、灭菌维修、培训等）、各类台账（设备、仪器入库、分类、检验、留样、销售、投诉等）、各类记录（施工、物流、生产、检验、报批、销售、回收、销毁、验证等），无论是这些工作的建立，还是它们运作所产生的大量信息，都是企业管理的重要资源，都在企业管理中发挥重要作用。如果继续依靠传统手段，要准确无误地建立信息网络并做到资源共享，显得不切实际。

2．记录误差大，追溯困难

广药集团生产的医药产品有 1 000 多种，且检验品类型多样化（如一个质检部门可能检验成品、半成品、原料、辅料、包装材料等）、检验品规格多样化（如同种成品就可能有瓶装和盒装或者装瓶量不一的分别）、检验品检验指标多样化（一种检验品可能有性状、pH 值、相对密度、细菌总数等指标）、每个指标原始记录格式的特殊化（每个指标填写的

① 资料来源：叶少硕．基于 ISO9000 下的 ERP 质量管理子系统应用研究［D］．广州：暨南大学，2006.

检验记录格式都不一样)。上述问题导致日常最基本，也是最重要的质量检验工作相当庞杂，工作量大往往导致了记录不完善，问题产品更无法追溯。

3. 质量管理工作局限性大

质量管理工作局限于产品质量检验阶段，没能上升到支撑企业管理工作的方方面面。例如，在采购和物料管理方面没能很好地支持供应商筛选和淘汰，在生产控制方面难以协助降低废品率，在成品控制方面没能有效支持质量成本核算等。

三、广药集团信息系统简介

广药集团于1998年与普华永道咨询公司开始合作进行软件选型，并于1999年12月正式启动广药集团制造业ERP项目，应用范围首先选定了广药集团下属的八家中成药制造企业。

1. 广药集团制造业ERP项目实施的应用模块

根据各企业的实际情况和管理需要，广药集团选用了SAP R/3(以下简称为SAP)作为建设广药集团制造业ERP管理系统平台的软件，并实施了以下的七个应用模块：AM(资产管理)、CO(管理会计)、FI(财务会计)、MM(物料管理)、PP(生产管理)、QM(质量管理)、SD(销售与分销)。

在广药集团的实际业务中，这七个应用模块是互相联系、互相配合、互相制约的。任何一个模块在运作、分工、职能等方面出现了较大改变，势必会影响其他几个模块的运作。

2. 广药集团SAP系统应用模块的组成及企业业务架构

SAP系统应用模块主要由“组织架构”“主数据”“业务处理”“凭证”“报表”五个部分组成(如图4-7所示)，这五个部分在SAP系统中是相互渗透、相互配合的。概括地说，组织架构和主数据是数据基础；业务处理和凭证是业务流程；报表是分析应用。

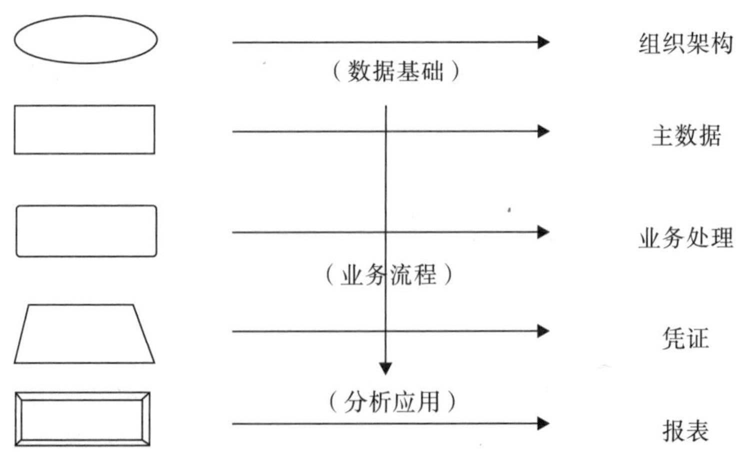

图4-7 SAP系统应用模块的基础组成

SAP 系统应用模块与企业基本业务架构的对应关系如图 4－8 所示：

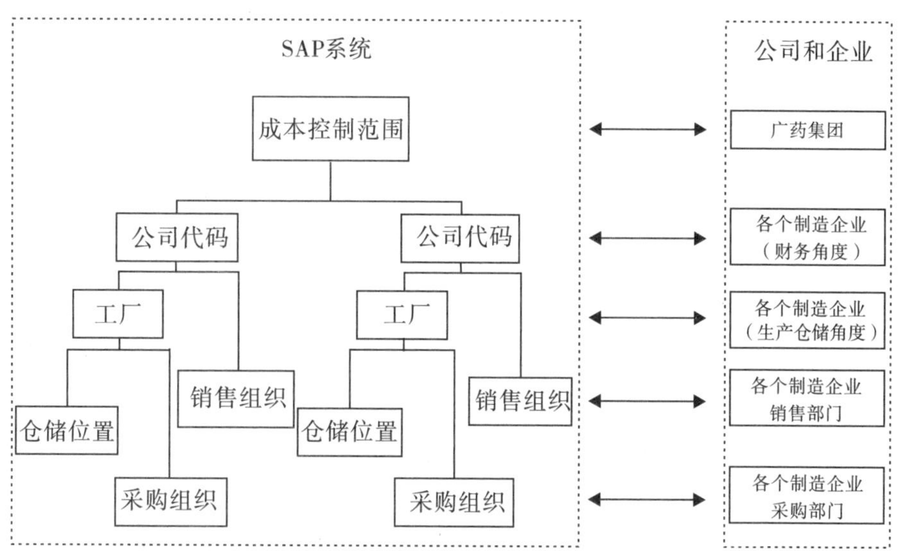

图 4－8　SAP 系统应用模块与企业基本业务架构的对应关系

（1）SAP 系统中统一成本控制范围对应广药集团。

（2）SAP 系统中的公司代码对应广药集团属下的各个制造企业（财务角度）。

（3）SAP 系统中的工厂对应广药集团属下的各个制造企业（生产仓储角度）。

（4）SAP 系统中的销售组织对应各个制造企业的销售部门，销售组织是隶属于公司代码层次，向公司直接负责的。

（5）SAP 系统中的采购组织对应各个制造企业的采购部门，采购组织隶属于工厂层次，为工厂层次提供生产物料的采购服务。

（6）SAP 系统中的仓储位置对应各个制造企业的实际或逻辑仓储位置，仓储位置隶属于工厂层次，为工厂层次提供生产物料的仓储服务。

四、广药集团质量管理模块应用研究

广药集团 QM 模块的功能主要体现在对检验流程的控制，它是一个与其他模块紧密关联的模块，主要控制采购物料、中间产品和产成品的质量，并可在系统中记录每一个检验特性的检验结果。QM 与物料管理、生产管理、销售与分销等模块相集成，从质量管理的角度加强了管理力度。

表4-2 QM模块主要功能及集成业务模块

主要功能	集成业务模块
质量计划 物料主数据质量视图 物料检验计划 检验特性	物料管理 采购的检验，发票检验控制等 库存管理 有效期/重检期监控等
检验批的处理 打印取样指令 结果记录 使用决策—转库存状态 打印检验报告	生产管理 成品/中间产品检验 外协加工的检验 销售管理 退货的质量检验

图4-9展示了QM模块在广药集团的主要流程应用：

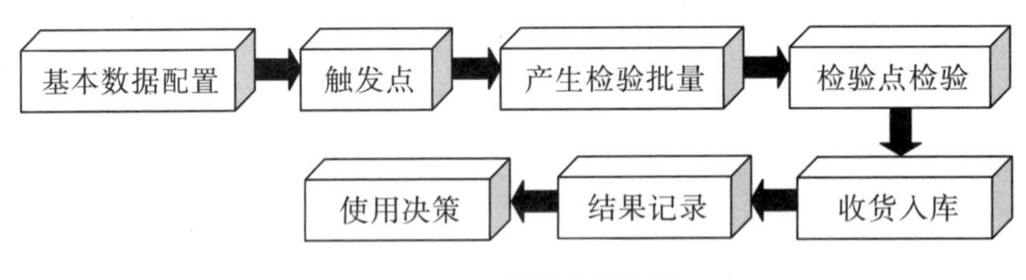

图4-9 QM模块应用流程

1. QM模块基本数据配置

要使QM模块在SAP系统内生效，首先必须维护其相关数据，在此侧重介绍检验计划、检验特性、检验目录等数据的配置。描述性基本数据维护，如图4-10所示：

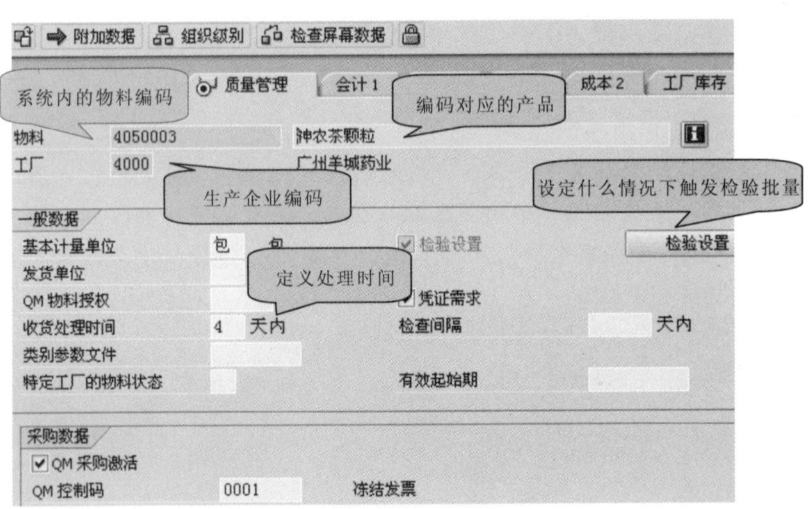

图4-10 描述性基本数据维护界面

当维护完一些描述性基本数据后，接着设置产品触发检验批量点，如图 4－11 所示：

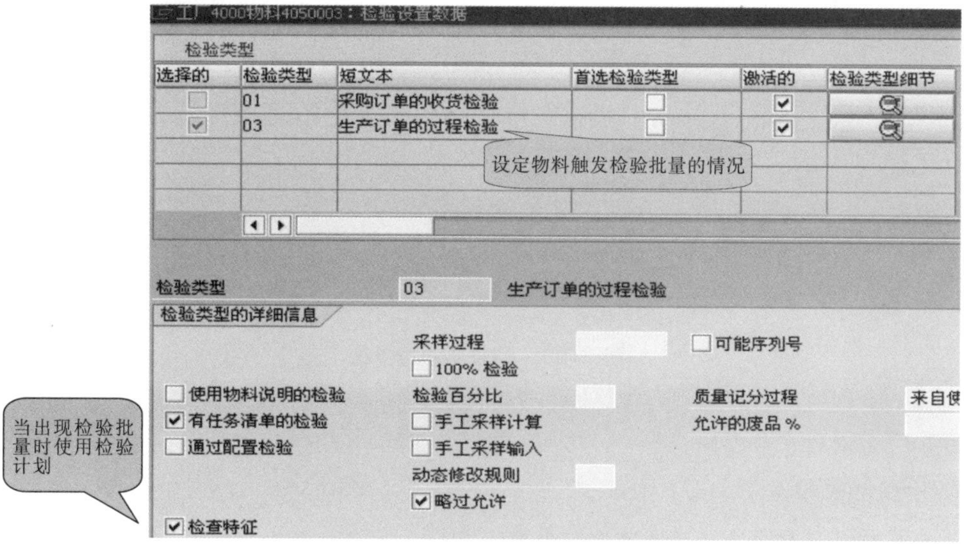

图 4－11　设置产品触发检验批量点

设置好产品触发检验批量点后就可以继续创建检验特性，如图 4－12 所示：

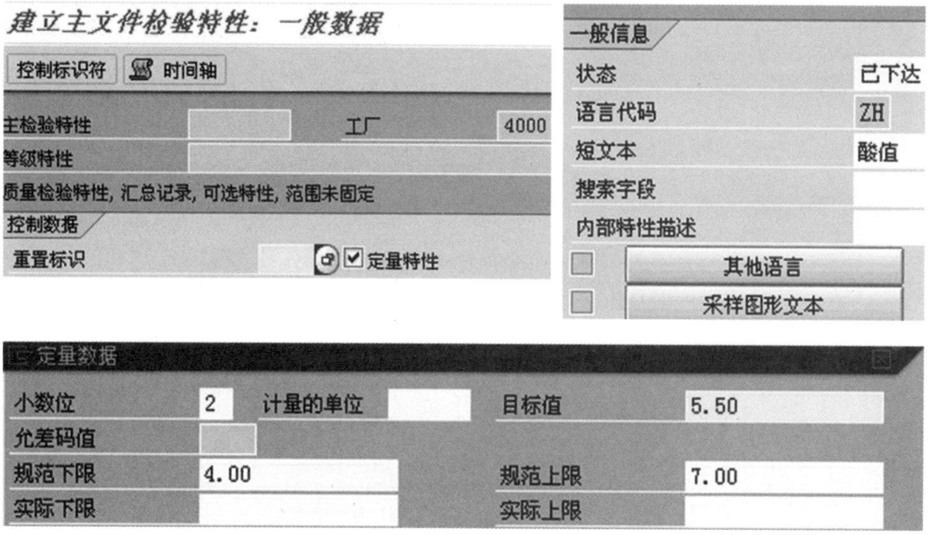

图 4－12　检验特性的创建

检验特性是根据国家标准、行业标准或者企业标准来制定的，创建好需要的检验特性后，将检验特性分配给检验计划，如图 4－13 所示：

创建 检验计划：初始化屏幕
复制模式
任务清单
工序
物料
3070001
工厂
3000
组
有效性
更改号
关键日期
2003/09/10
版次
创建 检验计划：特性总览
物料
3070001
工序/活动
0010
检验特性
特性
主检验特
工厂
版本
检验特性的短文本
10 3000009 3000 5 性状
20 3000008 3000 5 外观
30 3000033 3000 3 水分
40 3000011 3000 3 重量差异
50 3000050 3000 3 细菌数
60 3000023 3000 3 霉菌数
70 3000018 3000 3 大肠杆菌
80 3000015 3000 5 包装

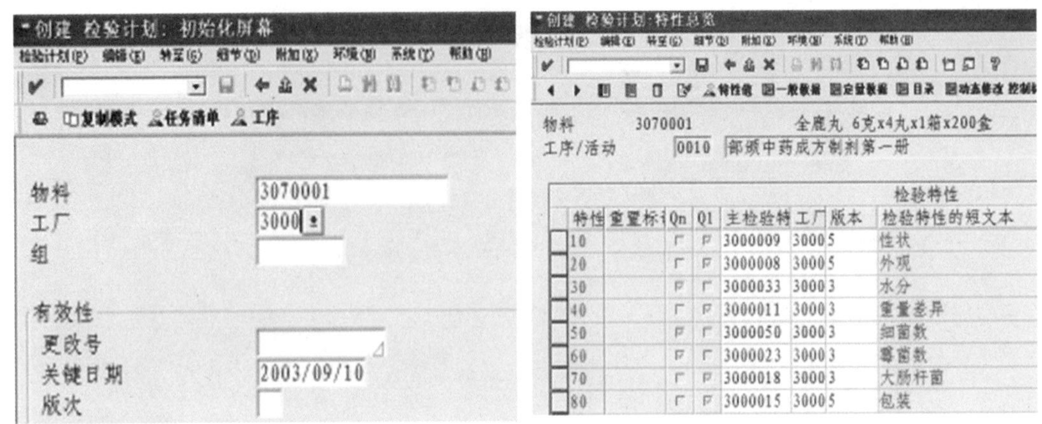

图 4－13　检验计划的创建

当出现需要对产品进行检验的情况时，该产品的检验计划就会被调用。

2. 检验批量的激活

下达生产订单并激活半成品的检验批量，如图 4－14 及图 4－15 所示：

创建 流程订单：表头－通用数据
物料
能力
WM 备料
工序
物料
生产版本
流程订单
物料
4050003
神农茶颗粒
状态
通用数据
分配
收货
控制数据
日期/数量
主数据
管理员
选择物料 4050003 工厂 4000 的产品版本
数量
全部数量
1
已交货
0
生产版本 工厂 有效从 有效至 从批量 到批量
PI01 4000 2002.01.19 9999.12.31 0,000
PP01 4000 2002.01.19 9999.12.31 0,000

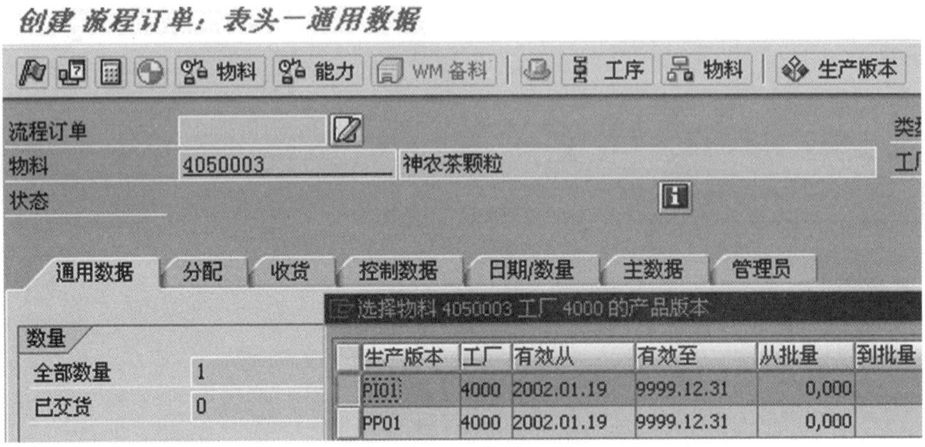

图 4－14　下达生产订单

由于在创建物料基础数据时已经定义好生产过程需进行检验，所以该物料在生产过程中的检验批量被激活，如图 4－15 所示：

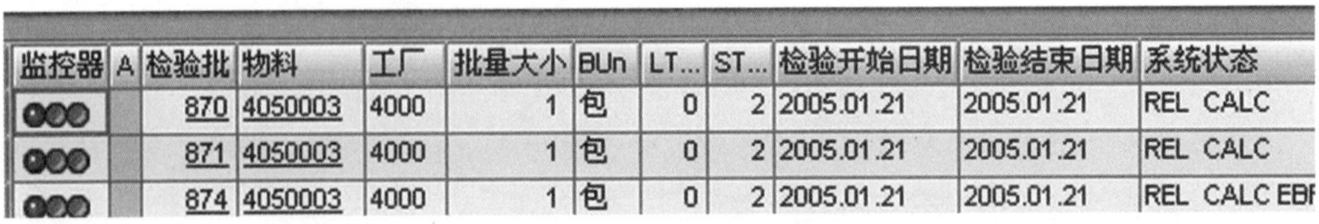

监控器 A 检验批 物料 工厂 批量大小 BUn LT... ST... 检验开始日期 检验结束日期 系统状态
870 4050003 4000 1 包 0 2 2005.01.21 2005.01.21 REL CALC
871 4050003 4000 1 包 0 2 2005.01.21 2005.01.21 REL CALC
874 4050003 4000 1 包 0 2 2005.01.21 2005.01.21 REL CALC EBF

图 4－15　被激活的检验批量

3. 检验结果的记录

当检验批量出现后，产品必须经检验合格才能进入后续工序，在检验过程中检验计划会被调用，并记录检验结果，如图 4－16 所示：

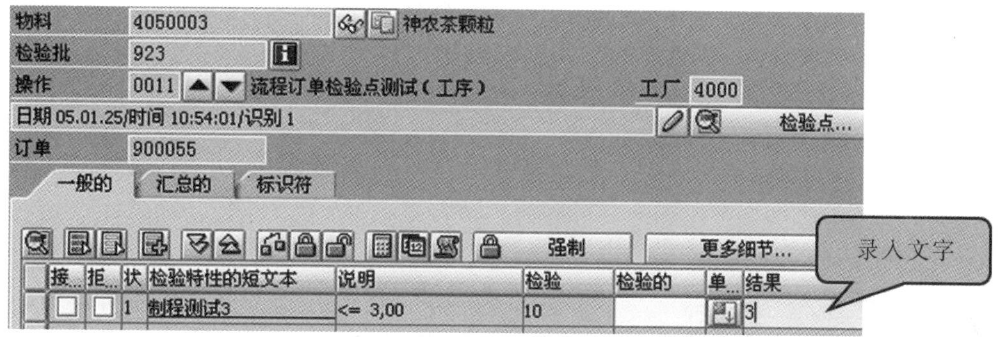

图 4－16 检验结果记录

由于创建检验特性时已将定量数据输入检验特性中，所以只要输入检测结果，SAP 系统便可对产品的该检验特性是否合格进行自动判断。必要时，可以通过 SAP 系统自带的控制图进行生产质量的实时监控，图 4－17 列举了监控神农茶颗粒检验特性“酸值”的统计过程控制（SPC）图：

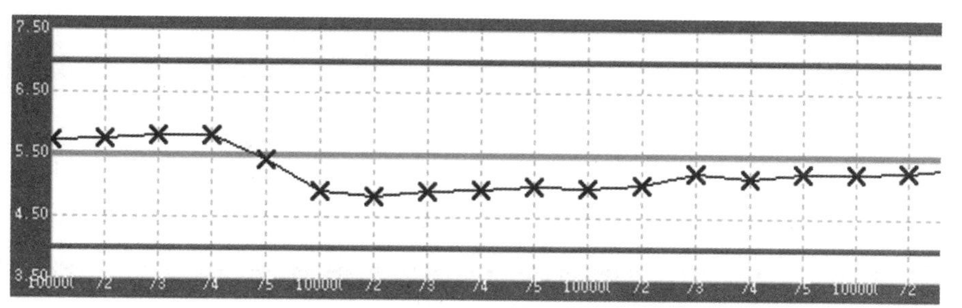

图 4－17 监控神农茶颗粒检验特性“酸值”的 SPC 图

4. 产成品收货入仓

生产订单的产成品在入库之前并不反映在系统库存里面，就像采购订单货物入库之前不会在库存里面反映一样，所以必须对生产订单进行收货才能对产品进行后续处理，这一步骤是由 MM 模块完成的，如图 4－18 所示：

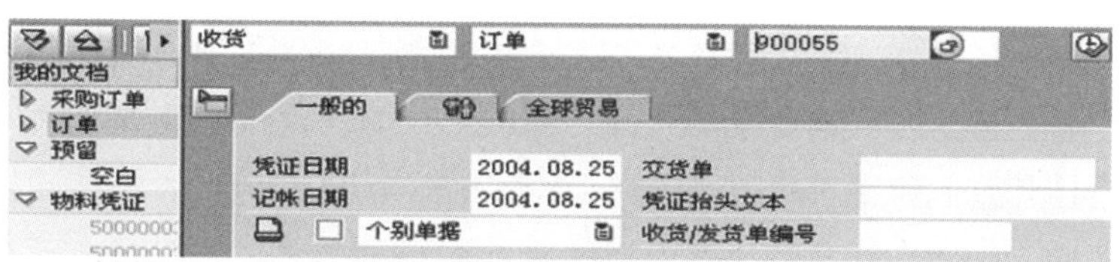

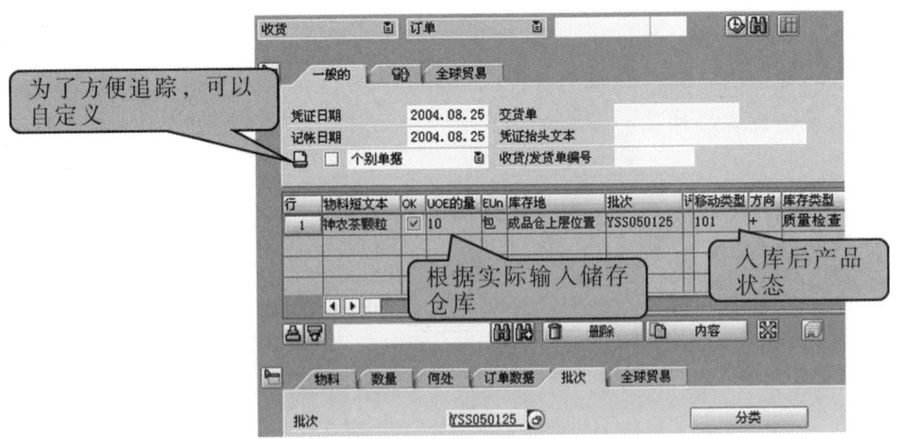

图 4－18 生产订单收货

入库后可以在仓库中找到该订单的产品，状态为“质量检验”，如图 4－19 所示为生产订单 YSS050125 入库的库存信息：

库存总览：公司代码/工厂/库存地/批次

物料 4050003 神农茶颗粒
物料类型 4005 成品
计量单位 包 基本计量单位 包

批/特别库存 日	非限制使用	质量检验	预留的
YSS050125	0,000	10,000	0,000

图 4－19 生产订单 YSS050125 入库的库存信息

企业生产的产品往往经过多道工序，工序内或工序间交接时往往需要进行检查以分清责任和避免不合格的半成品流入下一道工序。所以当生产过程中所有的检验点都完成检验后，产品才能算完工，这时 MM 模块就可以对产品进行收货处理，但不能对该批产品是否合格进行判断，因为工序内或工序间交接时的检查内容与整个产成品检验的内容往往是不一致的。收货后产成品以限制使用状态反映在库存中，质检部门再次检验后还要对其状态进行转换，从而达到对产品的生产到成品的全过程的质量监控。

五、应用效果分析

广药集团运用了 SAP 系统后，在采购和物料管理方面能够进行合理的供应商筛选和淘汰；减少了原材料、半成品和成品的库存；减少库存损耗、减少缺货、提高仓库的综合利用率，帮助企业采用更好的采购策略、减少原材料成本。由于库存信息共享，采购人员可以较好地控制材料的采购量，使材料入库/出库比率由 2003 年初大幅下降，并趋于合理状态。系统运行后，库存周转率有了明显的提高，由 45% 不断上升，并趋于稳定。

在财务和成本控制方面细化并加速了财务运作，增强了成本控制和考核，实现了质量检验成品的核算。

在质量控制方面严格按照GMP要求加强质量控制程序。通过建立物料的检验计划，规范了质量记录的用语，保证了记录的统一性和完整性；实现了检验数据的实时收集与分析，有利于进行过程质量监控；通过建立产品批次，有效实现对问题产品的追根溯源。

在生产控制方面做到了生产流程标准化；减少了废品数量和再加工次数；加强了计划能力、提高了生产设备利用率、增强了生产灵活性；加强了生产控制、减少了生产成本和辅助生产成本。

在客户管理方面增强了客户订单的完整性和准确性；减少了产品运输时间，保证准时送货，增强了客户满意度；加强了退货管理；增强了客户信用控制，加速了资金回笼。此外，应收账款回笼速度明显加快。2001年与2000年下半年相比，应收账款周转天数平均缩短了26天，回笼速度提高了29%。按降低库存资金量和提高应收账款周转速度两项计算，在相对库存降低30%，应收账款资金周转速度提高29%时，假设此部分资金来自短期（1年期）银行贷款（年息5.85%），则上述两项改善即可节省116万元。如果整个广药集团下属的制药企业相对库存可降低20%，应收账款周转速度提高20%，则这两项改善一共可节省721万元。

在集团化管理方面，通过统一的财务体系、统一的成本核算方式、统一的客户数据和供应商数据，ERP提供了跨企业的统一平台。

讨论：

1. 广药集团是如何应用SAP R/3质量管理模块的？
2. 广药集团质量管理应用效果如何？

【本章小结】

本章介绍了ISO9000质量标准体系的主要内容及其管理原则，对比了ISO9000与ERP在管理过程方面的要求。另外还介绍了全面质量管理的概念，全面质量管理和ERP的关系，ERP在质量管理中的应用。以SAP R/3系统质量管理模块为例，介绍了ERP质量管理子系统的基本功能和管理控制流程，其中包括管理职责界定流程、资源管理流程、产品实现流程、测量分析和改进流程。

【讨论题】

1. ERP、ISO9000与全面质量管理三者之间的关系如何？
2. 简述ERP质量管理子系统与ERP中的其他子系统的关系。
3. SAP R/3系统中的质量管理流程有哪些？

第五章　生产计划管理

20 世纪 60 年代中期，美国 IBM 公司的管理专家约瑟夫·奥利佛博士首先提出了独立需求和相关需求的概念，并在此基础上总结出了一种新的管理理论——物料需求计划（MRP），解决了物料库存控制的问题。他提出了各种物料间相关需求的概念以及分时间段来确定物料需求的思想，这就是 MRP 的管理思想。这个时期的计划，只有物料需求计划，但计划分成主生产计划（Main Production Schedule，简称 MPS）和物料需求计划两个层次，这两个层次计划的对象是不一样的，主生产计划的对象是独立需求计划，而物料需求计划的对象是相关需求计划。

MRP 的主要特点是时间段和反映产品结构的物料清单，解决了库存管理和生产控制中的难题，推动企业能够按时按量地计划所需要的物料。MRP 逻辑流程如图 5－1 所示：

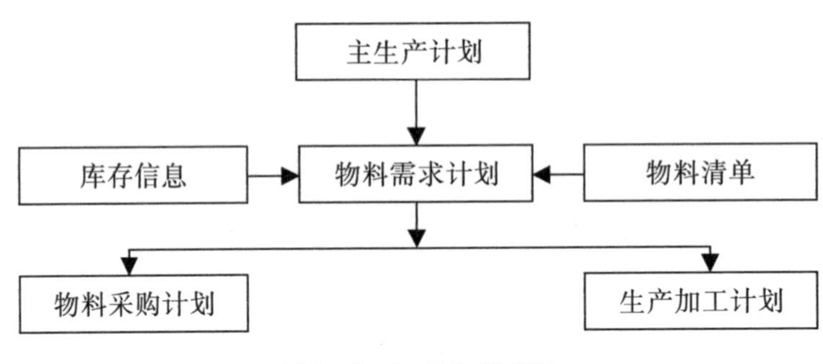

图 5－1　MRP 逻辑流程

第一节　生产计划

生产计划是 ERP 的一个重要计划层次，生产计划和制造流程涵盖了开工生产所必需的一切活动。生产计划通过调整生产率、劳动力水平、存货水平、操作工时来满足预测需求。粗略地说，生产计划是关于"将要生产什么"的一种描述，它起着承上启下、从宏观计划向微观计划过渡的作用。

生产计划是生产部门的工具，因为它指出了将要生产什么。同时，生产计划也是市场销售部门的工具，因为它指出了将要为用户生产什么。所以，生产计划又是联系市场销售同生产制造的桥梁，使生产活动符合不断变化的市场需求。此外，生产计划又向销售部门提供生产和库存的信息，起着沟通内外的作用。

企业通常在三个层次上制订生产计划：长期计划、中期计划和短期计划，如图 5-2 所示。

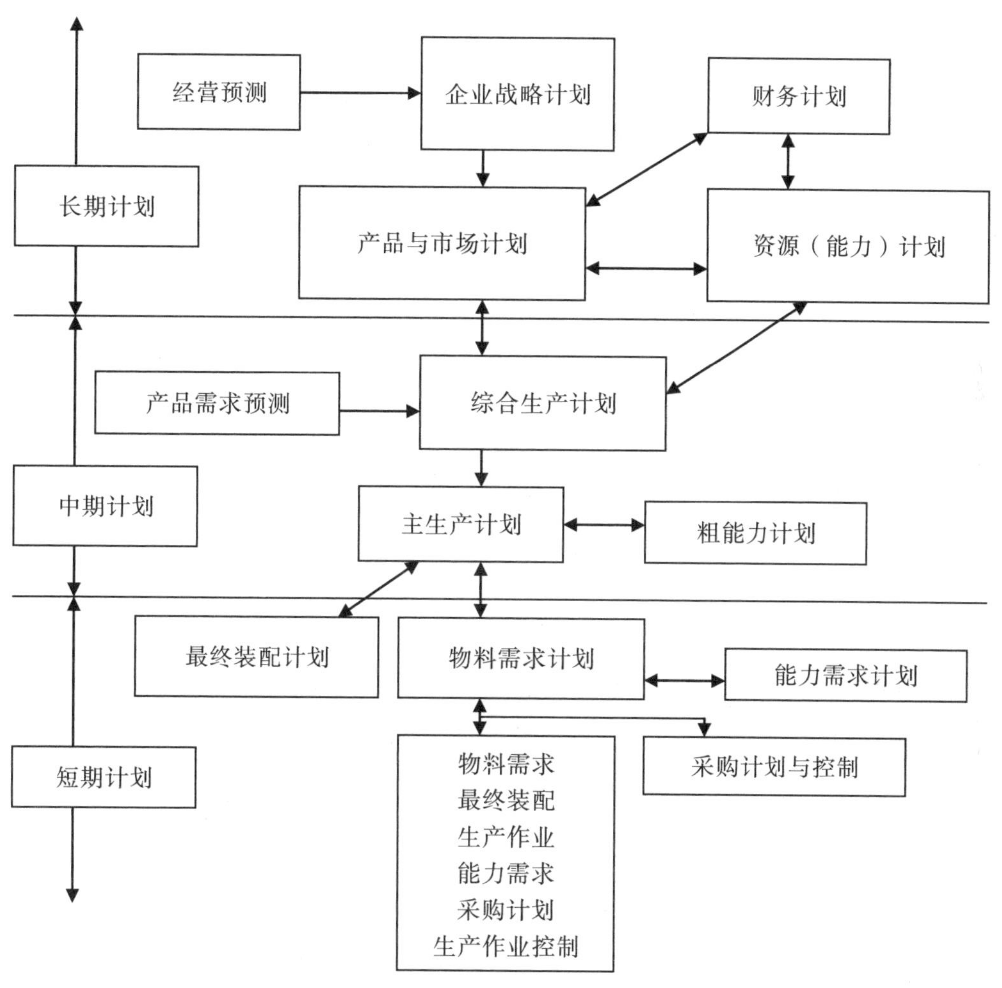

图 5-2　生产计划三层分解图

长期计划是企业的最高层管理部门制订的计划，它涉及产品发展方向、生产发展规模、技术发展水平、新生产设施的建造等，一般按年来制订，它着眼于 3~5 年以上的运作活动。中期计划是企业中层管理部门制订的计划，确定现有条件下生产经营活动应该达到的目标，如品种、产量、产值、利润等，具体表现为生产计划、能力计划和产品出产进度计划。通常跨度为 6~18 个月，一般以月或季度为计量单位。短期计划则是执行部门编制的计划，确定日常生产经营活动的具体安排，常以物料需求计划、能力需求计划和生产作业计划等来表示，时间跨度为 1 天至 6 个月，一般以周为时间单位。制订生产计划的步骤，如图 5-3 所示。

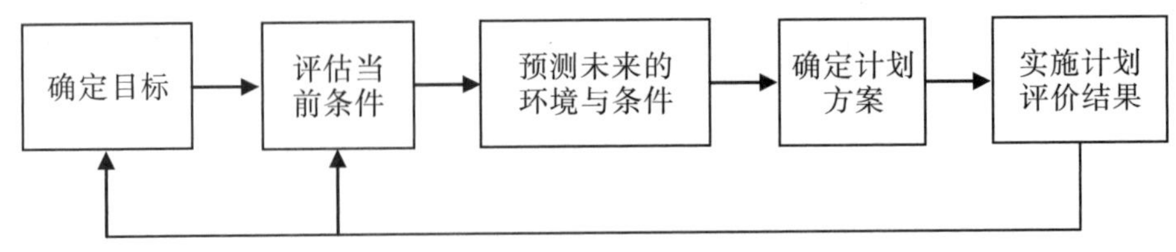

图 5－3 制订生产计划的步骤

（1）确定目标。要根据报告预期计划的执行情况，来决定计划期的目标。目标要尽可能具体、明确、简洁。

（2）评估当前条件。要了解现状与目标有多大的差距。当前条件包括外部环境与内部条件。外部环境包括市场情况，原材料、燃料等的供应情况，以及协作关系情况等。内部条件包括设备状况、工人状况、产品研制及生产技术准备情况等。

（3）预测未来的环境与条件。

（4）确定计划方案。拟订多个可行计划，并从中选优。

（5）实施计划，评价结果。检查目标是否达到，如未达到是什么原因造成的？需采取什么措施？是否修改计划？

ERP 系统中的生产计划和制造模块可以在物料需求计划、生产车间控制、库存管理和产能计划等方面向企业提供支持。有了 ERP 系统，企业就能方便地使用销售预测数据来确定生产水平和制订生产计划。销售预测数据是企业在制订销售与运作规划时的一项重要输入信息，企业要在销售与运作规划里对从事生产活动所需要的资源做出规划。需求管理系统负责具体创建主生产计划并在这份主控表里对需要生产的产成品数量和它们的交货期做出规定。MRP 组件负责生成一份详细的物料计划，这份计划将需要向供应商采购或需要工厂生产的物料逐项开列出来。ERP 是如何支持生产计划工作的，如表 5－1 所示。

表 5－1 ERP 所支持的生产计划工作

子系统	ERP 是如何完成这一任务的
销售预测	生产系统有权访问销售预测数字，因而可以根据实际销售情况调整生产水平
销售与运作规划	确定生产设施能否生产出满足客户需求的产品
需求管理	把生产计划分解成以星期为单位，并对有关细节做出安排；生成主生产计划，主生产计划就是产成品的生产计划
主生产计划	根据需求管理确定最终产成品的计划用料订单
物料需求计划	确定根据主生产计划进行生产所需要的成品、半成品、原材料的数量，并安排好时间
采购	物料采购订单的生成和发放
生产细节时间表	根据生产需要对生产过程中的各个细节做出安排
财务会计	从生产现场收集财务会计所需要的各项数据

物料需求计划模块的主要任务是根据主生产计划把需要在什么时间订购哪些东西的事情安排妥当，并在到达预定时间时开始采购所需要的物料或组件。物料需求计划模块的输出包括将交给采购和库存管理部门的计划用料订单和将交给生产部门的生产订单。每份工作订单都附有一份依据物料清单而生产的用料明细表和制造工艺表，各道工序上的工人们将按照该工序的制造工艺表对开列在用料明细表上的物料进行加工制造。采购和库存管理部门要在生产过程中按照工作订单把物料及时运至各道工序。可见物料需求计划在 ERP 系统中的重要性。

第二节　MRP 的处理逻辑

MRP Ⅱ/ERP 是由 MRP 发展而来的，MRP 朴素简单的处理逻辑是 MRP Ⅱ/ERP 的精华。在进行 MRP Ⅱ/ERP 软件包的开发时，我们不能抛弃或破坏 MRP Ⅱ/ERP 的时间分割原理和 MRP 的基本处理逻辑，更不能以 MRP Ⅱ/ERP 来将就现有的企业管理现状，做削足适履的事情。

一、MRP 的处理逻辑

MRP 的基本处理逻辑很简单，包括三个步骤：首先，对主生产计划的需求根据物料清单展开，从物料清单的最终产品开始逐层从上往下分解需求，直到最低层次的外购原材料为止。其次，在分解过程中 MRP 系统逐层计算库存项目的毛需求量和净需求量，不够的库存通过编制生产加工计划和采购计划进行库存补充。最后，MRP 系统产生加工计划和采购计划建议书，经人工调整后确认加工计划和采购计划，用于指导生产和采购。

二、MRP 的数据准备

MRP 是按时间段来确定企业生产最终产品所需的零部件与原材料的需求数量和需求时间的计划。通过 MRP，使订货、生产加工与装配过程都有了确定的时间安排，在及时完成最终产品的同时，将库存控制在合理的水平上。由此可见，MRP 既是一种库存控制方法，也是一种时间进度安排方法。MRP 逻辑简单，但是在展开 MRP 前需要获取大量的基础数据，主要包括以下几个方面：

1．独立需求与相关需求

对于企业来说，如果物料的需求数量和需求时间与其他任何物料的需求无直接关系，而是由企业外部市场环境随机决定的，这类需求通常被称为独立需求，比如通用的汽车等。与之相反，物料的需求取决于对其他物料的需求，这类需求被称为相关需求。比如生产一辆汽车，需要座椅、发动机等汽车零部件，对这些零部件的需求就是相关需求。

2．主生产计划（MPS）

MPS 主要标明生产哪些最终产品，何时需要，以及数量是多少等。可以说，MPS 是生产、销售部门的信息沟通桥梁。下面是制订 MPS 时要注意的几个问题：

(1) MPS 主要处理的是最终物料项，但是如果最终物料项非常大或者非常昂贵，那么 MPS 也可以用来处理主要的部件或组件。

(2) MPS 必须考虑企业能力、资源的约束，比如设备能力、库存能力、制造能力等，要具有可行性。

(3) MPS 最终形成的计划在系统运行前要经过核实，以确保资源是可获得的，交货期是合理的。

(4) 在对产品进行需求展开时，要进行控制，根据具体情况调整、修改 MPS。若对 MPS 进行了修改，就要重新运行 MRP。

3. 库存记录文件

库存记录文件是描述每一项物料的库存状态记录，包括原材料、零部件和产成品的现有库存量和已订货量，物料出入库以及报废损失等状态记录。由于库存时刻变动，为了保证库存信息的准确性、完整性，有必要通过计算机信息管理系统对库存进行周期性的盘点。

4. 物料清单 (BOM)

BOM 包括完整的产品描述，不仅列出了原材料、零件和组件，还列出了产品生产的顺序。BOM 文件是 MRP 系统的三个主要输入内容之一（其他两个是 MPS 和库存记录文件）。

BOM 的最高层称为零层，代表最终产品；第一层代表组成最终产品的部件；第二层代表组成第一层部件的组件……以此类推，最低层为零件和原材料。可见，BOM 详细地说明了一个最终产品是由哪些原材料、零件、组件、部件所构成的，以及这些构件之间的从属关系和数量关系。简单产品 BOM 结构图，如图 5-4 所示。

由图 5-4 我们可看出，最终产品 X 由 1 个部件 A，3 个部件 B，2 个部件 C 组成；1 个部件 A 由 1 个零件 D 组成，3 个部件 B 由 1 个零件 E 和 1 个零件 F 组成，2 个部件 C 由 2 个零件 G、1 个零件 H、1 个零件 E 组成。括号中的数字表示生产或组装一个父项产品所需的子项零部件的数量。

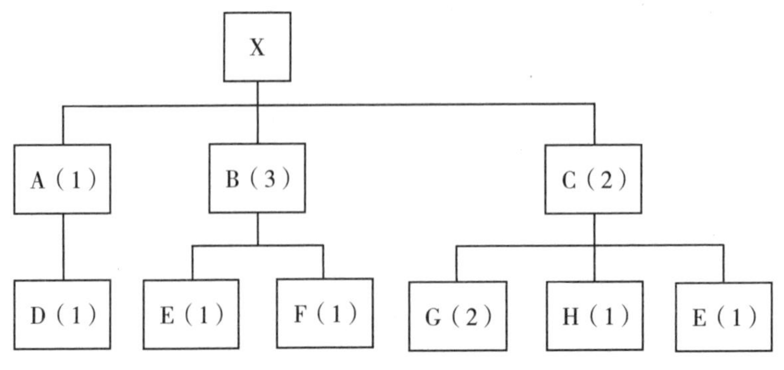

图 5-4 简单产品的 BOM 结构图

MRP 的输入内容有 3 项：MPS、BOM 和库存记录文件，如图 5-5 所示：

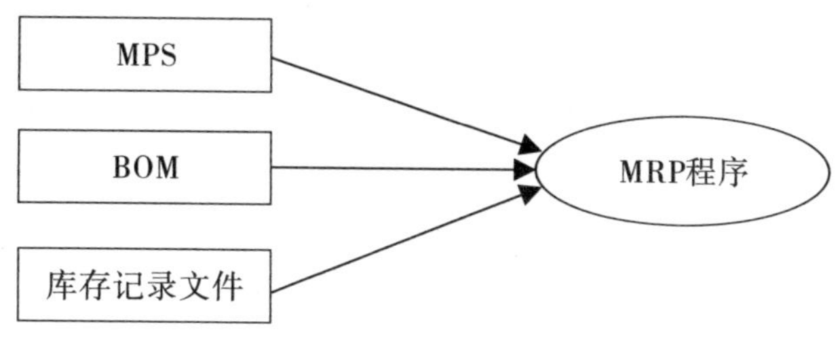

图 5 - 5　MRP 的输入内容

三、编制 MRP 的流程

MRP 是指根据产品结构各层次物品的从属和数量关系，以每个物品为计划对象，以完工日期为时间基准倒排计划，按提前期长短区别各个物品下达计划时间的先后顺序，是工业制造企业的一种物资计划管理模式。

编制 MRP 的流程如图 5 - 6 所示：

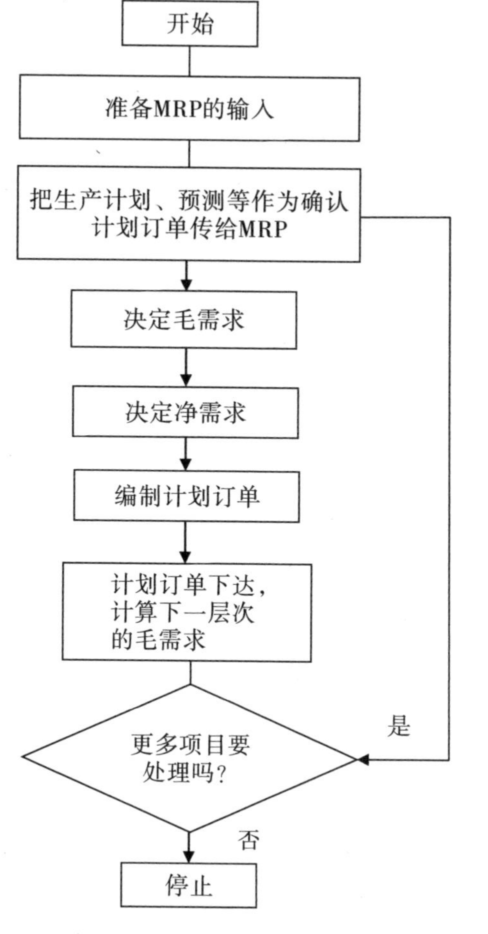

图 5 - 6　MRP 的编制流程

四、MRP 的编制和需求计算

MRP 的基础数据达到较高可靠性和及时性后，可以进行 MRP 的编制。

编制 MRP 时，首先依据项目的层次码选择处理的先后顺序，最上层项目先处理，以后逐层向下分解，并逐层计算毛需求和净需求。

1. 计算毛需求

将父项的相关需求与 MRP 中未提到的独立需求相加，计算的结果为该项目的毛需求。

计算公式如下：

毛需求 = 独立需求 + 非独立需求
　　　 = 独立需求 + 上层物料计划订单的数量 × 物料单中每一个组装件的用量

2. 计算净需求

计算净需求时，首先计算每个时间段的预计可用量，将计划周期内的现有库存量与计划接收量相加可以得到预计可用量。

其次计算总需求量，将毛需求量与同一时间段的已分配量相加得到总需求量。

最后计算净需求，当时间周期上全部预计可用量不能覆盖掉总需求量时，产生了净需求。计算公式如下：

净需求 = （现有库存量 + 计划接收量） - （已分配量 + 毛需求量）

3. 产生计划订单

当净需求存在时，产生物料的计划生产订单和计划采购订单。

确立计划订单的下达日期和数量分为三步：①考虑损耗、废品和回收率，考虑采购批量或者生产批量，计算计划订单的数量，覆盖净需求量；②考虑提前期，计算何时下达订单；③利用计划订单计算同一周期更低一层相关项目的毛需求。

4. 计算其他层次的需求

上层物料的计划订单产生了对下层物料的需求。计算下层物料的需求时首先考虑是否还有其他要处理的需求，其次考虑层次码，如果存在需求分解则返回第一步进行毛需求计算，否则停止处理。

第三节　滚动计划和 MRP 管理

俗话说：“凡事预则立，不预则废。”因此，一个企业的计划工作非常重要。计划是管理的首要职能，强调计划管理的首要作用为库存管理带来了转机，也使企业从计划的角度重新审视现场调度不力、零部件配套性差等局部问题，避免了“头痛医头，脚痛医脚”。

一、企业管理中计划的重要性

计划是对未来的行动制订方案的过程。企业管理过程中计划具有非常重要的作用。首先，计划是企业各部门分工和责任落实的基本出发点；其次，计划确定的目标成为领导和下属沟通、监督、激励的最终目的；最后，计划为控制提供了衡量标准。因此，一个企业不能因为环境变化快而不做计划，正是因为环境变化快、竞争激烈才要做计划，计划降低了组织和环境的不确定性，增强了企业的适应能力。

二、制订计划的基本过程

制订一个完整的计划，主要有以下几个步骤：

第一步，评估机会，明确前提条件，确立目标。

本步骤包括预测企业外部环境的变化趋势，明确企业内外部条件，分析企业的长处和短处，估量企业的各种机会，确立企业的目标，并把总目标分解为企业各部门、各层次的分目标，建立由上到下分解目标、由下到上反馈目标实现情况的沟通路径。

第二步，寻找备选方案，选择满意方案。

本步骤围绕计划目标，寻找可实现目标的各种方案，编制选择方案的标准，并对方案进行综合比较，从中选择出符合计划目标、接近企业实际、风险小、效益佳的方案作为最终满意方案。

第三步，对方案进行定量分析，把计划数字化。

本步骤包括对方案进行定性分析和定量分析，把计划转化为预算，并用准确、可评估的数字表达出来，作为衡量目标是否完成的基准。

三、计划方法和滚动计划法

企业计划的制订有多种方法，如滚动计划法、盈亏平衡法、线性规划法、零基预算法等。其中滚动计划法被实践证明是制订计划的有效方法。

1. 滚动计划法是“近具体远粗略”的计划法

由于企业处于不断变化的环境中，要保证企业持续、稳定的发展，需要在计划执行过程中依环境变化对计划做出修订。滚动计划法是一种定期修订计划、行之有效的方法。

滚动计划法采用“近具体远粗略”的办法，根据市场和其他条件的变化调整和修改未来计划，顺期向前移动，不断滚动，同时使已经确定的近一段时间内的计划内容保持不变，保证计划的相对稳定。滚动计划法使企业的长期计划、中期计划、短期计划紧密衔接，使计划的制订具有灵活性和稳定性，有利于提高企业的应变能力。

2. 企业的年度经营滚动计划

企业的年度经营滚动计划如图 5 - 7 所示：

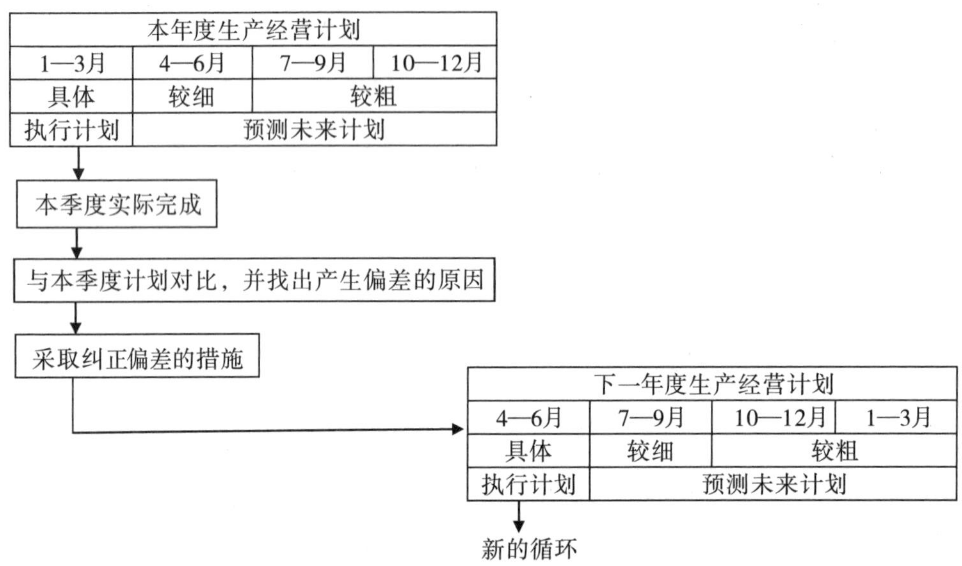

图 5 - 7 企业的年度经营滚动计划

四、计算机的应用可以发挥滚动计划法的优越性

滚动计划法对每个计划期时段内的计划执行与外部变动做对比，在计划时段内逐期滚动，因而使计划的任务量不断加大，计划的计算工作量不断增多。而在计算机应用于管理后，能有效解决滚动计划法的计算问题。滚动计划法可以应用到任何类型的计划中，其中广泛应用、获得成功的是 MRP、MRPⅡ、ERP 系统。MRP、MRPⅡ、ERP 系统都是以计划为核心，系统内多种计划的编制和执行都是采用滚动计划法，使得企业的生产经营、财务、销售等众多计划的制订有了弹性和灵活性，增强了企业的应变能力。

第四节 一个使用 MRP 计算的例子

某个产成品 X 的产品结构树如图 5 - 8 所示，产成品 X 由 A 和 B 组成。一个单位的 X 需要一个单位的 A 零件和一个单位的 B 零件。

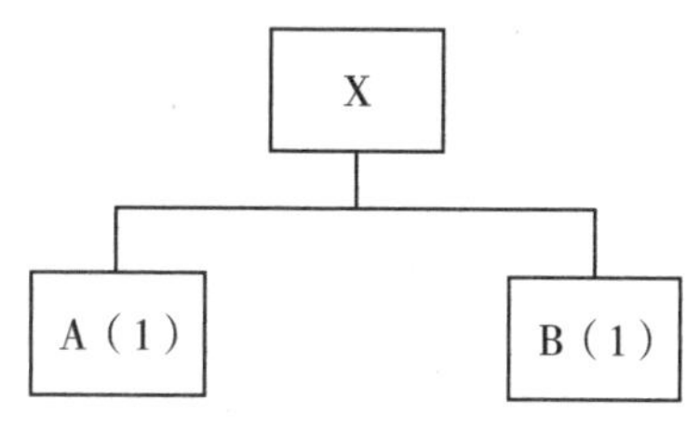

图 5－8　产品结构树

表 5－2 是根据需求制订的一个试用的 MPS，为了简单起见，只对 3 月份（第9—12周）的需求进行处理。

表 5－2　MPS

项目	周次								
	4	5	6	7	8	9	10	11	12
X						50		40	20
B			80		60				

在这个例子中，库存记录文件包含的相关数据有：在程序开始运行时的现有库存量和提前期数据，如表 5－3 所示：

表 5－3　库存记录文件所包含的现有库存量和提前期数据

物料	现有库存量/单位	提前期/周
X	40	1
A	5	2
B	30	1

现在为 MRP 程序设定正确的运行条件：通过 MPS 建立最终物料项目的需求，而库存的状态和订单的提前期则根据库存记录文件获得，产品结构的数据则来自 BOM 文件。然后，MRP 程序就根据 BOM 文件和库存记录文件逐层对需求进行展开。由于考虑到提前期，需要把净需求订单的下达日期提前。

图 5－9 是这次订单运行产生计划的下达日期。下面的分析将解释该程序的逻辑。由表 5－2 可知，第 9 周产成品 X 的毛需求为 50 个单位，由于 X 的现有库存量是 40 个单位，所以 X 的净需求是 10 个单位。为了在第 9 周接收到产成品 X，那么考虑到 1 周的提前期，就必须在第 8 周就下达订单。对零件 A 也进行同样的处理，于是产生了一个在第 6 周下达 10 个单位的计划订单。零件 B 则产生了一个在第 7 周下达 60 个单位的计划订单。

在实际生产中，常常会有一些突发情况，如产品结构的改变、客户订单数量和交货期的改变、供应商拖期发货、生产订单提前或拖期完成、废品比预期的高、关键生产设备发生故障等，从而引起计划的变更。MRP 必须对上述突发情况做出响应，使其编制的计划能准确实时地反映实际情况，这就要修改 MPS 或 MRP。MRP 的计划更新有两种方式：重新生成方式与净改变方式。

项目	周次								
	4	5	6	7	8	9	10	11	12
X						50		40	20
B			80		60				

MRP 的处理过程以第 6—9 周为例，其他用月份依此类推。

项目		4	5	6	7	8	9	10	11	12
X 提前期 =1 周	毛需求量						50			
	现有库存量	40	40	40	40	40	40			
	净需求量						10			
	计划订单						10			
	计划订单下达					10				
A 提前期 =2 周批量为 10	毛需求量					10				
	现有库存量	5	5	5	5	5				
	净需求量					5				
	计划订单					10				
	计划订单下达			10						
B 提前期 =1 周批量为 30	毛需求量					70				
	现有库存量	30	30	30	30	30				
	净需求量					40				
	计划订单					60				
	计划订单下达				60					

图 5-9 产品 X，零件 A、B 的 MRP

注：本例中，零件 B 第 8 周的毛需求量为 70 个单位，是由 MPS 中第 8 周的 60 个单位（独立需求）加上 X 第 8 周的计划投入量 10 个单位（相关需求）得出的。

按照重新生成方式，MRP 每隔一段固定的时间（通常是每周）运行一次，每一个产品项目，不论是否发生变化，都必须重新处理一遍，包括重新制订 MPS，重新展开 BOM，重新编排物料需求的优先顺序。重新生成方式的优点是系统运行次数少，数据处理效率高，而且计划全部梳理一遍，不会把上一次运行中的错误带到新得出的计划中。但重新生成方式计算量相对较大，且不能对变化做出反应。

按照净改变方式，系统要按发生的变化随时运行，但运行中只处理发生变化的部分，进行局部修改。因此，净改变方式计算量很小，运算时间短，对变化反应及时，但系统运行次数多。由于大量频繁的局部修改有可能产生全局性的差错，因此，隔一段时间有必要按重新生成方式运行一遍 MRP。一般软件都提供这两种运行方式。

案例

L 公司 ERP 调研报告①

一、公司介绍

L 公司是国内日化龙头企业，创建于 1994 年，总部位于广州市，主营业务为日化产品。至今，L 公司在全国各地已拥有十三大生产基地、三十多家分公司、员工一万多人。

在公司成立 25 周年大会上，L 公司发布了“绿色消费生态 +”新战略，且“1 + 2”平台的搭建是该战略的落地布局。“1”指多品牌矩阵牵头、品牌引领。L 公司将基于消费者需求开展工作，实现从“销售驱动型”到“品牌驱动型”的战略升级。“2”指“供应链平台”与“通路平台”，涵盖从多品牌推广运营，到研发设计、原料采购、生产供应后端，最终提供线上线下全渠道分销及终端消费者动销的解决方案。

与此同时，L 公司改造升级营销 3.0 系统。营销 3.0 系统，是一种借助新渠道、新营销以及新的商业模式，落实全链、全维度的数字化分析和决策的方式；也是对消费者在 L 公司系统下的所有渠道和购买场景中表现出来的兴趣喜好、使用周期、触媒习惯等信息进行洞察，形成从消费者需求到销售的全渠道闭环。未来，L 公司将升级成为全渠道全触点数字化精准营销的共享服务商和以日化产业为核心的采购供应链共享服务商。

二、L 公司的信息化历程

1. 电算化：1998—2003 年

1994 年开始，L 公司开始使用电脑记账，到 1998 年实现会计电算化，解决了当时急需的进销存账目数据的管理。将信息化管理延伸至仓库管理，成功将位于外地的仓库数据和发货数据集中到总部，走出了集团信息化的第一步。

2002 年 L 公司上线小型营销系统，将总部的订单管理与外地仓库发货联动起来，进行自动管理。把各地的报表打包，以邮件的形式汇总到总部，再自动解包汇总成分析报告。

2. 管理信息化：2004—2009 年

2004 年 L 公司上线灵狐 ERP 管理系统，2006 年建立了完善的业务营销数据报表分析

---

① 资料来源：暨南大学 2016 级本科生企业实地调研案例（为保护公司隐私，该案例中的公司名称均由 L 公司代替）。

体系，使L公司的信息化体系更完善。

2008年开始实施SAP/ERP，首先在总部上线了五个模块：PP（生产管理）、SD（销售管理）、MM（采购管理）、FI（财务会计）、CO（管理会计），随后在番禺进行试点。

3. 业务数字化：2010—2017年

2010年开始，L公司在总部和番禺试点成功的基础上，开始在全国各子公司进行数字化推广。2010年还上线了HRM（人力资源管理），通过SAP系统来管理组织的薪酬体系、员工的人事档案、甄选晋升、员工关系等。之后陆续完成PS（项目管理）、BO（水晶报表）等模块的建设工作，并在IBM公司的支持下，完成了185个流程的梳理工作。这样，L公司的供应链、销售、财务、质量、人力资本、项目管理等环节便有机地集成，同时通过商务报表——"天涯若比邻"，有效地展示了集团各业务模块的运作结果。

2010年，L公司实施了供应链协同平台，SRM（供应商管理系统）的完成使L公司实现了全供应链协同办公运作，并全面集成了集团现有的各核心业务系统及各工厂的制造自动化系统，让集团的生产作业真正实现了信息智能化、管理可视清晰化、需求响应高效化。

2012年开始实施了LMP（信息门户办公平台）、SAF（移动终端营销管理系统）、LIMS（实验室信息管理系统）、异地应用级别容灾系统、SAP HANA（数据分析系统，华南地区首家使用）等，并对各系统进行全面集成，双向传输，最终取得了一套数据、一套报表的信息化智能管理决策成果。

4. 产业互联化、智能化：2018年至今

事实上，L公司从2016年便开始进行营销3.0系统的升级，2017年、2018年开始加大投入。2018年底L公司发布了一个新的"1+2"平台，使整个公司走向平台化，因此，可以将2018年作为信息化历程第三、四阶段的分割点。

首先是前端的营销3.0系统的升级，改进原来的经销商信息传递途径，实现订单、经销商、卖场、消费者、客户服务的全链条控制，精准了解产品每一天的销售情况。配置管理后端的供应链系统，如SRM，用于采购的MRP系统，用于生产规划的SCG网络系统、GDA高级计划系统和ASPROVA系统，以及用于物流的Jda系统等。

2018年底，L公司开始进行产业的互联化和智能化转型，并开始关注到组织，探索数据如何驱动组织敏捷，信息均权、网络协作、数据赋能是三个可供选择的方向。

三、L公司ERP的具体应用

1. 生产供应流程

L公司主要需要两种类型的材料，一种是包装材料，如用于包装产品的箱子；另一种是原材料。生产工厂有两种类型，一种是自有工厂，另一种是OEM工厂。L公司的所有原材料和包装材料都会送到自有工厂或OEM工厂，生产完以后入库到对应工厂的仓库，一般情况下，自有工厂生产的产品会送到DC仓库，OEM工厂生产的产品会送到OEM仓库。为了降低运输成本，OEM工厂生产的产品也会调拨到与其较近的L公司的DC仓库或RDC仓库。

当消费者在网上下订单时，若附近的 OEM 仓库只有消费者订单的部分商品，那么附近的 DC 仓库或 RDC 仓库会把所有的货配齐了之后，再一次性发货。

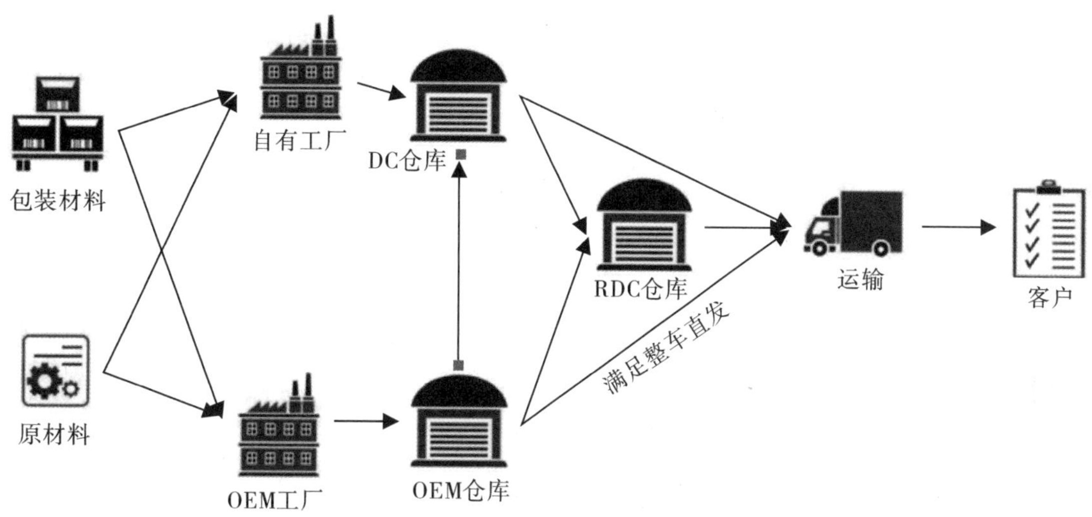

图 5－10　L 公司生产供应流程图

2. 生产及供应链导出模块

随着市场竞争越来越激烈，公司利用现代信息技术建立了供应链协同平台（如图 5－11所示），将“原料—研发—采购—供应—质量—生产—销售—终端消费者”全面贯穿起来，形成对市场的快速反应体系。供应链协同平台的建设，为未来推动敏捷供应链策略的全面应用打下基础，更好地支撑公司大日化战略的实现。

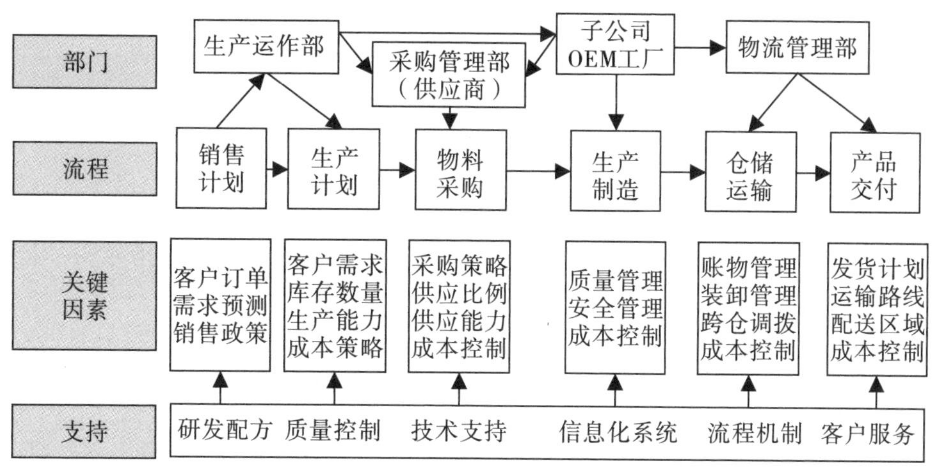

图 5－11　L 公司供应链协同平台架构

计划系统：L公司是由生产运作部来完成需求计划的制订的。ERP系统首先会根据往年的客户订单数据进行需求预测，生产运作部再结合每年的销售政策完成需求计划。完成销售预测后，ERP系统即可初步预估每个客户的需求，在现有的库存情况和各个工厂的生产能力下制订全国各个工厂的生产计划，并且根据最低成本为优先级制订生产计划。比如系统会根据客户所在地，优先选择距离客户最近的工厂为这个客户安排生产计划。

物料采购：当制订完需求计划后，ERP系统根据L公司的需求，结合供应商的产能制订物料采购计划。系统会根据供应商的供应比例、供应能力结合成本等要素制定出最优的采购策略，最终由采购管理部负责向供应商采购原材料。

生产制造：当各个工厂收到生产的原材料后，即可执行生产。而在生产过程中，ERP系统会帮助生产过程进行质量管理和安全管理。一体化质量管理系统是在整个产品供应流程（从材料到成品，再到上货架）中建立质量管理机制，以预防问题的发生。以X产品为例，L公司制定了质量关键控制点，用于检验X产品制作过程中的质量问题。比如L公司会向程控电脑输入投料卡的组分、数量、投料顺序，并与产品工艺控制标准保持一致，以保证整个过程生产成分的统一性。

物流管理：在仓储运输的过程中，首先根据客户的需求，结合各个工厂的库存进行跨仓库调拨。到产品交付阶段，ERP系统会根据客户订单和配送区域制定出最优的发货计划和运输路线，确保货物能准时并且以最低成本完成交付。

L公司的供应链协同平台完成了由传统的手工操作到信息系统协助运转的革新，使企业与客户、物流商及相关合作伙伴能方便快捷地协作，提高了效率，实现了整个供应链系统的整合。由传统的注重内部效率转化成整合产业链资源，打通企业上下游的产业链，通过产业整合形成竞争优势，这对L公司来说，是企业经营思路和管理手段的创新之举。实施了SAP解决方案模块后，L公司的决策者能够更加清晰地制定战略目标、监控运营绩效。

四、L公司营销3.0系统

1. L公司营销3.0系统简介

L公司营销3.0系统：LLamasoft系统定期优化供应网络布局；Jda系统帮助企业制订发运计划，协调物流的运作；ASPROVA系统帮助企业制订详细的排产计划。

以下是对LLamasoft、Jda、ASPROVA系统的介绍：

（1）LLamasoft（智模软件公司）成立于1998年，是全球第一家将供应链网络优化、库存优化和模拟仿真整合于同一平台的公司。该公司主要为企业提供软件与专业的服务咨询，帮助企业规划并优化其供应链的运作。旗舰产品是著名的“供应链优化大师”，它是目前全球市场上最领先的供应链设计、规划和优化软件，可以让企业迅速建模、优化，并模拟企业供应链运作，从而大幅度降低运输、库存、采购和生产成本。

（2）Jda软件集团成立于1985年，是供应链行业的领导者。Jda一直是领先的端到端集成性零售、全渠道和供应链计划与执行解决方案提供商，在全球拥有4 000多个活跃客户。多年来，Jda 软件集团深厚的行业与技术积累帮助客户减少成本，提高收益和企业协同性，使得客户能够始终按照对消费者的承诺进行交付。

(3) ASPROVA 公司成立于 1994 年，是日本最早专门研发生产排程软件的公司。自成立以来，公司一直专注于生产排程软件 ASPROVA 的研究开发，主要帮助客户实现高效制订生产计划、工厂可视化管理、库存削减、共享化等。

2. 计划、生产、供应全流程

销售部门整合了销售需求，下达销售计划给生产运作部。生产运作部会将这些销售数据输入系统，同时系统结合不同产品的生产成本和工厂发运物流成本等系列数据，最终形成一个整体最优的网络供应布局。接着，生产运作部下达采购订单，形成需求计划，并将 MRP 系统运算出来的结果告知生产子公司，子公司再进行排产采购，形成库存，并进行库存管理和物流发货，如图 5－12 所示：

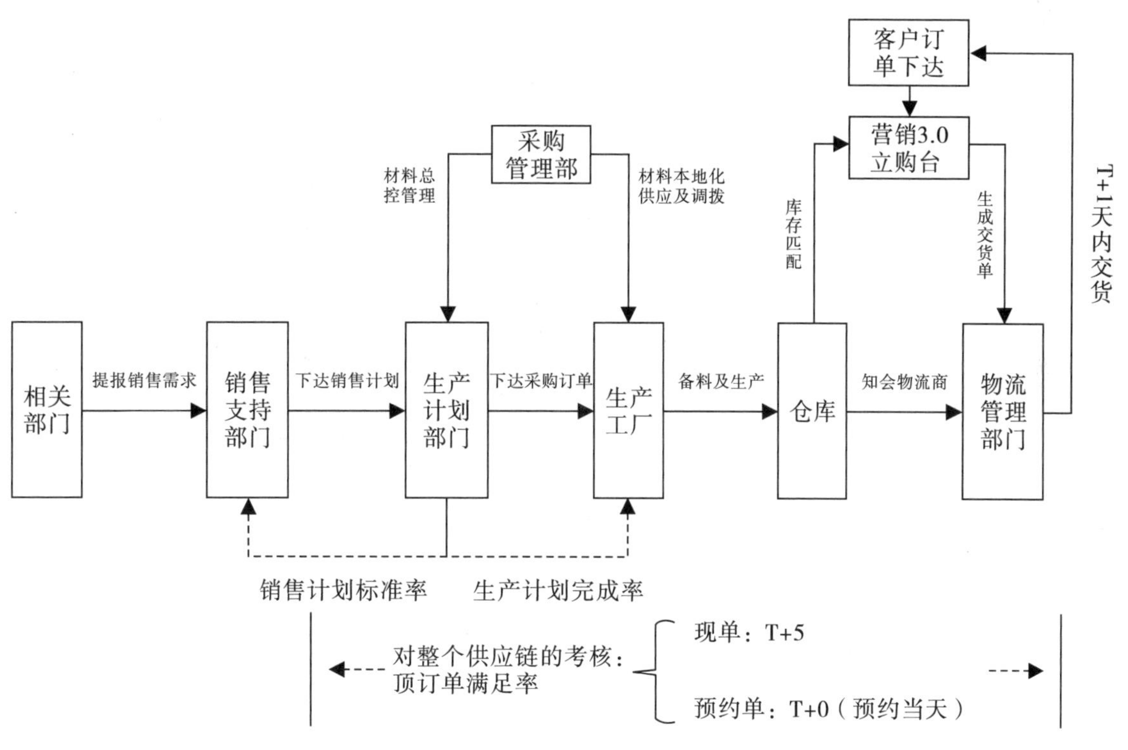

图 5－12　计划、生产、供应全流程图

3. 一体化的供应链计划模型

L 公司整个供应链一共包括四个模块：计划、采购、生产、物流，这四个模块不是相互独立，而是相互作用，形成一个一体化的供应链计划模型，如图 5－13 所示。

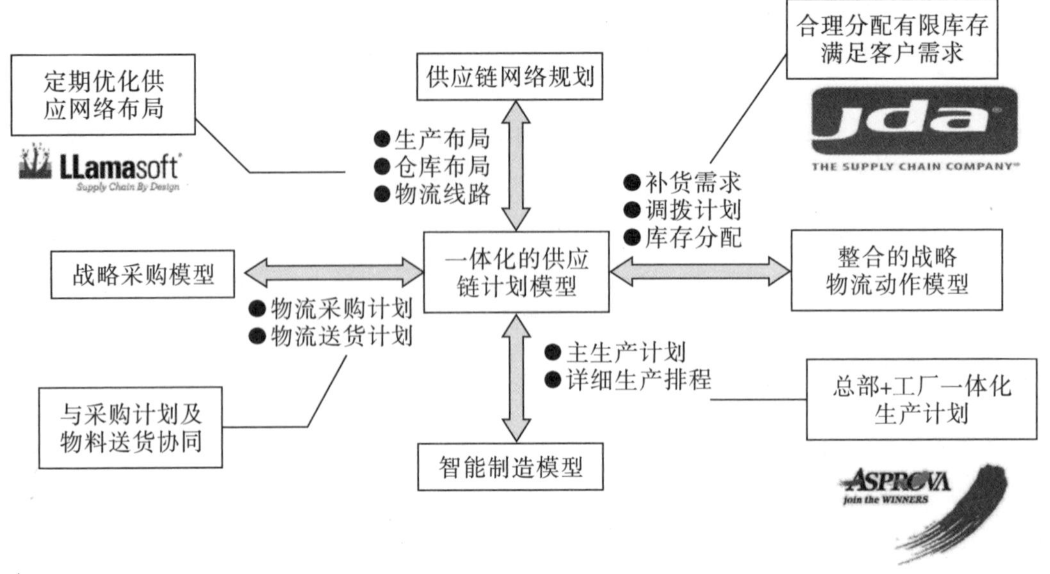

图 5-13　一体化的供应链计划模型

在计划模块，L 公司加工整理从前端获得的信息后，获得物料需求计划，即什么时间向供应商发出有关所需物料的种类和数量。如 L 公司在获得一个季度的产量预测和相关预算后，智能制造模型会制订一个长期的 MPS，L 公司会依据 MPS 去采购原材料，同时也会根据 MPS 去判断其现有的物资是否能满足未来的产能的需求，进而做出是否需要去准备资源来满足未来需求的决策。通过以上简单分析，我们可以知晓智能制造模型主要是从 MPS 出发来指导 L 公司的工厂详细生产排程。又如，L 公司通过调拨和销售发运计划去指挥物流的运作，通过这些计划，L 公司知道什么时候该备货，了解承运商可能什么时候会过来提货以及什么时候进行运送等。其他的模块也是如此的运行方式。一体化的供应链计划模型是一个整合的计划模型，类似人的大脑，像一根指挥棒一样指挥 L 公司的采购、制造以及物流。

4. 供应链系统设计方案

Jda 软件形成了生产计划和调拨计划，ASPROVA 输出 MPS 和工厂的详细生产排程，这一套计划影响着 MRP 和 SRM 的输入，当物料需求和供应商的送货运输到位后，生产开始执行，并输入到工厂的制造执行系统 MES；当生产的成品入库后，仓储物流管理系统 WMS 实现对库存的管理，接着 TMS 系统负责管理发货和签收的过程，形成一个流程，如图 5-14 所示：

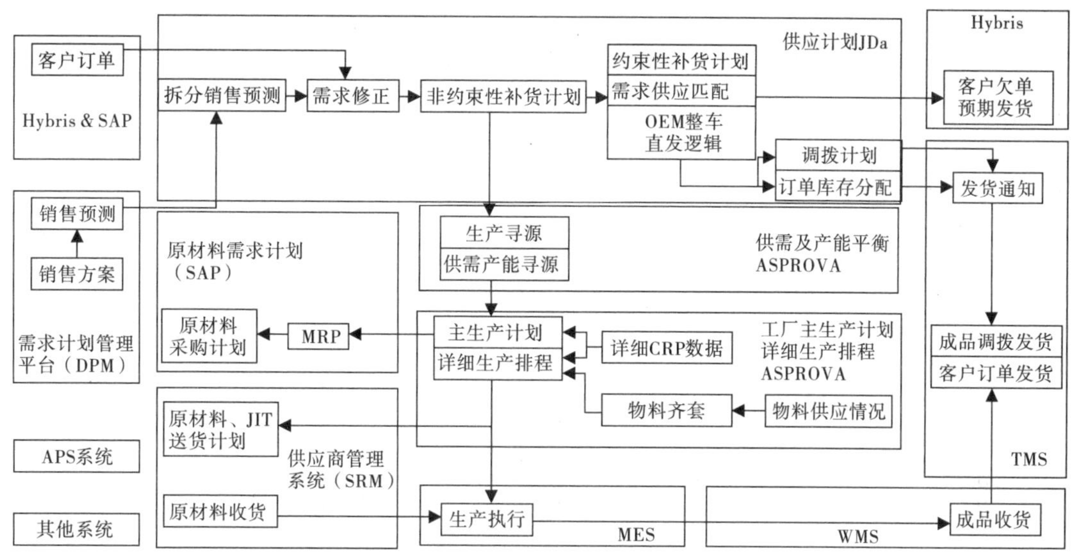

图5－14　供应链系统设计方案

五、总结

作为国内日化行业的龙头企业，L公司的信息化历程可算得上教科书级别。从管理信息化到业务数字化再到产业互联化、智能化，L公司总能“稳”中求“进”。“稳”来源于2008年正确的选型，SAP系统的严谨与规范，帮助L公司规范了公司内部的管理和业务流程，同时还使得L公司通过实施SAP系统吸收国际同行的最佳实践经验。“进”则取决于高层的决心和公司内部的团结，L公司在信息化这块的投入可谓十分巨大，年投入动辄上亿，是普通民营企业无法比拟的，这便是高层的决心。

在信息系统建设方面，L公司营销3.0系统的升级，首先从前端通路平台开始，打造连接品牌、消费者与经销商三方的新型营销模式，再辅以后端供应链平台，并升级优化研发设计、原料采购、生产供应等，最后通过信息均权、网络协作、数据赋能推动组织敏捷，使得公司整体响应速度能跟得上系统的升级，最终将L公司升级成为全渠道全触点数字化精准营销的共享服务商，以及以日化产业为核心的采购供应链共享服务商，完成“品牌驱动型”的战略升级。

讨论：

1. L公司的ERP运作有何特点？
2. L公司在生产计划方面的流程有哪些？

【本章小结】

本章描述了生产计划和制造流程的相关内容，如制订生产计划的步骤、生产计划的三个层次、ERP 系统中的生产计划模块、物料需求计划的一些基本概念、独立需求和相关需求、库存文件、物料清单、主生产计划等，然后通过一个例子对 MRP 管理做了详细说明。

【讨论题】

1. MRP 的逻辑流程是什么？
2. 讨论主生产计划在 ERP 系统中的重要性。
3. MRP 系统中的需求来源是什么？需求是独立的还是非独立的？

第六章　MRP Ⅱ/ERP 系统中的营销管理

从市场交换的角度看，无论是买方市场还是卖方市场，市场营销都起着重要的作用。市场营销在企业采购、生产、销售循环中属于头和尾，即为生产做准备，也实现生产的价值。早期的企业“以产定销”，是指在市场条件下生产决定营销。随着经济的发展，营销开始决定生产，流通和分配反作用于企业的生产。近几年，供应链管理、电子商务的兴起促进了企业生产与营销的相互渗透，极大地促进了社会生产力的提高，充分体现出营销管理也是促进生产力发展的一门科学技术。因此，以 MRP Ⅱ/ERP 为核心的先进的营销技术、营销管理成为企业创造财富的重要手段。

第一节　西方营销发展史

西方营销发展史反映了社会生产力的发展，也反映了企业营销模式的变迁。20 世纪 40 年代至今，西方营销发展史可以概括为三个主要阶段：从以产定销向市场推销转变、从市场推销向市场营销转变、从市场营销向网络分销转变。

一、从以产定销向市场推销转变

第二次世界大战后至 20 世纪 50 年代末，世界经济处于战后恢复重建时期。这个时期，消费需求快速增长，企业的产品供不应求，只要产品质量好就有市场，企业处于生产至上的优越地位。这一时期，企业经营的重点是发挥大批量生产的优势，降低成本，以产定销。

进入 20 世纪 60 年代，科技的进步和社会生产力的发展使产品的生产出现供需平衡趋势，产品间的差异性越来越小，企业可以迅速仿照市场上相同或相近的产品来组织生产，使得各种品牌共享市场，消费者很难通过产品本身辨别产品的优势。随着竞争的加剧，企业开始走出厂门向消费者推销企业的产品，向消费者说明产品的功效，使消费者在同质的产品中选择并接受自己企业的产品。

从这时开始，企业便采用人力和广告来吸引消费者的注意力。走出厂门推销产品，标志着企业生产进入了市场推销时代。从生产至上到向市场推销产品，企业的基本职能在发生变化，销售日益被重视。但是这个阶段，企业的销售还只具有与生产、财务同等的地位，销售部门在企业里的地位并不高，因此，此时的市场推销主要是完成企业从生产向市场导向的过渡。

二、从市场推销向市场营销转变

20 世纪 60 年代以后，企业开始对市场的营销渠道、促销方式进行消费者定位，开始对市场的机会进行研究，促使企业的产品和定价迎合消费者的需要。从市场需要出发来组织企业生产，导致了企业从市场推销向市场营销的转变。

市场营销使企业明确了市场活动的成功不再是在产品产出之后，而是由产品产出之前的消费者需求决定的。因此，企业的市场营销成为企业活动的中心，企业为了生产出适销对路的产品而开展科研和生产试制。为了把握市场，企业开始围绕“销售什么产品（Product）、用什么渠道销售（Place）、用什么价格销售（Price）、用什么促销手段（Promotion）”的“4P”营销组合来经营。从此，企业的营销职能由企业内部伸展到了企业外部，企业开始组建自己的营销部门或公司，市场营销的地位在企业中得到很大的提高，企业营销人员占全体职工数量的比重开始上升，广告等促销行为所占用的资金在企业预算中的比重也开始上升。

三、从市场营销向网络分销转变

市场营销使企业的经营重心从企业内部移向了市场，企业开始重视市场活动，但是对市场的把握还不是很准。多个企业、经销商共享营销网络，企业对分销网络进行的资源计划、库存管理、运输管理等行为促进了市场营销向网络分销的转变。

20 世纪 80 年代，科技发展和管理创新使产品数量成倍增长，产品的供给远大于需求，经济全球化和资源利用当地化促使企业调整经营战略，在全球范围内组织生产和销售。由于企业对市场渠道的开拓和对市场网络资源的利用决定了企业生产效率的高低，单个企业自建单一营销网络成为不经济的行为。因此，企业转向多营销网络销售，多个企业、经销商共享营销网络促使分销商、经销商、零售商与生产企业之间结成战略合作联盟。

由于企业的营销网络触角延伸到了消费者终端，所以市场营销开始向网络分销转变，并推动了物流企业的诞生，也推动了电子商务、供应链管理在制造业和流通业中的运用。

四、网络分销的优势

从市场营销向网络分销的转变能够重组社会资源，使企业产品的差异和品牌得到突出，缩短产品的周转时间，提高物流的周转速度。

例如，计算机公司 DELL 向 IBM、COMPAQ 等传统公司发起挑战，采用直销模式打开了微型计算机市场，不但降低了企业的产品营销成本，而且使得消费者的个性化需求在最短时间内得到满足，促使消费者参与企业的产品组合和研究开发。

从市场营销向网络分销的转变，给企业的生产和经营模式带来了不小的变化。

（1）互联网技术使企业与终端用户直接联系，中间商的重要性降低。中小企业可以利用互联网技术进入国际市场，使得市场进入的壁垒降低。

（2）对分销网络的管理能够有效地控制企业产品的终端价格。分销网络可以让价格直面客户，由客户直接比较价格，促使企业和经销商降低成本。以前，制造厂家的成本和销售价格不向市场公开，即使制造厂家把价格降低，但市场渠道具备价格减震器、价格吸收器的功能，能够把制造厂家降低的价格抵消，产品的零售价最终也降不下来。

（3）分销管理应充分利用网络技术和网络空间的优势。由于企业竞争的关键在于获取网络信息，企业利用网络资源将国内外商品流通模式融会贯通，为提供商品的个性化服务、分析客户需求创造了前提条件。

第二节　我国企业营销模式的改变

自改革开放以来，我国企业营销模式的改变也经历了上节提到的三个阶段。虽然各企业转变的快慢不同、层次不一，但是大多数企业完成了从以产定销向市场推销的转变，多数企业正从市场推销向市场营销转型，更多企业正利用 ERP 从市场营销向网络分销发展。

下面以烟台张裕公司的“营销兴企”为例，说明我国企业营销模式的转变。张裕公司营销兴企的“三部曲”反映了我国企业走向市场、控制市场、经营市场的变革。

一、从统购调配到企业自己销售

张裕公司是我国专业生产葡萄酒的厂家，创办于 1892 年，有 100 多年的生产历史。

在 20 世纪 80 年代，张裕公司的销售还是采取计划经济体制下的典型做法——以产定销。张裕公司产品的销售由国家统一调配，企业只管生产不管销售，销售人员坐在家里开发票就完成了企业的销售。由于企业缺乏对市场的接触，改革开放十年后，企业仍然没有建立起适应市场竞争的经营机制，只是国家的一个加工工厂。

1978—1989 年，乡镇企业、合资企业异军突起，逐渐占领了张裕公司的销售市场，而张裕公司却浑然不觉。直至 1989 年，国家的统配、统销政策不灵了，张裕公司的产品出现滞销。企业的 6 条生产线停了 4 条，1/4 的职工没有活干，企业账面亏损达到 300 万元，8 000 万元的销售额中 6 000 万元没有回笼，企业陷入停工、停产的困境。

1989—1992 年，企业开始寻求生机。一方面，企业内部开始了艰难的经营观念的转变；另一方面，企业开始走出厂门、走向市场。经过三年的艰难转变，1992 年，张裕公司开始了经营战略的转型，开始了从生产型企业向生产与推销相结合型企业转变。

1992 年，企业打开厂门面对市场的时候，发现市场上充斥着近百个生产葡萄酒的外资企业、合资企业、民营企业。这些葡萄酒生产企业在体制上比张裕公司有优势，也有丰富的市场经验，在市场上占了优势。但是，张裕公司相信“市场有多大，企业就有多大。每个企业都有在市场上生存、发展的权利和机会，就看企业的外功到不到家”。这里的外功是指运用现代市场营销管理战略开辟市场的功夫和手段。

在明白了市场是企业的衣食父母、市场仍然还有企业的生存空间后，张裕公司开始重视销售业务，并且投入较多的人力走出厂门推销企业产品。推销人员拿着产品到处找经销商、代理商，凭着推销人员的本事一点点地卖。经过苦练外功，加上企业上百年的生产经验和产品品牌的口碑积累，企业的市场销售量开始回升，企业效益开始恢复。

二、从市场推销向市场营销转变，迈出走向市场的第二步

在市场推销过程中，张裕公司开始认识到市场能够改变生产，企业的生产和销售密不可分。经过市场推销的磨炼，企业开始建立现代市场营销管理体制，变市场推销为市场营销。1995 年，张裕公司确立了“营销兴企”的发展战略，使张裕公司由单纯的生产型企业向生产经营型企业转变，变“销售我生产的产品”为“生产消费者需要的产品”。

在以推销为主的销售模式中，企业的营销渠道和销售服务是“生产商—批发商—零售商—消费者”的链式顺序模式；而在“营销兴企”模式中，消费者是圆心，是企业的重中之重，如图 6 – 1 所示：

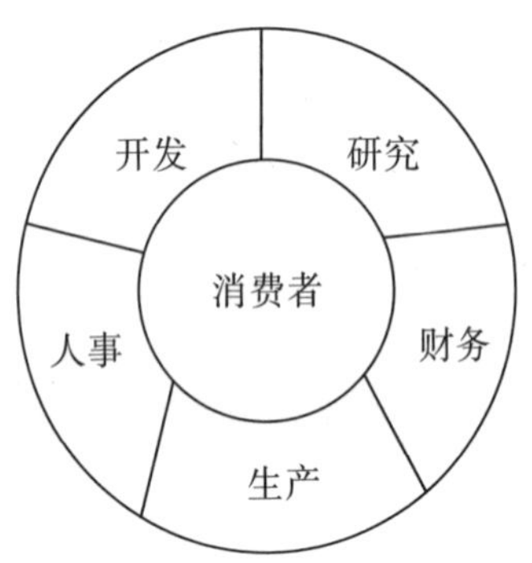

图 6 – 1　以消费者为中心的“营销兴企”模式

为了贯彻“营销兴企”的发展战略，企业将主要领导力量、优秀人才、资金集中投向了营销领域，生产、内部管理都为市场营销服务。“营销兴企”战略使企业的产品生产贴近市场需求，使企业的开发、生产、销售、服务、管理的全过程围绕市场转。经过几年的战略转变和市场营销实践，张裕公司培养了一支训练有素的市场营销队伍，建立了一套配合市场营销的规章制度，使企业的营销观念渗透到企业制度中，用制度固定了企业“营销兴企”战略。

三、从市场营销向网络分销转变

1998 年，张裕公司发现企业在营销过程中如果想把市场和销售都控制在自己手中，还需要加强营销网络的管理。企业从“产品—市场渠道—消费者—产品—市场渠道—消费者”的反馈流通链中发现，企业不能被动地跟随和适应市场，必须对整个营销过程中的经销商网络、零售网络进行有效的沟通与监控，实现信息管理、网络管理和促销管理的有机

结合。

1998 年，张裕公司开始从市场营销向网络分销转变，主动经营企业的分销网络。为此，企业采取了一系列措施促进企业从市场营销向网络分销转变。

1. 信息管理为营销提供科学的决策依据

张裕公司的销售人员 2/3 以上的时间都在市场第一线，每天将市场信息反馈回企业，任何一个销售点的销售量发生微小的变化，销售人员都必须及时发现并查明原因。

1998 年，张裕公司开发江苏市场时，事先对市场构成、竞争对手、消费者价值取向等做了深入调研。当企业决定进攻江苏市场后，由于信息准备充分，三个月内张裕公司的产品在无锡、常州的市场占有率由排名第三、第四上升为第一。信息管理使张裕公司能够对市场发展情况和营销过程进行实时监控，为企业调整市场战略提供了一手资料。

2. 网络管理使企业的物流合理流动，加强了销售监控

张裕公司对最终销售进行了网络管理，随时检查代理商、经销商是否完成了销售任务。

首先，张裕公司用“两个终端”的方针对经销商网络和代理商网络进行监控，并对经销商进行销售培训和定期考核，采取优胜劣汰的竞争机制。其次，张裕公司为经销商提供广告、售后服务方面的支持，帮助经销商一起成长，共同实现企业的营销计划。最后，张裕公司的销售人员直接协助经销商开发酒店、商场等零售网点，营销业务主管定期走访零售网点，把过期、商标损坏等不良产品随时撤回，并提供各种售后服务。两个终端的管理扩大了销售渠道，形成了代理和零售互相配合、分销和直销并举的庞大网络，为张裕公司市场的开拓和巩固奠定了雄厚的基础。

3. 促销管理覆盖企业的分销网点，扩大企业和品牌的知名度

张裕公司多年来在促销上采用多种措施，让代理商和经销商参与到促销中，做到了“五个到位”：①合格的代理商负责铺货到位；②最适合当地市场的产品运送到位；③优秀的销售经理和销售人员现场指挥到位；④促销资金划拨到位；⑤促销策划方法落实到位。

经过十年的“营销兴企”，张裕公司练就了营销管理的真功夫。多管齐下使得张裕公司在市场经济中脱胎换骨，使得张裕葡萄酒近年来的市场占有率居全国榜首。

第三节　分销资源计划的组成

企业分销资源计划的管理对象和制造计划，与物料清单分解非常相似，只不过分销资源计划的主要物料清单是由分销网络的物料清单组成，要依据分销网络的宽度和深度重点管理各个分销网点。

本节主要依据分销资源计划的处理逻辑分析分销资源计划的内容。分销资源计划主要包括以下内容：

（1）分销网络管理；

（2）分销库存计划管理；
（3）分销发运和仓库管理；
（4）ERP 分销资源计划管理的效益分析。

一、分销网络管理

分销网络管理包括对分销网络的深度、宽度进行分析，并且定义分销网络。

1．分销网络的深度管理

企业的分销网络如同物料清单一样，也是一个树形结构。企业分销网络的深度是指分销渠道中中间商的渠道级数，类似于产品分销物料清单的“零部件—组件—产品”的层次，也类似于产品“毛坯加工—半成品加工—成品装配”中工艺路线的流转级数。

企业分销网络的深度一般有四级，即“生产厂家——级批发商—二级批发商—零售商—最终消费者”，即企业的产品出厂后需要经过四道分销工序才能完成最终销售，中间分销过程的成本决定了产品的最终售价。

ERP 分销资源计划管理对分销网络深度的管理使得企业销售管理从企业内部跨越了出去，从传统的 MRP Ⅱ销售订单管理和销售发货管理渗透到了商品流转的商流管理，对产品运输路线、各个分销商之间与企业内部库存的补充订货进行了层层动态控制。因此，分销资源计划管理中对分销网络深度的管理有利于完善企业对生产周期和销售周期的全过程的管理。

2．分销网络的宽度管理

分销网络的宽度是指分销渠道中每一个层次同种类型中间商的数目。例如，日用消费品海飞丝、美的风扇的经销一般由全国十个大的地区的总经销商来代理，那么一级分销网络的宽度就是 10。

分销网络宽度的控制幅度需要与企业的生产和营销能力匹配，否则将导致销售失控。例如，三株口服液在经销商之下再发展经销商，并深入农村各地，在全国共建立了上万个经销网点。由于企业销售网络大，三株口服液没有利用信息系统控制销售环节，导致销售失控。到 1998 年，三株口服液存在销售回款不力、中间经销商吃广告回扣等诸多问题，企业陷入困境。在总结企业的失败教训时，三株口服液总经理对于没有采纳 MRP Ⅱ/ERP 软件商的建议，没有建立信息管理系统管理营销渠道而深感后悔。

我国许多企业对分销渠道控制不力，与发展太快导致虚假繁荣及经销商钻了企业的空子有关。这些企业的失败与没有用 MRP Ⅱ/ERP 系统有效控制制造、分销、财务有密切的关系，不可不引以为戒。

3．分销网络的管理

分销网络的深度和宽度决定了企业分销网络的大小。一个企业最常见的分销网络是由一系列仓库及空间区域构成的。分销网络又可以分为单一分销中心和多个分销中心。

单一分销中心由简单的分销来源组成，所有的产品都由单一的供应中心补充；多个分销中心包括多个仓库，产品补给的来源多。

在多中心网络环境中，正确地定义分销区域、连接分销网络是关键性的管理活动。如果不能正确地定义并控制分销网络，势必引起物料管理成本的增加，分销网络的运行效率低下。因此，分销网络上动态和静态数据的实时处理成为对市场需求采取行动的前提条件，企业需要灵活地变更分销的补给计划、区分复杂的补充库存关系、有效控制分销网络中的提前期。

4. ERP分销网络定义的灵活性分析

在定义单一和多个分销中心关系方面，ERP系统一般提供多种方式，使得网络管理具有灵活性，节约人工。

（1）对每一个接收区域，可以有多个供应商对产品进行供货；

（2）如果多个供应商补充同一种产品，可以对每个供应商定义在指定时间内的产品需求百分比，以便做好需求预测和价格评估；

（3）对于不同时间段的供应组合，可以根据订单交货日期和分销提前期确定产品是集中发出还是分批发出。

由于企业对市场渠道的开拓一般是分区、分片的，渠道多则网络的宽度广，渠道深则层次多。因此，企业需要尽可能地对分销网络的终端加以控制。

二、分销库存计划管理

随着企业的分销从本地进入外地、从本国市场进入外国市场，其所面临的库存管理成本越来越高。市场竞争日益扩大带来复杂的库存补充关系，为了使地区之间的需求与供给转移库存最小，分销库存计划系统需要把分销网络内的每一个分销网点的库存计划详细地落实到产品和库位上。因此，企业需要一个高效的ERP分销库存计划系统，科学地计划并控制多变的、分散的分销库存。

1. ERP分销库存策略分析

ERP分销资源计划系统提供库存计划的各种策略，针对安全库存、补库提前期、需求方针，通过产品、分销网点进行唯一化处理，以便更好地处理指定分销网点的库存进出库事务、动态显示库存历史、追溯分销网点上所有库存产品的供给及需求。

2. ERP分销订单管理

首先，ERP分销资源计划系统依据分销网络内的需求自动生成计划补充订单；其次，在供给和需求两方面提供补充订单信息，综合独立及相关需求与公司内的需求，产生库存计划订单；最后，发出采购申请和生产指令，同时协调所有仓库、分销网点间的生产及采购计划订单，向计划员提示采购的关键措施及需要特别注意的事项，对例外信息进行重点控制。

ERP分销库存计划管理从多角度查看库存、管理仓库，因此，可以及时显示库存状态信息，也方便查询每一张客户订单的库存分配信息。

3. 分销库存的监控

ERP系统可以对需要监控的对象设置报警条件，系统进行自动识别并发出警报。监控对象有物料库存能力、运输方式、存货限制、成本标准，报警的方式可以是消息、通知等，并自动把消息发给相应的监控人员。

三、分销发运和仓库管理

分销发运指的是对分销网络内的运输工具、运输等级、承运商价格、运输路线进行管理以节省货运成本。对于新的运输路线，ERP 运输管理可以模拟运输成本，为产品提供一个有竞争力的价格。

仓库管理是对仓库的接收、安置、订单履行、包装物、调度出库、质量检验、货物分仓等进行管理，为不同分销网点、不同运输路段、不同客户的货物进出仓库提供优选方案。

表 6－1　分销资源计划的主要内容

分销资源计划	近期计划	远期计划
分销网络内资源分配	应该从分销网络的哪个区域发货？何时发货？	应该建立多少个分销网点？应该与多少个分销商合作？
分销库存计划和补库	如何安排库存补库？厂家如何安排生产？是否应该加班以缩短交货期？	为了向客户提供产品，应在哪个网点销售？
运输管理	如何安排车辆和运输路线以降低运输成本？	如何建立全球运输网络？是自建运输队还是转包给第三方承运商？
仓库管理	如何按时发货以履行客户订单？质量检验、分仓管理如何？	如何存储物品？仓库、分装设施的投资效益如何？

四、ERP 分销资源计划管理的效益分析

ERP 分销资源计划管理的效益较大，下面先分析分销定价对产品促销的作用。

1. 分销定价的作用

产品定价和折扣是分销企业最复杂的工作，企业需要依据产品的销售市场、市场成熟度和市场占有率制定相应的市场推广策略，需要对不同的经销商和客户给予不同的销售折扣并进行信誉控制，合理定价和实施不同折扣成为企业促销计划的主要内容。

合理的产品定价支持企业产品的整个生命周期，也是大型商场和货仓式超市吸引顾客的主要手段。ERP 分销资源计划管理支持合理的报价申请、询价、报价、定价，因此，为获取订单、控制信贷及设定产品折扣的有效期限提供了科学的手段。

此外，对于复杂的订单，ERP 分销定价可以鉴别类似产品的定价条款和交货提前期，及时更新客户订单的产品及其配置。如果客户订单需要专项产品备用件或附件，可以在订单的备注项提供产品建议，节省订单输入时间和处理精力。因此，ERP 具有针对企业的产

品生命周期科学定价的作用。

2. 分销资源计划管理的其他效益

进行分销资源计划的有效管理还可以获得如下效益：

（1）支持决策。对中长期计划、分销作业进行模拟处理，“If - What”分析能在分销计划实施前预计结果，使得企业能够对资金预算、销售、运作、物料管理、生产排程按照时间序列进行预测。

（2）提高客户服务水平及企业对市场的反应速度。

（3）减少库存和生产成本，缩短生产周期。

（4）建立营销数据库，了解消费者满意度，对消费者数量、类型、对产品的忠诚度以及购买周期、购买频率等做出分析。

第四节 企业实施 ERP 前后的销售管理对比

一、实施 ERP 前企业存在的问题

由于市场规模迅速扩大，竞争日趋激烈，包括人工成本在内的销售成本越来越高，企业的市场营销管理越来越力不从心，主要表现在以下几个方面：

1. 潜在客户、客户、联系人、商业机会以及销售活动等各种信息难以集中体现

（1）销售人员无法及时全面地了解某个客户的所有业务活动情况，和客户打交道时容易犯错误。

（2）管理人员无法合理地分配客户资源，难以灵活调配销售个案。

（3）管理人员无法随时了解销售人员的客户跟进情况，难以预防客户流失。

（4）管理人员无法快速、动态地掌握每个销售人员的业务活动情况，难以有效地管理和监督销售人员的工作和公关费用的合理使用。

2. 缺少一个有效的销售过程监管工具

（1）例会、工作报告等现有的管理手段浪费了大量的人力、物力，且管理层得到的销售情况汇报往往是人为的、主观臆断的，销售过程也变得不确定、含糊随意，影响企业的销售业绩。

（2）销售的成败主要依赖销售人员的个人能力，无法发挥出团队协同跟进的力量。

（3）管理人员无法准确及时地把握全局的销售动态，无法适时地跟进业务的进展情况，难以及时调动相关资源促成订单。

3. 难以系统地处理分析企业在销售决策中遇到的问题

企业在销售决策中遇到的问题如下：

（1）如何找出最重要的行业和重要行业中的重要客户？

（2）如何了解大多数的业务机会产生的时间分布情况？

(3) 如何及时发现哪些业务机会处于停滞状态？它们停滞在哪些阶段？它们由哪些人员负责？是否可以派其他有经验的业务人员及时配合？

(4) 如何找出最有效的销售渠道？

(5) 如何在有限时间内完成销售指标？

二、实施 ERP 后的好处

在 ERP 系统中，销售管理模块在企业信息化中扮演了极为重要的角色，这是因为它涵盖的范围包含了所有创造企业利润的相关工作。成功地导入 ERP 系统的销售管理模块可为企业带来有形和无形利益。这些利益包括：缩短订单实现时间，减少订单处理时间与成本，减少运输与物流成本，加强消费者服务，增强市场渗透能力，改善实时交货效率，整合企业流程，整合信息流、物流与资金流，增加企业数据能见度等。

第五节 ERP 是电子商务的基石

以电子商务为代表的网络经济是知识经济的重要组成部分。电子商务对于开拓新的生产领域、销售领域，建立新的集团运作模式有积极作用。在市场竞争日益激烈的今天，企业的产品和服务本身已很难分出绝对的优劣，谁能把握客户的需要、加强与客户的沟通，谁就能取得竞争优势，捷足先登。因此，把客户、供应商以及合作伙伴连接成一条价值链已经成为企业间竞争的核心。

一、MRP Ⅱ/ERP 系统早期的分销管理、供应商管理（即电子商务）

近几年兴起的电子商务，起源于早期 MRP Ⅱ/ERP 系统应用企业之间用 EDI 手段进行的订单处理。电子商务有两种主要形式：商业对商业（Business to Business）、商业对消费者（Business to Customer）。利用电子商务进行企业之间的采购和销售是很重要的。

二、我国电子商务需要企业内部信息基础设施和 MRP Ⅱ/ERP 系统做后盾

随着我国市场经济的不断深入，企业内外部的运作方式大为改观。由于互联网大大缩小了时间和空间的距离，企业对外的接口界面大大扩展。MRP Ⅱ/ERP 是企业发展电子商务的基础，虽然电子商务时不我待，但没有 MRP Ⅱ/ERP，就不能开展真正的电子商务，MRP Ⅱ/ERP 是实现电子商务的基石（如图 6 - 2 所示）。

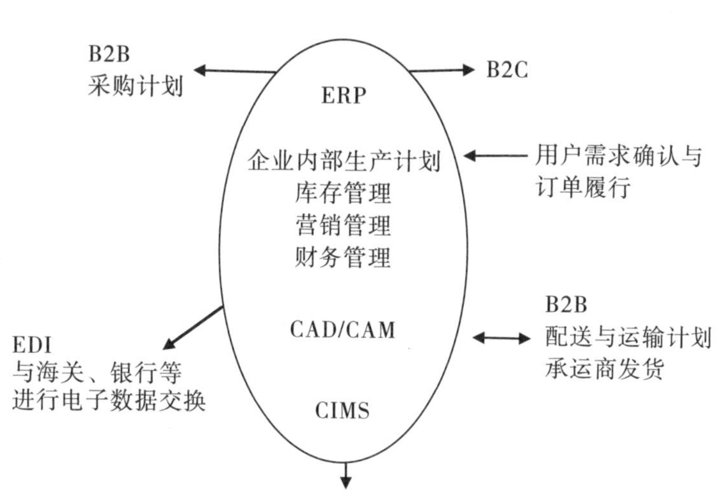

图 6－2　MRPⅡ/ERP 是实现电子商务的基石

（1）网站只是企业与消费者联系的窗口，客户订单的处理需要企业内部建立 MRPⅡ/ERP 系统。我国某些企业耗资几十万元建立网站，但是用户需求提升后，企业不能辨别需求的有效性和付款能力。客户在网上下了订单后，计算机不能及时向企业的生产系统发出补货订单，也不能查询订单会在什么时候完工。这说明电子商务没有渗透到企业内部业务中。因此，企业触网是需要 MRP Ⅱ/ERP 系统做后盾的。我国的家电企业康佳、科龙、美的实行网上销售与 20 世纪 90 年代企业致力于建立 MRP Ⅱ/ERP 系统有密切关系，也为企业向工业 4.0 过渡打下了基础。

（2）ERP 帮助企业内部业务计算机化。通过电话或互联网等各种接口，企业可以提供大量的、连续不断的客户服务，而提供这些服务的数据来源就是企业管理系统中的信息，如产品价格、序列号、维修记录等。ERP 和电子商务将促进我国企业更好地、更有效地与客户沟通，促进企业了解客户的需求和市场的变化，从而在销售和服务等方面提高企业服务水平和整体形象。因此，除了传统的财务、库存、销售、采购、生产等管理以外，涉及企业价值链的许多其他环节也被纳入 ERP 的管理范畴。

（3）供应链管理是电子商务的重要管理方式，ERP 与供应链管理也有密切的关系。供应链管理覆盖了从供应商的供应商到客户的客户的全部过程，是 ERP 系统的采购、制造、分销向企业的采购供应商和分销商的渗透，其中的手工信函、电话、传真和财务发票可以用 E－mail、微信等代替。ERP 供应链管理、电子商务共同促进了企业之间经营信息、财务信息和研发信息的共享，三者是互相作用、互相促进的关系。

（4）ERP 系统与 CAD、CAM 等技术结合，为企业制造的自动化水平提供了网络中枢。我国的办公自动化推动了后勤管理的现代化。ERP 与制造自动化相互推动，能够改造企业的生产系统，强化电子信息技术在生产第一线的应用。没有 ERP 的带动，CAD、CAM 等技术很难成功，因此，实施 ERP 能够加强制造系统的柔性，增强企业的订单履约能力。

随着“互联网+”及微信的兴起，制造企业的MRPⅡ/ERP系统应用将向自动化、智能化、生活化发展。

三、电子商务与ERP集成的基本流程分析

电子商务与ERP集成的基本流程可以概括为以下几个步骤：

（1）消费者在互联网上对企业网上销售商品进行比较，消费者确定商品后，输入一个订单请求。

（2）由于企业ERP分销系统与互联网相联，消费者确认的订单请求能够被分销资源计划自动接受。分销资源计划提供关于订货产品的可供销售量的查询，如果当地分销点库存能够满足，即马上发货并收款；如果当地分销点不能及时供货，则决定该产品为按照订单制造的产品，产生一个制造加工指令。

（3）制造加工指令传入ERP制造系统，纳入生产计划，进行需求分解，生产车间考虑物料、能力和加工排程的条件后，加工出产品并核算成本，成本进入ERP成本系统，完工产品经过运输发往经销点。

（4）ERP分销资源计划管理由运输传来的分销库存，并把产品送到消费者手中。消费者可以通过互联网查看订单状态，经销商也可以通过互联网通知消费者产品已经完工。消费者可以在互联网上完成产品的贷款支付，支付的金额通过ERP财务系统进入应收款或者现金管理系统。整个销售过程基本结束。

四、分销资源计划和电子商务对传统企业规模经济的挑战

传统经济学与管理理论认为，企业的规模存在要素报酬递减的趋势，存在规模经济的“临界点”。也就是说，企业规模扩大存在极限点，超过极限点，企业进一步扩大规模将导致企业经济效益下降，即规模不经济。

这是因为，随着企业规模的扩大，企业内部管理层次将迅速增加。管理层次增加导致信息沟通路径和信息传递时间也增加。因此企业规模扩大将导致信息经常性延误、失真、衰减，整个企业计划、指挥、控制的速度会越来越慢，出现“官僚主义”或“文牍主义”。

另外，由于传统工业企业的管理决策高度集中，经营决策主要集中在总公司，为了提高决策效率，企业需要的决策信息呈几何级数增加。由于高层决策人员收集和分析的决策信息离基层远，所以做出的决策容易与实际脱节，使企业的市场反应能力变差，患上“大企业病”。

传统企业规模临界点的存在主要是由于信息处理技术落后。跳出了信息处理的瓶颈，企业管理活动就能超越“临界规模”的限制。

20世纪90年代，计算机技术、网络技术、信息技术、ERP、BPR在企业兼并和扩张中被广泛应用，这些科学技术和管理手段帮助众多企业克服了传统管理从上至下等级森严的陋习，使企业实现了大规模发展或超大规模发展。20世纪90年代，大型企业通

过兼并、合并把不同企业的生产要素或资源进行整合，例如波音与麦道、大众与克莱斯勒、COMPAQ 与 DEC、AT&T 与 TCI 以及世界级大银行间的兼并就是对传统的企业规模理论发起的挑战，说明信息技术能够促进企业大规模发展，促使企业组织扁平化、决策灵活化。

五、现代物流企业的兴起

传统的物流企业为零售店、连锁店提供仓储、分拨和运送服务。近几年，随着供应链管理的加强，制造商、零售商和物流企业三方密切配合，大大增强了物流企业的第三方功效，缩短了货运周期，减少了储运成本。

1. 物流公司通过物流中心把零售商和生产商紧密结合起来，促进了社会分工

近几年，物流服务商把传统物流中心转变为客户服务中心、加工中心、维修中心和信息处理中心。物流公司通过物流中心把零售商和制造商紧密结合起来，让零售商和制造商的一些功能集中在一起，让他们放心地放弃一些原来的手头工作，把钱和时间用到刀刃上，加强社会分工。

例如，美国加利福尼亚州的三角网络公司在洛杉矶和长滩港附近拥有八座十万多平方米的仓库，拥有大量集散分送、交叉装箱的平台设施，这些设施可以帮助生产商减少修建仓库、配备分拨人员和分装设施的巨额费用。此外，三角网络公司的仓储中心还提供附加服务，替厂家将商品送到零售商柜台，并且提供商品包装、在包装箱上贴条形码、缝补衣服、压熨衣服、将衣服挂到衣架上、为每套服装贴上标签、为零售商和制造商开具电子发票等服务。这些服务使企业商品周转时间减少 1/3 ~ 1/2。

2. 物流企业的拼箱和分拨服务提高了仓储和运输设备的利用率

物流企业的兴起以及供应链管理的加强，使得制造企业重新审视自己的物流分拨方式，尽量利用拼箱和分拨服务提高仓储和运输设备的利用率。有的物流企业甚至撤掉静态的分销中心，把分销中心建立在动态的运输工具上。

例如，本田美国公司将来自 405 家供应商的零部件运到设在俄亥俄州马里斯维尔的制造厂，公司用交叉装箱平台管理系统进行管理，每隔一小时就运送一次货物，物流调配保证卡车始终满载，本田美国公司一年内因此而节省的零部件供应运输费用达 100 万美元。

六、ERP 分销资源计划在我国的应用前景

现代企业的经营和运作是一项极具挑战性、风险性和创造性的事业，不但反映在企业的制造系统和财务系统中，也反映在企业的营销系统中。在激烈的市场竞争中，企业的发展壮大要求其在营销系统上也必须稳扎稳打，切忌盲目跟风、贪大求全。

近几年掀起的电子商务、ERP 热潮，对于某些管理基础不强的企业来说并不适合。因为我国传统的流通领域滞后于生产企业的改革，批发体系、总经销总代理的运营机制仍是

计划经济时代的模式，多数流通领域的批发零售商从本位利益出发不能提供物流设施，不能完成制造与销售的对接。

我国目前的物流企业在不断发展壮大，传统的储运企业正逐步走向专业化、系统化、网络化、信息化、规模化，是流通业和制造业衔接中“正在开垦的黑土地”，也是我国新的经济增长点。由于在我国的连锁企业中商品配送比例一般只有60% ~70%，有的只有30%，与国外配送比例达90%相差很远，因此，广大企业仍然采用自建营销网络、自设代理分销点进行商品的转发、调拨，难以实现物流配送的专业化、社会化、规模化和现代化。我国商业流通企业的改革是滞后于工业、企业改革的，有必要回顾国外“一战”后70多年营销领域的变革，总结工业、企业改革的经验，加快流通领域的改革进程。

今后，MRP Ⅱ/ERP系统的深入应用将促进企业内部实现物流、信息流、资金流的统一，企业走出厂门后将进一步运用分销资源计划实现企业流和社会商流的统一，从而实现现代企业经营的物流、资金流、信息流、商流的融会贯通。

案例

A公司持续改进ERP系统，探索企业营销模式①

一、A公司概况

A公司是一家专业从事清洁能源（燃气）和可再生能源（太阳能、空气能）的高效利用，以产品和服务为核心价值的低碳、智慧型企业集团，主营业务是发展热水和关联产业（热水系统、采暖系统、水净化系统）、厨房和关联产业（整套厨电、集成橱柜、生活电器、空气净化器），为客户提供家居（商用）热水、采暖及厨房的产品及整体系统解决方案。

A公司在国内燃气热水器市场份额连续23年保持领先。迄今为止，共主导编制了《家用燃气快速热水器》国家标准、《家用燃气灶具》国家标准及《冷凝式家用燃气快速热水器》行业标准等近50项国家、行业、地方标准，也获得了“国家重点高新技术企业”“国家认定企业技术中心”和“博士后科研工作站”三大国家级认定。

二、A公司ERP的发展历程

A公司ERP的实施主要分为三个阶段，一是无序建设阶段，这一阶段的主要工作内容是构建单一局部系统，2004年以前企业自行开发管理信息系统；二是恢复建设阶段，在2004—2009年，企业全局构建ERP系统，引入实施甲骨文公司的EBS ERP系统，通过引

① 资料来源：暨南大学2016级本科生企业实地调研案例（为保护公司隐私，该案例中的公司名称均由A公司代替）。

入产品数据管理（PDM）及流程审批系统，优化企业内部的系统，实现整合；三是重整规划阶段，2009—2017 年是对系统进行延伸和优化，引入客户关系管理系统（CRM），建立销售订单、市场费用管理系统；引入 SCM 管理系统，建立供应商平台；引入 BMS 与 O2O 系统，建立渠道管理与终端导购销售管理，使得系统能够更加适合企业发展的需要，并追求社会协同和共赢。

表 6－2 A 公司 ERP 实施进程

时间	实施内容
1990 年	自行开发管理信息系统
2000—2004 年	用友 UF－U8M 系统
2004 年	引入甲骨文公司 EBS ERP 系统
2005—2007 年	使用自主开发的文件流程管理系统
2007 年	引入 PDM 及流程审批系统
2009 年	引入客户关系管理系统，建立销售订单、市场费用管理系统
2011 年	引入 SCM 管理系统，建立供应商平台
2015 年底	引入 BMS 与 O2O 系统，建立渠道管理与终端导购销售管理
2016 年至今	建立营销生态支持体系； 建立生产供应生态支持体系； 建立统一各层级决策的平台体系； 统一门户、统一数据引擎、统一流程引擎； 建立研发仿真体系； 采用先进的基础设施，如混合云服务、智能大厦等

三、ERP 系统实施情况

（一）客户关系管理

客户关系管理是企业为提高核心竞争力，达到竞争制胜、快速成长的目的，而树立的以客户为中心的发展战略，并在此基础上展开的包括判断、选择、争取、发展和保持客户所需的全部商业过程；是企业以客户关系为重点，通过开展系统化的客户研究，以及优化企业组织体系和业务流程，提高客户满意度、忠诚度和企业效率、利润水平的工作实践；也是企业在不断改进与客户关系的全部业务流程中所创造并使用的先进信息技术、软硬件和优化管理方法、解决方案的总和，最终实现电子化、自动化运营的目标。

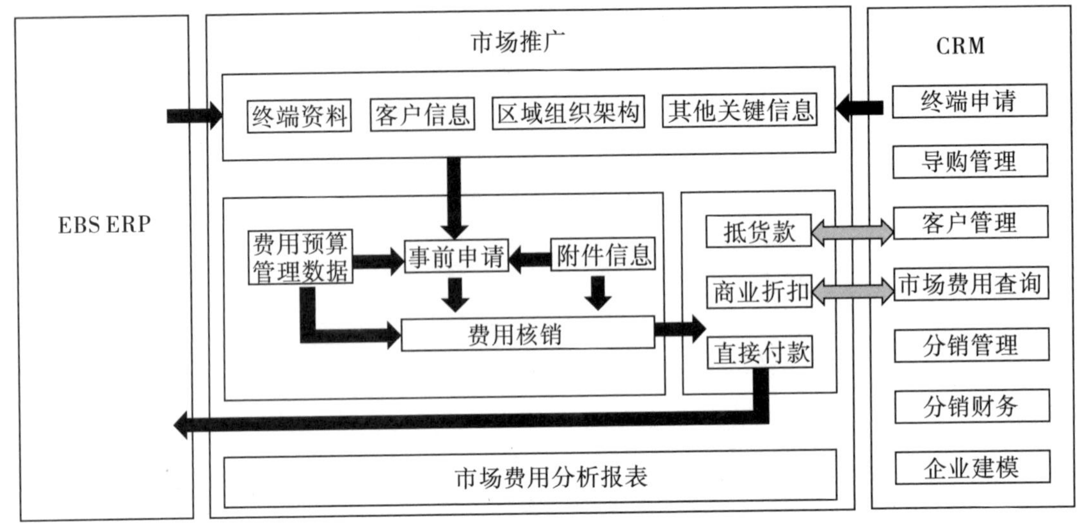

图 6-3 客户关系管理系统示意图

1. 预算管理

导入全面预算管理、全程预算控制思想，实现各项费用的事前控制、事中跟踪、事后分析。

2. 市场营销管理

加强对零售终端的管理，严格终端审批流程；加强对导购员的人力资源管理，细化导购员的薪资体系，实现灵活的、差异化的薪资体系；强化促销费用的预算管理，及时查询、追踪促销费用的使用情况，并加强对展台、展柜等高值物料的跟踪管理。

3. 分销管理

通过灵活的、差异化的价格体系和经销商政策，快速响应复杂多变的市场环境；进行计划流、物流、资金流的统一管理，系统自动刚性地执行价格与奖励政策，使销售的业务平台向营销中心、经销商下移，实现销售结构的扁平化；让经销商、承运商等企业营销业务的合作伙伴能登录系统自主开展与 A 公司相关的业务，实现厂商信息一体化。

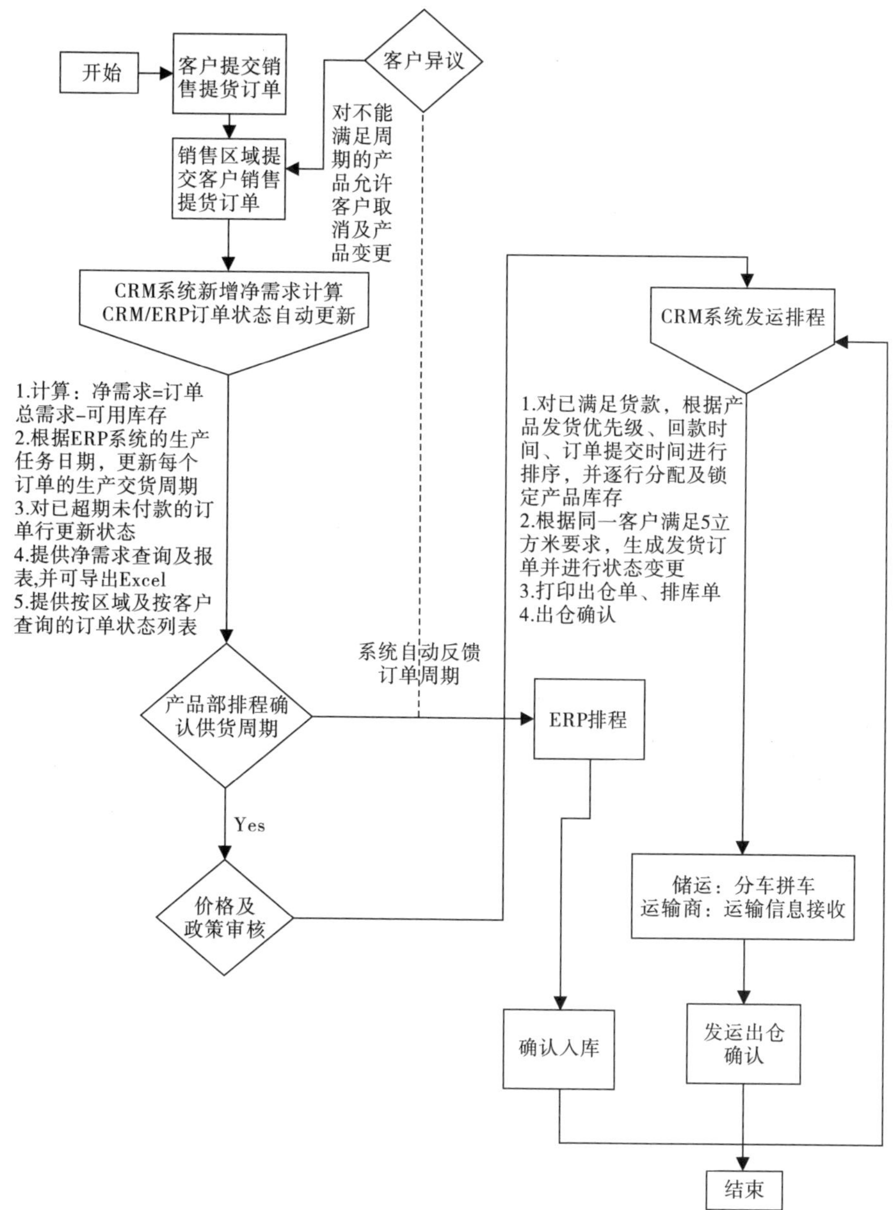

图 6-4　客户关系管理系统流程图

（二）企业信息管理平台

BMS（Business Management System，企业信息管理平台）对经销商的采购、销售、库存这三项进行管理，并实现经销商与工厂的全面信息连接。使用者为经销商、办事处。BMS 首先打通公司、物流商、经销商、终端渠道通路，获取终端零售数据，为营销决策提供数据支持；其次，通过系统信息的整合，提升市场反应速率，从而提升经销商自身管理水平，实现厂商信息一体化；最后，为营销政策考核提供依据，并且经销商自助下达采购订单。

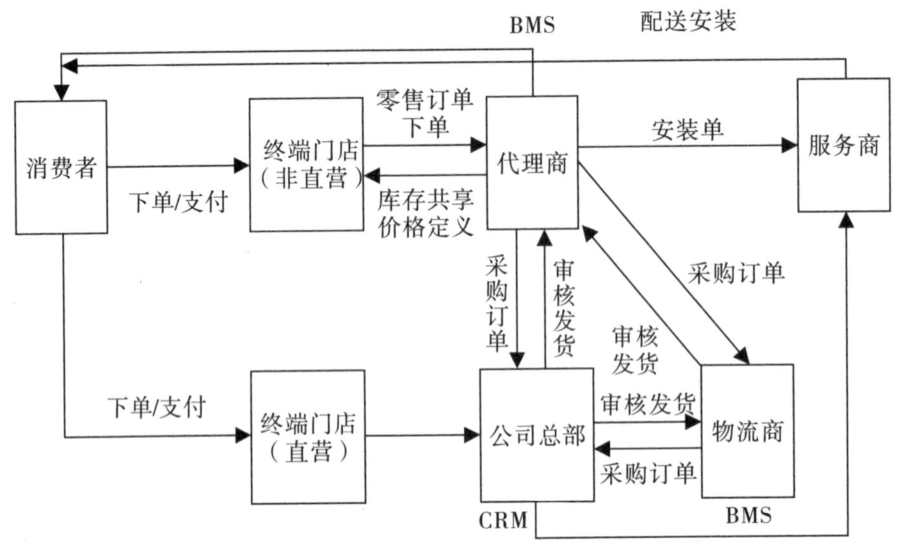

图 6-5 企业信息管理平台

（三）实践应用

案例：建造更加完善的营销渠道系统。

案例背景：A 公司面临大数据时代营销模式变革。

导入方案：建设 BMS、O2O 直销宝及 CRM 分销模块为一体的营销渠道系统。

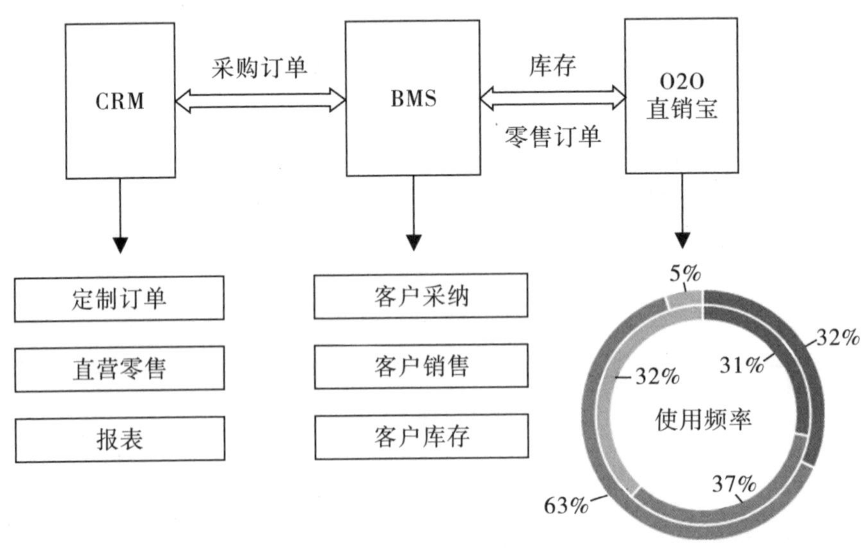

图 6-6 营销渠道系统示意图

结果：不仅整合了企业内部 ERP 及其他管理平台，打通各平台之间的数据传递，避免形成数据孤岛，还为 A 公司量身开发了定制化订单模式。由销售定制订单驱动生产、发运计划，以高效、敏捷的方式指导产品供应及发运配送，以快捷、准确的方法实现应收对账及应收结算，有效支持了公司的生产、供应管理决策。未来还往以下方向进行深度发展：

（1）经销商自助交易平台。打通A公司与物流商及代理商的信息对接，由经销商自助下单、查询、对账，将目前办事处琐碎繁多的事务交由信息系统完成。

（2）建立B2C零售体系。提供零售直营平台，打通门店—办事处或代理商—物流商—服务商之间的信息传递通道，同时鼓励开拓更多门店、网点，增加终端数量。

（3）电商零售O2O平台。将线上流量导入线下，使用就近接单送货原则，打造极速的配送模式，让传统渠道分享电子商务红利。

（4）定制化平台。提供个性化的定制产品，企业向基于客户订单和需求的快速响应转变。

四、A公司MRP实施前后对比

（一）实施MRP前A公司遇到的问题

A公司早期打造的是产品事业部的组织架构，而销售模块其实是分散在各直线末端的，即由各产品本部下分属管理的产品销售人员负责对应产品在各地的销售。虽然这样的销售责任安排可以让企业产品销售更加精确和细致，但是随着A公司逐步走向大市场，这样的销售安排无法跟上市场的需求变化。A公司的产品订单甚至很难维持正常运转，打破传统销售架构、适应市场变化是非常必要的。

A公司各产品部门下的销售端过于零散，不利于公司内部相关合作职能部门的沟通往来，会导致销售端和企业内部供应的信息滞后，容易造成资源的重叠和人力成本的增加，而且也不方便后方的物料和制造规划。

（二）实施MRP后A公司的改善

1. 零售终端体系

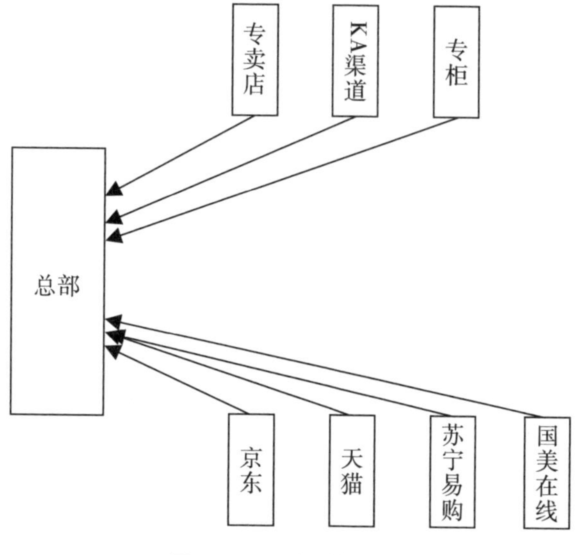

图6-7　零售终端体系

（1）线下零售终端体系：集“KA 渠道—专卖店—专柜”为一体的多元化线下零售渠道，拥有 9 373 个遍布全国的线下零售终端。

（2）线上零售终端体系：集“京东—天猫—苏宁易购—国美在线”为一体的多元线上零售平台。

A 公司的零售终端体系满足了消费者在任何时候、任何地点以任何方式购买的需求，采取实体渠道、电子商务渠道和移动电子商务渠道整合的方式销售商品或服务，给消费者提供无差别的购买体验。

零售终端体系为 A 公司拓展了除实体商圈之外的线上虚拟商圈，让 A 公司的商品、服务可以跨地域延伸，也可以不受时间限制进行交易；实施全渠道营销的整合不仅为 A 公司打开千万条全新的销路，同时能将 A 公司的资源进行深度的优化，让原有的渠道资源不必再投入成本而能承担新的功能，如为实体店增加配送点的功能；通过线上线下会员管理体系的一体化，让会员只使用一个账号就可以在所有的渠道内通行，享受积分累计、增值优惠、打折、促销等服务。

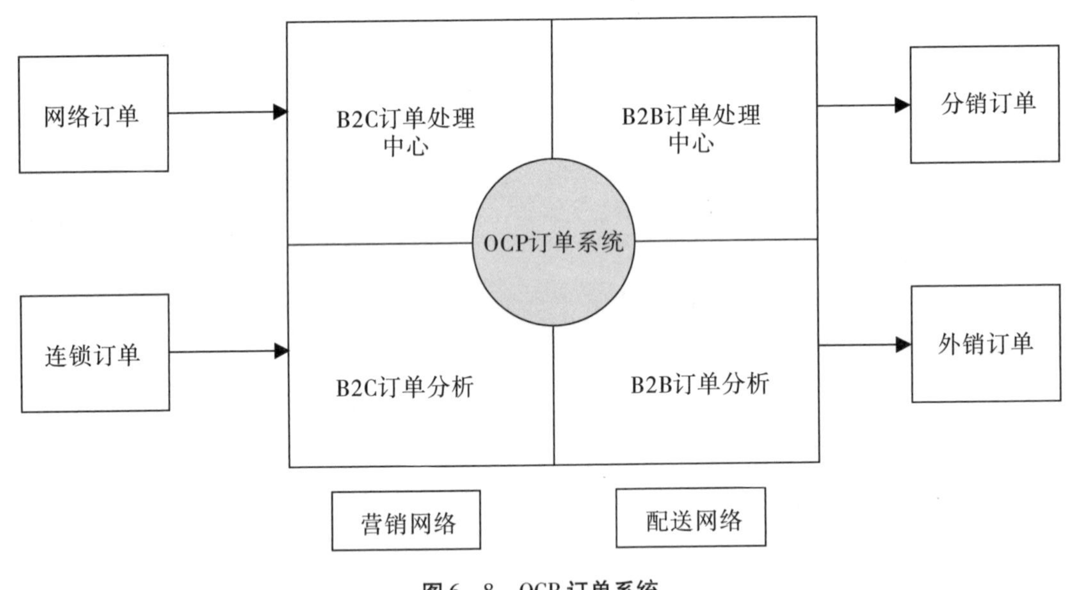

图 6-8　OCP 订单系统

2. CRM 业务营销平台

A 公司利用 CRM 业务营销平台加强对零售终端的管理，严格终端审批流程；加强对导购员的人力资源管理，细化导购员的薪资体系，实现灵活的、差异化的薪资体系；强化促销费用的预算管理，及时查询、追踪促销费用的使用情况。

五、A 公司持续改进和优化 ERP 系统

（一）合作共赢的思想

ERP 的核心就在于围绕供应链中最核心的部分展开工作，将处于供应链节点上的所有

的企业信息进行有效整合，在企业外部通过信息共享达到及时协调不同企业产品产能以优化配置 ERP 的目的，在企业内部则通过对企业内部流程的优化、重组、更改达到各种资源的合理有序的配置。通过推行 ERP，企业的各项资源得到了整合，增强了企业内部的效率，稳定了企业外部的供应商、分销商、客户之间的关系，与处于供应链上的各类企业结成了战略 ERP 的关系，从而达到了与所有企业合作共赢的最终的局面。

（二）精益生产的思想

在企业内部，各种资源是有限的，是受到各种客观条件约束的。要想用最小的资源产出最大的产能，必须通过 ERP 系统的计划模块对各种资源进行约束条件下的资源配置，最著名的沏茶模型就是按照这个思想来检验 ERP 系统的实施效果的。在资源配置充分有效的情况下，精益生产（Lean Production，简称 LP）就是一个重要的方面。所谓精益生产，又称精良生产，其中“精”表示精良、精确、精美等产品质量方面；“益”表示利益、效益等产品利益方面。精益生产就是及时制造，消灭故障，消除一切浪费，向零缺陷、零库存进军。ERP 中对物料系统的各种控制，就是精益生产的表现。

（三）敏捷思想

“敏捷后勤”原本是美国军方对敌作战时的一种管理观念，它原本的目的是在资源有限、军事预算减少的情况下，取得最小的后勤资源耗费；在信息技术及运输技术高度发达的情况下，增加保障反应灵敏度；提高保障设施的生存能力及质量，减小后勤规模；以较少的备件获得更加有效的使用。现在这一思想已经融入 ERP 的管理软件思想之中，通过对若干个模块、仓库的优化配置达到用最小的成本完成各项业务的目的。

讨论：

1. A 公司 ERP 系统的实施情况怎么样？
2. A 公司是如何持续改进和优化 ERP 系统的？

【本章小结】

本章介绍营销的发展史以及我国企业营销模式的改变。通过介绍分销资源计划，对企业实施 ERP 前后销售管理情况进行对比以及介绍 ERP 是电子商务的基石，进一步说明实施 MRP Ⅱ/ERP 系统对实现营销管理科学化的作用。

【讨论题】

1. 我国企业营销模式发生了哪些改变？
2. 企业实施 ERP 系统销售管理模块后有什么好处？
3. 调查一家实施了 ERP 系统的企业，看看 ERP 系统是如何改善企业的销售管理的。
4. 电子商务与 ERP 集成的基本流程有哪几个步骤？

第七章　ERP 系统会计中的财务会计与管理

与会计一样，财务也能帮助决策者进行决策，但财务关注的是公司如何筹集资金进行投资，目的在于使公司和所有者的财富变得更多。财务管理是基于企业再生产过程中客观存在的财务活动和关系而产生的，是组织企业资金活动，处理企业同利益相关者的财务关系的一项经济管理工作，是企业管理的重要组成部分。财务管理渗透到企业的各个领域、各个环节之中。

第一节　财务会计与管理会计

会计一般可以分为两个方向：管理会计和财务会计。管理会计是组织内部为管理者提供计划、实施和控制组织活动方面信息的一个过程，这个过程包括为完成管理的功能所需要的信息的确认、计量、归集、分析和解释。管理会计也称内部会计，主要是满足企业内部各级管理人员的需求，从而达到对企业内部经营状况的管理和监督。财务会计也称外部会计，主要依据法律向企业外部人员公布满足法律规定的各种报表信息，例如资产负债表、损益表等。

这两种会计的差别主要是面对的使用群体不同，管理会计主要是为了满足内部管理人员的需要，而财务会计要满足包括所有者、借贷者、管理人员、雇员、顾客、供货商、竞争者、投资分析家、政府以及社区代表等利益相关者的需要。两种会计的主要差别如表 7－1所示：

表 7－1　管理会计与财务会计的区别

区别点	管理会计	财务会计
必要性	非强制性的	必要的
目的	协助管理的一种手段	为外部使用者提供报表
使用者	相对小的群体，知道其身份	相对大的群体，大部分都不了解
基本结构	依信息的使用而定	基本公式：资产＝负债＋所有者权益
遵循的原则	对管理层有用	公认的会计准则（GAAP）
时间范围	历史的以及对未来的估计	历史的
信息内容	货币的以及非货币的	主要是货币的
信息准确程度	很多近似的	更少近似的

（续上表）

区别点	管理会计	财务会计
报告频率	依目的而定，常常按月或周	按季度和按年度
报告时限	在会计期间结束后立刻报告	延迟数周甚至数月
报告主体	责任中心	组织整体
潜在责任	一般没有	极少法律诉讼，但存在危险时刻

资料来源：ANTHONY R N, et al. Accounting: text and cases [M]. 11th edition. Boston: Northeast university of finance and economic press, 1998.

第二节　ERP 系统中的财务会计模块与管理会计模块

ERP 系统下的财务像传统的财务会计一样为企业提供发票、月对账单、财务报表以及其他财务信息，这些对外财务报表必须符合有关的会计标准和法律法规。传统的财务信息与 ERP 系统下的财务会计信息的最大区别在于后者把财务信息与其他的诸如生产物料信息、后勤信息、库存信息、销售和采购信息等都集成在一个共享的集成化数据库里。例如，当产成品被运入仓库时，ERP 系统的财务会计模块立刻使用最新的成本信息对有关财务报表进行更新，它所提供的是关于成本变动情况的最新信息，从而使企业可以使用准确的信息来做出关于产品定价和利润率方面的决策。图 7 - 1 是 SAP R/3 系统的财务图：

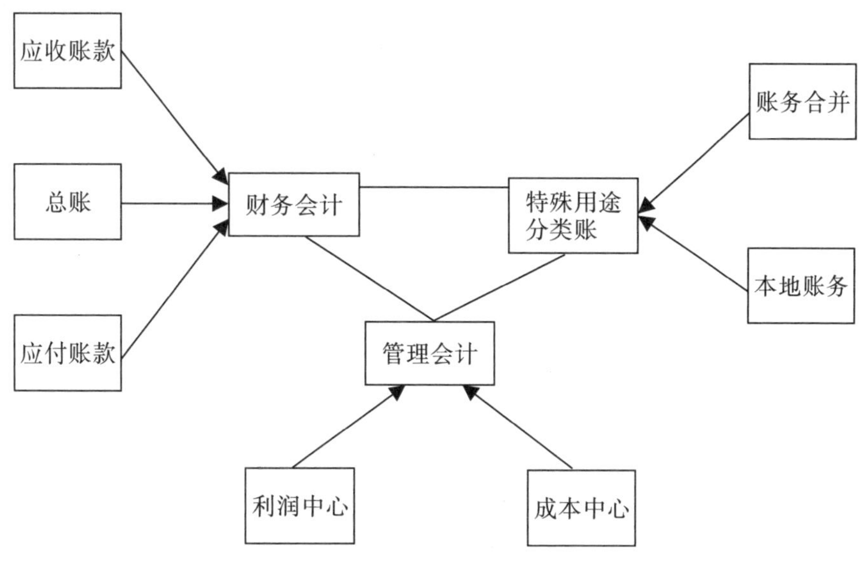

图 7 - 1　SAP R/3 系统的财务图

资料来源：SAP 公司专利。

ERP系统下的管理会计主要关注企业的成本控制与盈利能力分析。SAP R/3系统中的控制是指所有提供可靠并有效的决策的成本核算任务。成本控制关键功能包括：①决定产品制造成本；②分析和控制费用；③进行获利性分析，比较收益和成本；④制订成本计划，通过计划分析变量。

由图7-1可以看到，在财务会计模块下，有应收账款、总账和应付账款三个子模块。当然，财务会计模块远不止这三个子模块，但这三个子模块是财务会计模块中最基本的模块，在接下来的章节中将重点介绍这三个模块的运作流程。在管理会计模块下，本书将重点介绍利润中心、成本中心两个子模块。

第三节　我国财务信息化的发展轨迹

我国财务管理的发展历程，一般公认的可以划分为几个阶段，如表7-2所示：

表7-2　我国财务管理的发展历程

时期	特征
记账型时期（20世纪80年代初以前）	20世纪70年代末以前，完全采用手工形式的记账型会计。1978年，第一汽车厂首次将计算机与财务工作结合起来，标志着我国财务电算化的开始，但这一时期的特点是模仿手工记账，无法体现财务在企业中的核心地位
核算型时期（20世纪80年代中期至90年代初期）	20世纪80年代初，会计软件“先锋”问世，促进我国财务电算化由简单记账向核算方向发展。此时的财务软件几乎涵盖了企业全部的财务工作，并采用电子报表、账务集成系统和集团报表汇总、合并系统等
管理型时期（20世纪90年代中期至今）	ERP思想的成熟，使各企业意识到不仅要合理规划和运用自身各项资源，还需要将经营环境中的客户、供应商、分销商、库存等经营资源紧密结合起来，动态地监控经营成本和资金流向，从而提高财务管理在企业决策中的重要性

图7-2是财务管理信息系统（FMIS）与ERP的演变过程，可以看出，财务管理信息系统对整个企业的运营的影响越来越大，由以前的记账、核算到现在的集成管理，直接为企业的战略运营提供决策支持。

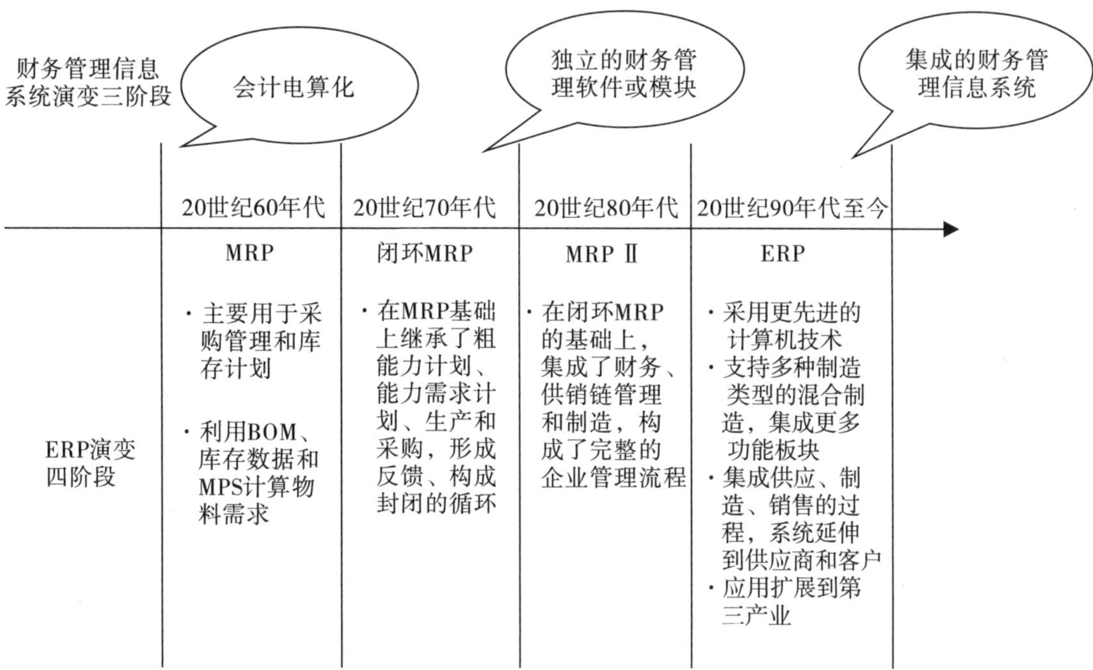

图 7－2　ERP 与财务管理信息系统的演变

资料来源：毕博战略投资。

第四节　ERP 中的财务管理信息系统

对于财务管理信息系统，赛迪的定义是“能够帮助企业对各类财务数据进行处理和分析，管理和监控财务活动，并与投资方进行沟通，是企业管理信息系统的核心组成部分”。如图 7－3 所示，财务管理信息系统将人力资源管理系统、生产系统、销售/分销系统、客户关系管理系统的信息全部集中处理，让管理层能够轻松在线远程查询企业的运作情况，并生成内外部财务报表供企业的决策层或外部利益相关者进行在线分析。

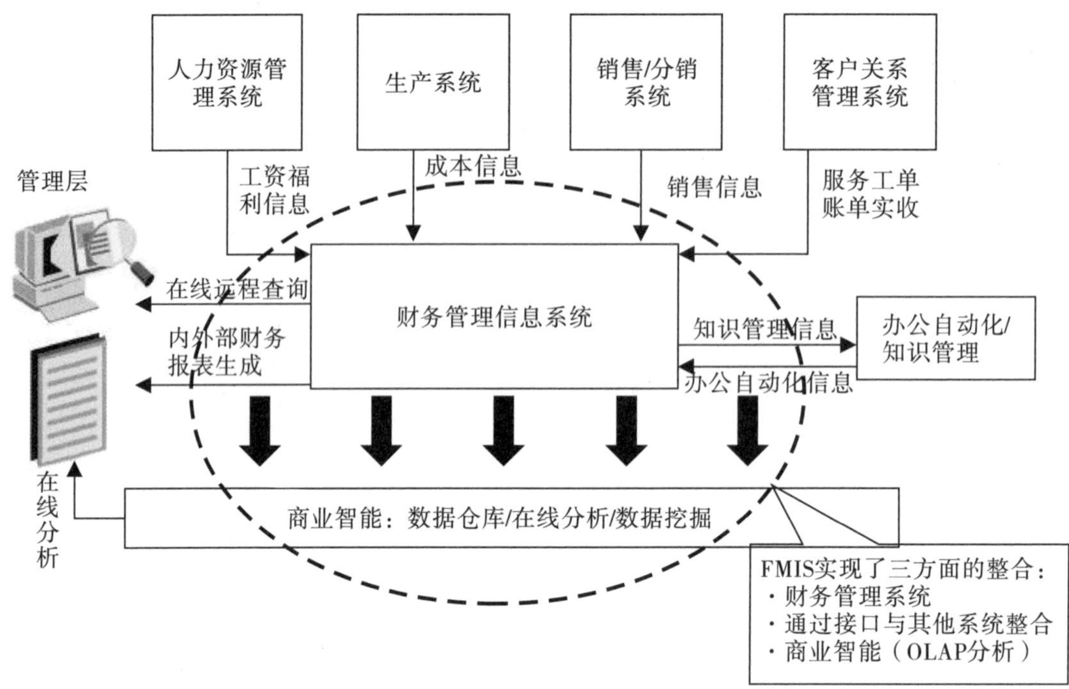

图 7-3　ERP 中财务管理信息系统和其他系统的关系

资料来源：毕博战略投资。

无论是在传统的 MRP Ⅱ还是在 ERP 中，财务管理始终是管理系统中的核心模块。会计和财务管理的对象是企业的资金流，是对企业财务状况和经营成果的衡量和体现。ERP 系统中的财务会计模块与传统财务软件的区别，如表 7-3 所示：

表 7-3　传统财务软件与 ERP 系统中财务会计模块的区别

区别点	传统财务软件	ERP 系统中财务会计模块
对财务管理内容的影响	传统财务软件主要针对厂房、机器设备、资金等有形资产，无法有效地评估企业的无形资产	ERP 系统不仅有财务会计模块，还集成了人力资源模块、供应链管理模块等一系列模块，能够从各方面评估、分析企业中越来越重要的无形资产
提供的信息	主要是生成财务报表	不仅能生成财务报表，还能提供多种管理性报表和查询功能，为战略决策和业务操作等各层次的管理需要服务
对企业管理模式的影响	强调的是事后收集和反映会计数据，与以前的手工记账没有本质性的区别	强调的是事前计划和及时调整，能够实现信息流、资金流、物流的三流合一

（续上表）

区别点	传统财务软件	ERP 系统中的财务会计模块
对业绩评价方法的影响	只能是一种事后的评价手段，而且由于信息孤岛的原因，评价的过程也都是一个个孤立的环节，从而忽视了对质量、时效、资本成本的考核	强调管理会计的功能，以项目管理为核心，将项目作为成本中心、利润中心进行考核，并对项目进行预测、控制和分析，能够实时地评估每一项活动的绩效

第五节　基于 ERP 系统的财务管理信息的新特点

ERP 财务管理信息系统将信息流、资金流和物流进行高度集成，实现了从事后财务会计信息核算，到财务会计信息事前预测、事中控制，再到多层次、全球化财务管理支持的转变。ERP 财务管理信息系统能对全球市场信息做出快速反馈，降低各类经营成本和缩短产品进入市场的周期，为企业提供强大的财务分析和决策支持。与传统的财务软件相比，ERP 财务管理信息系统有以下几个特点：

（1）吸收并内嵌了国际先进企业的财务管理实践，改善了企业会计核算和财务管理的业务流程。例如：在 SAP R/3 系统中发生的所有业务都依据凭证的有关规定记账，这将保证从资产负债表到每一张凭证的审计线索。在用户完成记账之后，可以立即看到凭证本身、科目的余额以及相关科目的清单，用户也可以立即对资产负债表和损益表进行分析。

（2）财务与业务的协同。ERP 系统中信息资源实现了充分共享，数据资源实现了流畅传递。财务管理信息系统不仅在内部与各模块充分集成，而且在外部与供应链和生产制造等系统达到了无缝集成，使得企业各项经营业务的财务信息能及时准确地得到反馈，从而加强了对资金流的全局管理和控制。例如：当用户在后勤模块处理业务时，物料的接收和发运业务所引起的财务上的变动将立即自动地记入会计系统。此外，SAP R/3 系统为用户提供了电子化处理，同业务伙伴之间交换数据的功能，能及时汇总与客户、供应商、银行、保险公司以及其他信贷机构的业务往来。

（3）强调面向业务流程的财务信息的收集、分析和控制，使财务管理信息系统能支持重组后的业务流程，并做到对业务活动的成本控制。由于工业自动化程度的提高，直接和间接人工费用开始随着弹性工作组的形成而变得模糊起来，根据直接人工来分配所有间接和固定生产费用的成本的假设已经不再准确。基于作业的成本核算，根据业务处理过程中使用的资源情况来分配成本，并根据处理过程中的使用情况将成本分配到成本对象中，例如产品或客户组等。基于作业的成本核算补充了标准成本、中心成本核算的分析功能，作业成本核算（Activity - Based Costing，简称 ABC）分析为实行新的管理技巧创建了基础，使得有关投资、改进处理、营销等复杂的战略决策能使用更加准确的信息。

（4）更全面地提供财务管理信息，为包括战略决策和业务操作等各层次的管理需要服务。除了提供必须的财务报表外，ERP 还提供多种管理性报表和查询功能，并提供了易于最终用户使用的财务建模和分析模块，例如，甲骨文公司的 Financial Analyzer 和 OLAP。

（5）支持企业的全球化经营，为分布在世界各地的分支结构提供一个统一的会计核算和财务管理平台，同时也支持各国当地的财务法规和报表要求。例如，提供多币种会计处理功能，支持各币种间的转换；支持多国会计实体的财务报表合并；支持基于 Web 的财务信息处理。

第六节　ERP 系统中财务管理信息系统的结构

ERP 系统是一个完整地将企业所有资源集成化管理的信息系统，即对企业的物流、资金流、信息流进行全面一体化管理。在企业中，一般的管理主要包括三方面的内容：生产控制（计划、制造）、物流管理（分销、采购、库存管理）和财务管理（会计核算、财务管理）。这三个方面本身就是集成体，互相之间有相应的接口，能够整合在一起对企业进行管理。

清晰分明的财务管理对于企业来说是极其重要的。所以，在 ERP 整个方案中，财务管理信息系统是不可或缺的一部分。ERP 财务管理信息系统与一般的财务软件不同，作为 ERP 系统中的一部分，它和系统的其他模块有相应的接口，能够相互集成。例如：它可将由生产活动、采购活动输入的信息自动计入财务管理信息系统并生成总账、会计报表，取消了输入凭证的烦琐过程，几乎完全替代以往传统的手工操作。一般的 ERP 软件的财务部分分为会计核算与财务管理两大块，如图 7－4 所示：

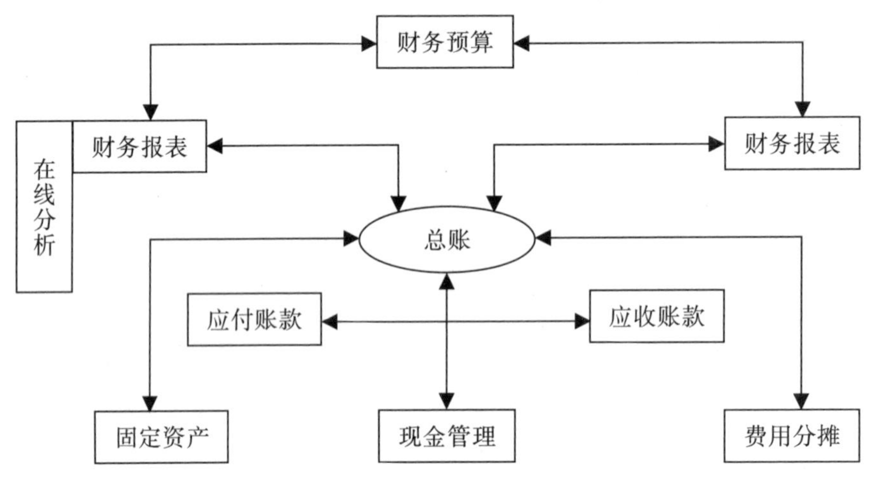

图 7－4　财务管理信息系统结构

一、会计核算

会计核算主要是记录、核算、反映和分析资金在企业经济活动中的变动过程及其结果，它由总账模块、应收账款模块、应付账款模块、现金管理模块、固定资产核算模块、多币制模块等部分构成。

（1）总账模块。总账模块是财务管理信息系统的集合地。在这里可以定义总分类账、明细分类账的架构，根据架构进行总账会计科目及明细账科目的设置。它的功能是处理记账凭证输入、登记，输出日记账、一般明细账及总分类账，编制主要会计报表。总账模块是整个会计核算的核心，其他各模块都以总账模块为中心来互相传递信息。

（2）应收账款模块。是指企业应收的由于商品赊欠而产生的正常客户欠款账。它包括发票管理、客户管理、付款管理、账龄分析等功能。应收账款模块和客户订单、发票处理业务相联系，同时根据各项事件自动生成记账凭证，导入总账。

（3）应付账款模块。会计里的应付账款是企业应付购货款等，它包括发票管理、供应商管理、支票管理、账龄分析等功能。它能够和采购模块、库存模块完全集成以替代过去烦琐的手工操作。

（4）现金管理模块。主要是对现金流入流出的控制以及对零用现金、银行存款的核算，包括对硬币、纸币、支票、汇票和银行存款的管理。ERP 系统提供了票据维护、票据打印、付款维护、银行清单打印、付款查询、银行查询和支票查询等功能。此外，现金管理模块还和总账、应收账款、应付账款等模块集成，自动产生凭证，导入总账。

（5）固定资产核算模块。完成对固定资产的增减变动以及折旧有关基金计提和分配的核算工作，能够帮助管理者了解目前固定资产的现状，并能通过该模块提供的各种方法来管理资产，以及进行相应的会计处理。固定资产核算模块的具体功能有登录固定资产卡片和明细账，计算折旧，编制报表，以及自动编制转账凭证，并导入总账。固定资产核算模块和应付账款、成本、总账模块集成。

（6）多币制模块。多币制模块是为了适应当今企业的国际化经营，以及外币结算业务增多而产生的。多币制模块将企业整个财务系统的各项功能以各种币制来表示和结算，且客户订单、库存管理及采购管理等也能使用多币制进行交易管理。多币制模块和应收账款、应付账款、总账、客户订单、采购等各模块都有接口，可自动生成所需数据。

（7）工资核算模块。自动进行企业员工的工资结算、分配、核算以及各项相关经费的计提。工资核算模块能够录入工资，打印工资清单及各类汇总报表，计算计提各项与工资有关的费用，自动做出凭证，导入总账。这一模块是和总账、成本模块集成的。

（8）成本模块。成本模块将依据产品结构、工作中心、工序、采购等信息进行产品的各种成本的计算，以便进行成本分析和规划。还能用标准成本法或平均成本法按地点维护成本。

二、财务管理

财务管理的功能主要是基于会计核算的数据再加以分析，从而进行相应的预测、管理和控制活动。它侧重于财务计划、控制、分析和预测。

（1）财务计划：根据前期财务分析做出下期财务计划、预算等。

（2）财务分析：提供查询功能，通过用户定义的差异数据的图形，显示财务绩效评估、账户分析等。

(3) 财务决策：财务管理的核心部分，中心内容是做出有关资金的决策，包括资金筹集、投放及资金管理。

第七节 SAP R/3 系统中的财务模块

如图 7－5 所示，人力资源、库存管理、采购、销售信息都将以票据的形式汇集到总分类账模块中，这些数据来自后勤中运作或计划的业务，并对科目表中的科目进行更新。如果这些业务在会计中被模式化，则可以在财务模块中通过过账来完成。接收和开出发票也可通过后勤组件创建。库存管理模块中的信息变动直接自动反映到应收账款模块，采购模块中的信息变动直接反映到应付账款模块中。所有信息通过总分类账模块生成资产负债表和损益表，从而为企业提供产品成本、间接成本、财务报表以及利润中心等所需的财务信息。由于财务会计系统中的每个应用软件都基于统一的数据结构，每项业务交易的单独处理都具有高度的系统集成性，这保证了总分类账与子分类账等会计账目的自动更新。

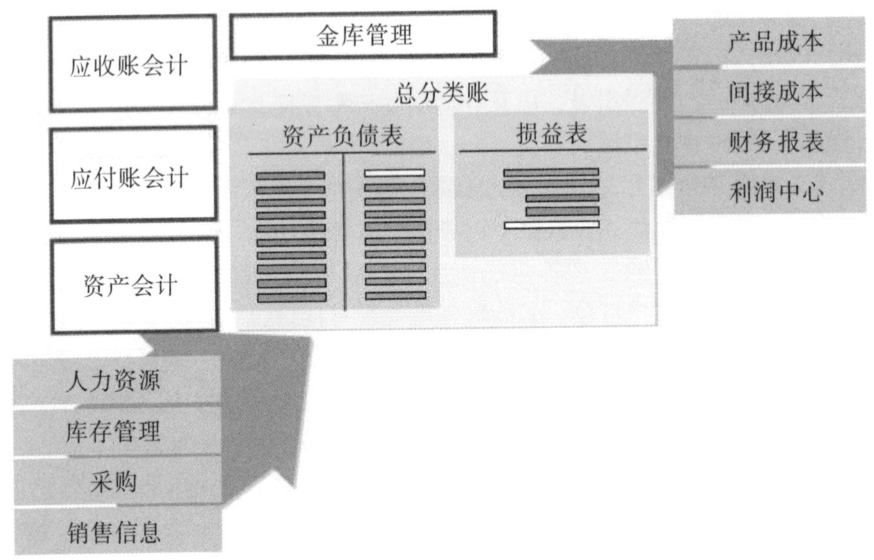

图 7－5 公司财务会计流程图

资料来源：SAP 公司专利。

图 7-6 是 SAP R/3 系统中应收账款模块的运作流程，应收账款模块是在 SAP R/3 系统中对客户账户进行监测与控制的模块。

在此模块中，账户分析、示警报告、逾期清单以及灵活的催款功能都使用户可以方便地处理客户未清项。而信函功能适合任何企业的要求，可以用于付款通知书、对账单和账户清单。

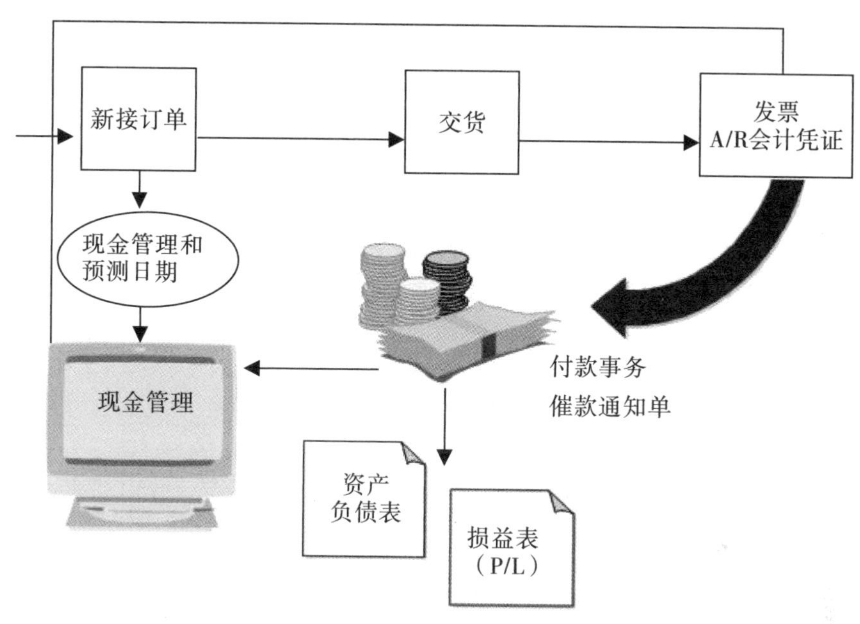

图 7-6 SAP R/3 系统中的应收账款模块

资料来源：SAP 公司专利。

在收款时，用户既可以使用简便的直接输入方式，也可以使用自动数据传输方式。此外，SAP R/3 的信贷管理、流动资金计划以及利润核算功能也能提供实时的和一致化的数据，同销售与分销模块、现金管理模块以及在损益表中的客户特定的功能之间有相应接口，为所有业务处理提供更多的信息。

系统提供了客户主记录、记账凭证、跨公司代码业务、处理凭证、客户账户余额和未清/已清行项目、结算未清项目、定金、应收汇票、担保、信用管理、预制凭证、催款程序等功能。

图 7-7 为 SAP R/3 系统中的应付账款模块对所有供应商的财会数据进行管理。它是与采购模块集成的一个不可分割的部分：为每个供应商记录交货和发票信息。在 FI 模块中这些凭证的相关记账依照这些业务自动执行。同样，应付账款模块把发票的数据提供给现金管理和预测模块以优化周转计划。

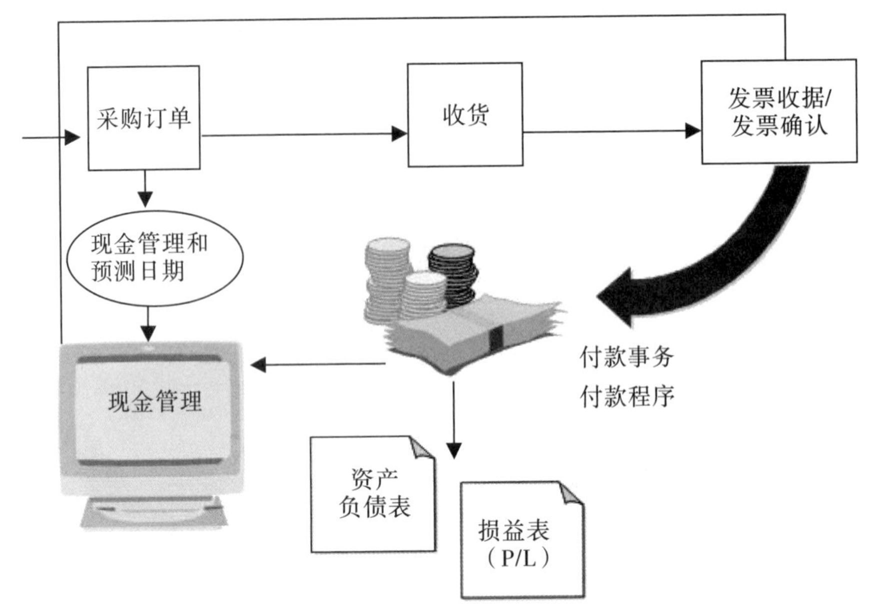

图 7－7　SAP R/3 系统中的应付账款模块

资料来源：SAP 公司专利。

应付账款模块可以对余额进行确认，对账单和与供应商的其他信函格式进行格式化以满足系统的要求。为了在应付账款上记录业务，系统可以产生余额清单、日记账、余额审计索引和其他内部评估。

SAP R/3 系统提供了供应商主记录、记账凭证、跨公司代码业务、处理凭证、供应商账户余额和未清/已清行项目、收付通知书、结算未清项目、定金、应付汇票、保证金、收付程序、支票管理、预制凭证等功能。

第八节　管理会计的意义与范围

管理会计与财务会计有很大的不同，它不像财务会计那样有着公认的会计处理原则与固定的处理程序，其重点在于提供非结构化决策所需的信息。

大多数公司都设置了专门的管理会计系统，涉及收入、成本、资产的计量，控制业务活动，备选方案的选择决策，如表 7－4 所示。

表 7－4　管理会计系统

目标	使用	
	未来预测	历史数据
计量	对外报告的基础； 分析经济效益； 成本类合同支出	正常定价决策
控制	分析管理绩效； 激励、嘉奖管理人员	战略规划； 预算
方案选择	无	短期经营决策； 资本预算

资料来源：ANTHONY R N，et al. Accounting：text and cases［M］. 11th edition. Boston：Northeast university of finance and economuic press，1998.

根据以上目标分类，可将管理会计所探讨的内容汇集成如表 7－5 所示，此表同时以 SAP R/3 系统为例，列出与各管理会计内容有关的 SAP R/3 模块。由表可以看出，管理会计内容大多数与管理会计模块有关，而管理会计模块所处理的成本信息首先由财务会计模块过账而来，同时也需要其他各模块提供相关数据。

表 7－5　管理会计内容与 SAP R/3 模块

	管理会计探讨的内容	相关的 SAP R/3 模块
计量	1. 分批成本计算法（Job Costing）	CO
	2. 分步成本计算法（Process Costing）	CO
	3. 倒推法（Backflush Accounting）	CO
	4. 作业成本法（Activity－Based Costing）	ABC（in CO）、MM、PP、SD、HR
	5. 成本分摊（Cost Allocations）	CO
	6. 成本状态分析（Cost Behavior Analysis）	CO
	7. 变动成本法（Variable Costing）	CO

（续上表）

	管理会计探讨的内容	相关的 SAP R/3 模块
控制	1. 成本数量利润分析（Cost－volume－profit Analysis）	CO、MM、PP、SD
	2. 标准成本法（Standard Costing）	CO
	3. 预算编制（Budgeting）	CO、FI、MM、PP、SD、HR
	4. 责任会计（Responsibility Accounting）	CCA（in CO）
	5. 市场区隔报表（Segment Reporting）	PA（in CO）
	6. 绩效衡量（Performance Measurement）	FI 与 CO（财务性指标），MM、PP、SD（非财务性指标）
	7. 存货计划与控制（Inventory Planning and Control）	CO、MM
	8. 质量成本控制（Quality Cost Control）	CCA、OPA、ABC（in CO）、QM
方案选择	1. 产品定价（Product Pricing）	PC（in CO）
	2. 内部转移计价（Transfer Pricing）	CCA、ABC、PCA（in CO）
	3. 短期决策分析（Short－term Decision Analysis）	FI、CO、MM、PP、SD、HR
	4. 资本支出决策（Capital Budgeting）	FI、CO、MM、PP、SD、HR

<注释>上表所列 SAP R/3 模块的全名及翻译名为：

1. CO：Controlling 管理会计

（1）CCA：Cost Center Accounting 成本中心会计

（2）OPA：Order and Project Accounting 订单与项目会计

（3）ABC：Activity－Based Costing 作业成本核算

（4）PC：Product Costing 产品成本核算

（5）PA：Profitability Analysis 获利性分析

（6）PCA：Profit Center Accounting 利润中心会计

2. FI：Financial Accounting 财务会计

3. MM：Material Management 物料管理

4. PP：Production Planning 生产管理

5. QM：Quality Management 质量管理

6. SD：Sales and Distribution 销售与分销

7. HR：Human Resource 人力资源

资料来源：ANTHONY R N，et al. Accounting：text and cases［M］. 11th edition . Boston：Northeast university of finance and economic press，1998.

第九节　ERP 系统中的管理会计模块

管理会计模块提供了一个用于公司控制的高级而复杂的系统，根据用户特定的需求进行组织与修改，所有的管理会计应用程序共用同样的数据源并使用一个标准化的报告系统，使企业密切地监控所有成本、收入、资源及期限，对计划成本与实际成本进行全面的比较。管理会计向企业的管理层提供了一种了解企业内部财务状况的手段，决策者可以通过管理会计模块所提供的信息掌握有关计划中的预期数据与实际数据之间的差异，并根据这些数据做出正确的决策。

管理会计活动包括成本中心会计、作业成本核算、订单与项目会计、产品成本核算、获利性分析以及利润中心会计。

一、成本中心会计

成本中心会计把每项业务交易都记录到有关的成本中心里。图 7 - 8 为 SAP R/3 的成本中心会计模块的运作流程。

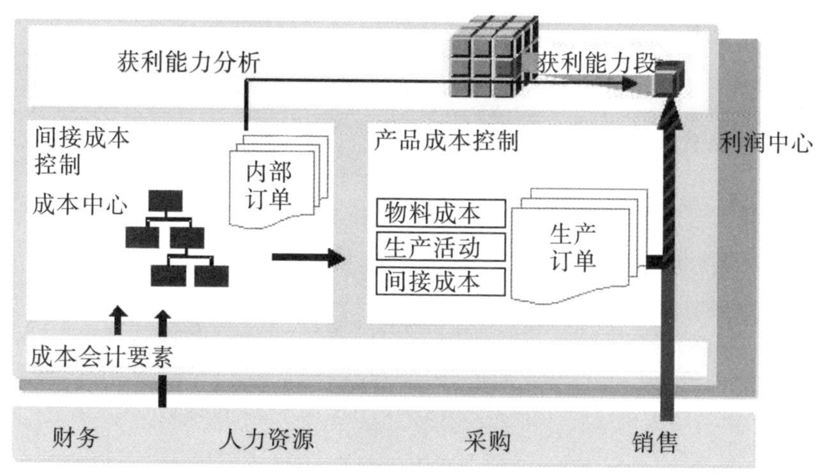

图 7 - 8　SAP R/3 成本中心会计模块运作流程

资料来源：SAP 公司专利。

二、作业成本核算

作业成本核算，是一种以作业活动而不是以成本中心为单位进行成本监控的成本核算方法，它可以帮助企业确定各项业务流程的成本。传统成本核算与作业成本核算的区别，如图 7 – 9 所示：

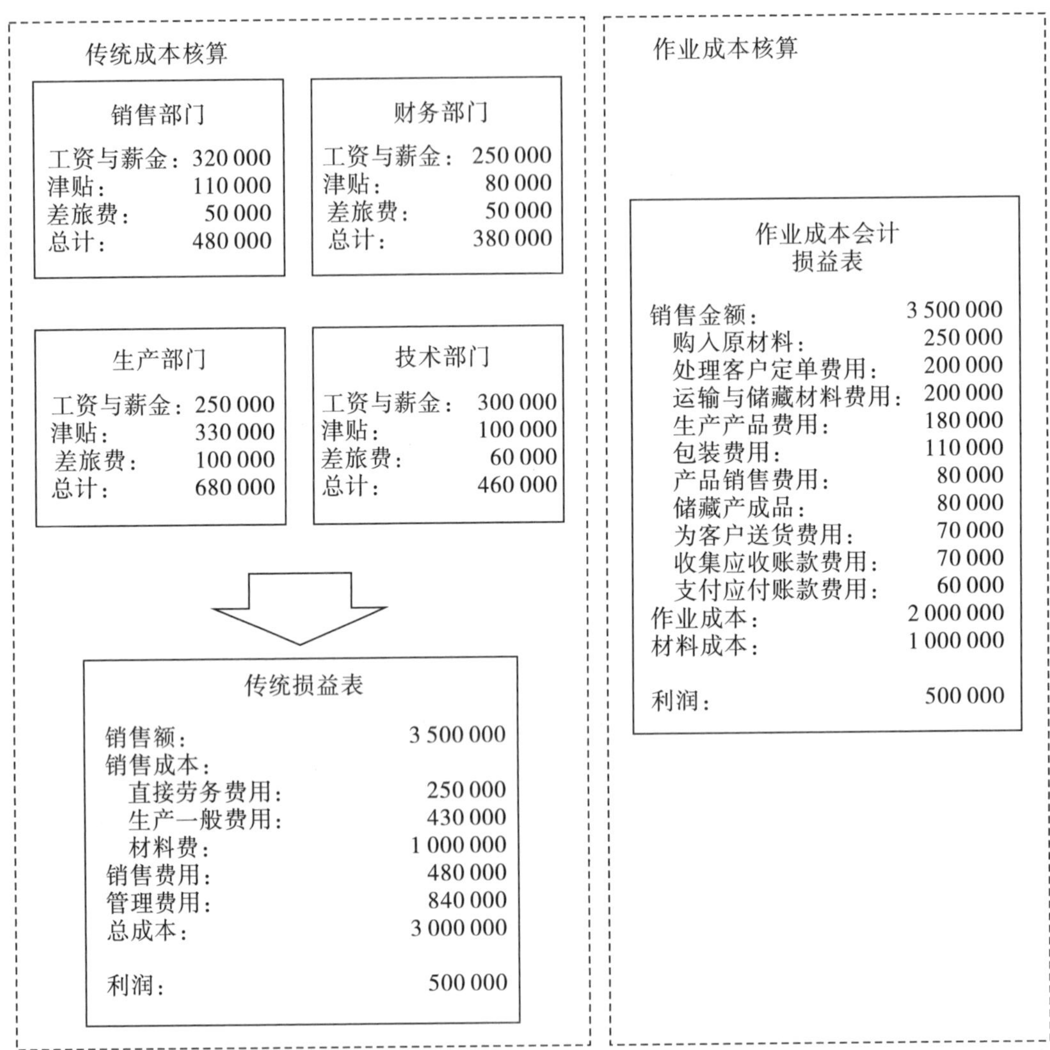

图 7 – 9　传统成本核算与作业成本核算的区别

资料来源：SAP 公司专利。

通过计划与监督公司里的业务活动和资源，能确保成本被尽可能精确地记录与分摊。这使得计划成本与实际成本之间的差异在早期就被发现。更详细的分析将确定这些差异产生的原因，并为纠正这些差异提供指南。

如图 7 – 10 所示，在成本要素会计中为分类而创建初级成本要素、次级成本要素以及收入要素，初级成本要素相当于费用账户，次级成本要素用于内部分配，收入要素相当于收入账户。收入要素在间接成本控制中仅能过账到内部订单。

在间接成本控制中，成本中心相当于成本发生位置，能根据功能或组织结构创建，主要是为成本中心活动创建作业类型（工作活动、工作时间等）。内部订单可作为成本对象为中期或长期连带任务及其功能而创建。流程可作为成本对象起作用，流程是为定义业务流程（定义的作业总数）而创建。

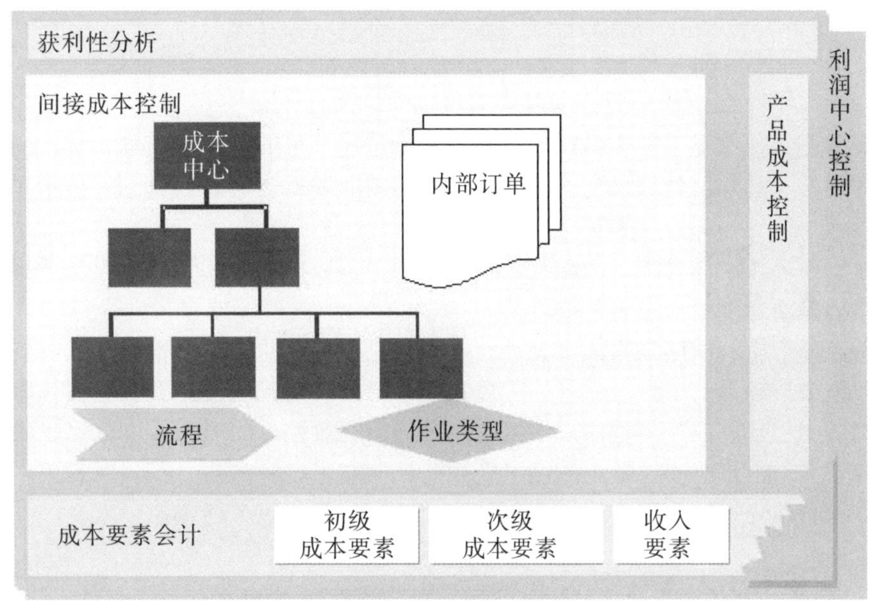

图 7－10　SAP R/3 系统的间接成本会计

资料来源：SAP 公司专利。

三、订单与项目会计

每个企业都使用某种订单系统来应付多种多样的业务活动，包括对这些订单详尽地计划、监督和结算。

订单与项目会计是个全面网络化的管理会计系统，带有订单成本结算的详细操作规程。该系统收集成本，决定所需要的订单和项目结构，并用计划与实际结果之间的对比来协助对订单与项目的监控。

备选的成本核算方案及成本分析提供了获取可靠管理信息的途径，从而有助于优化一个企业对其业务活动的计划与执行。

四、产品成本核算

现代管理会计中的成本核算越来越面向业务运营过程。产品成本核算满足当今服务与制造行业中多样的业务过程所提出的要求。

产品成本核算不仅有成本核算与成本分摊功能，还包括收集有关后勤与技术方面的数据，对单个产品与服务进行结果分析等。产品成本核算能对成本结构、成本要素及运营过程进行监控，并生成对单个对象或对一段时期的预测。它还能进行基于价值或数量的模拟估算。

此外，产品成本核算信息可用于对企业运营过程的集成进行优化，无论是从经济的角度还是从质量的角度。

五、获利性分析

哪一类产品或市场会产生最好的效益？一个特定订单的利润是怎样构成的？这是两个最常见的问题，只要是处理面向产品或面向市场的业务就会遇到。获利性分析模块将帮助找到答案。

销售、市场、产品管理、战略经营计划这四个领域将从获利性分析模块所提供的第一手面向市场的信息中获得最多的好处。

获利性分析模块使用销售成本会计技术来提供有关效益的最新信息。成本与收入都完全集成到整个控制系统中，不仅可以分摊到各个产品，还可以分摊到各个责任领域。获利性分析利用销售与利润计划程序来增进决策过程的有效性，同时以成本估算来衡量所有业务活动的效能。根据获利性分析的结果能判断企业在市场中的位置，并对新市场的潜力进行评估。获利性分析模块非常适合制造行业、贸易行业或服务行业。

六、利润中心会计

利润中心会计对企业战略经营单位进行定期获利能力分析，通过每个责任领域使用期间的会计技术来收集业务活动成本、运营费用以及结果，通过这些信息可以确定每个业务领域的效能，如图 7 – 11 所示。

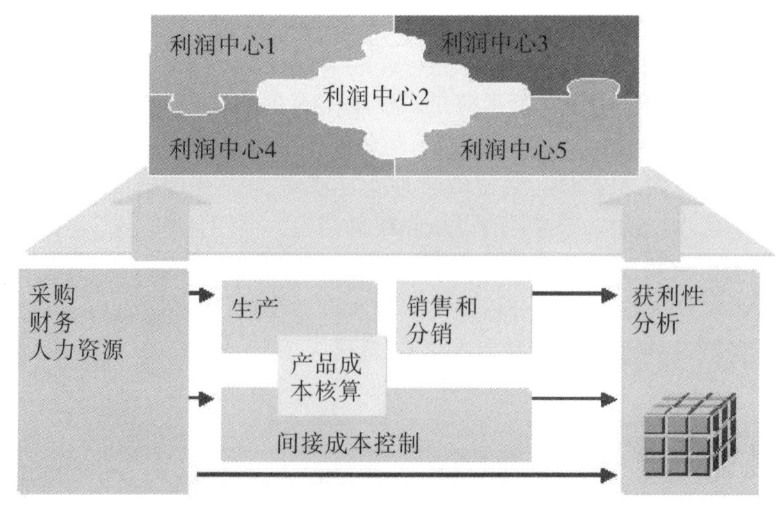

图 7 – 11　SAP R/3 系统的利润中心会计

资料来源：SAP 公司专利。

案例

比较赛意公司“财务先生”与SAP R/3管理会计模块①

一、企业基本情况

赛意公司成立于2005年，是国内成立较早、目前规模较大、经验较为丰富的IT咨询服务公司之一，有着企业信息化ERP咨询顾问的“黄埔军校”的美誉。赛意公司以ERP系统实施为核心，为数百家中国企业及跨国公司提供了优质的信息化服务。经过多年累积，赛意公司已在家电、电子、钢铁、机械、航空、通信、金属、汽车和贸易等行业建立了深厚的根基，服务客户包括华为、美的、海航、松下、索尼等近千家国内外品牌企业。

二、财务先生

1.“财务先生”的三大模块

“财务先生”的三大模块分别是：差旅管理、费用管理和财务共享，如图7－12所示。

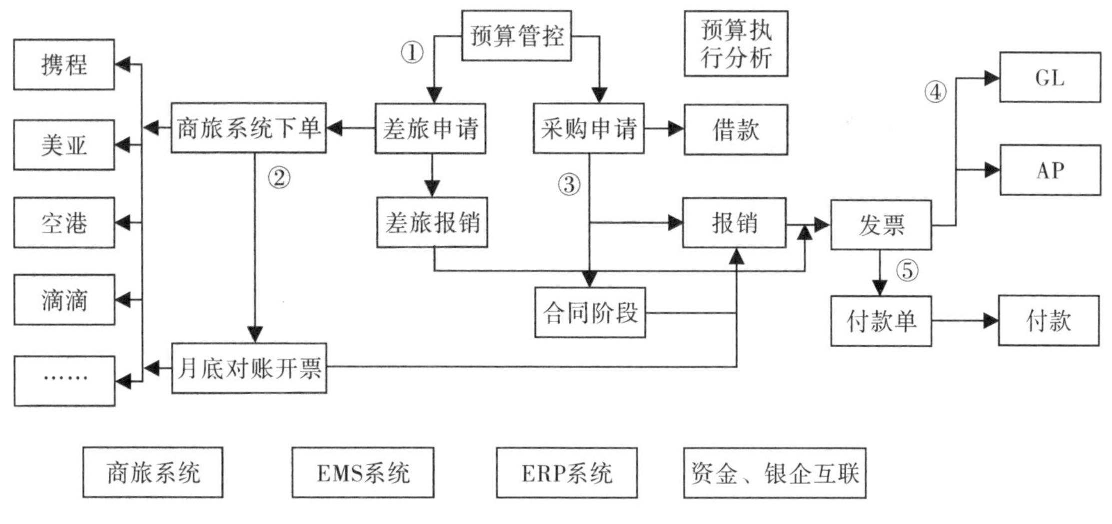

图7－12 “财务先生”三大模块

(1) 差旅管理。差旅管理的目标就是要迅速报销费用，但是，企业现存的问题是混乱、繁杂的企业差旅管理现状。这体现在员工差旅垫资压力大，月末报销凭证混乱，票据出错率大，无法支撑支出可视化管理；差旅需求杂乱，存在违规支出，企业差旅成本居高不下。为了实施有效的差旅管理，就要做到：

①差旅管理政策：内嵌差旅管理政策，自动警戒不规范差旅；

②分权审核：跨部门消费分权审核，有理有据；

① 资料来源：暨南大学2016级本科生赛意公司“财务先生”调研案例。

③电子化审批：无纸化，降低成本；

④信息审核：订单信息、预算规则、行程信息等自动匹配；

⑤对公消费：员工免垫资、免报销；

⑥系统互联：内部财务系统互联、业财一体化；

⑦可视化管理：费用审批流程更直观；

⑧报表自动化：告别堆积如山的报销审批单据；

⑨费用核算：费用报销核算一体化，超标单据自动预警；

⑩差旅第三方资源平台：与美亚、携程、滴滴、一起飞、优行等企业合作。

（2）费用管理。费用管理的目标是集中高效、精细管控、透明合规、智能引擎、实时预警。预算管理要满足多部门、多职能的需求，但是管理层、财务部门、IT运维、业务部门等对于全面预算管理都有自己的需求，因此，如何同时满足这些部门的需求变得极其必要。基于这种考虑，赛意公司建立了一套高效的费用管理系统，如图7－13所示。

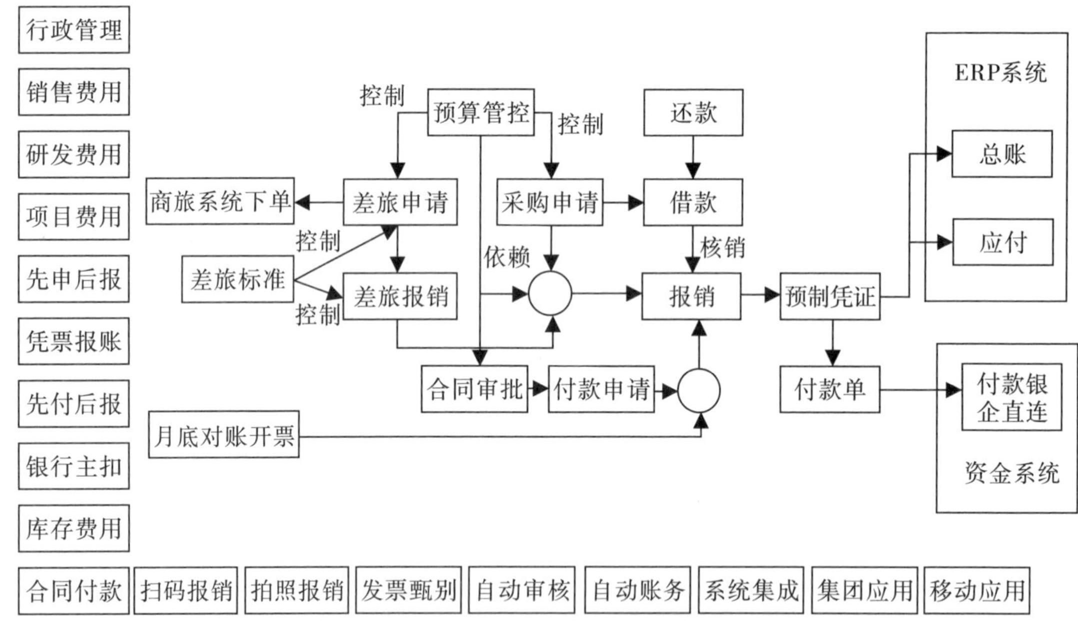

图7－13　“财务先生”费用管理系统

通过该费用管理系统，“财务先生”满足了各部门的费用管理需求，实现了企业全费用、全场景、全流程的支持，提升了报销效率，在落实费用政策、管控流程分权、掌控费用走向、降低费用支出方面，实现灵、简、全、智的费用管控。

灵活的预算管控体系。基于业务经营单位建立预算主体，按照管理视角（小组、部门）、预算科目视角（差旅费、招聘费）、产品视角（品牌、系列）、项目视角等不同的视角维度组合建立预算管控架构。此外，还支持对每一笔预算设置不同的控制方式（销售进度、时间进度、预算总额）和控制强度（严控、警醒、不控），实现预算标准化与个性化。

简便的费用报销体验。这要求系统实现移动报销、扫码报销、支付提醒等移动应用功能简化报销过程；实现差旅标准自动检查、发票真伪自动识别、酒店机票自动勾兑、动支报销自动匹配、跨部门分摊审批、移动审批等功能，简化财务审核工作；实现账务自动生成、支付自动触发、支付自动提醒、凭证自动归档等功能，简化财务账务工作。

全面的企业费用管控。该管控覆盖行政管理费用、销售费用、研发费用、项目费用等企业所有的期间费用；覆盖先申请后报销、直接凭票报销、一次性采购报销、按合同报账等企业所有的报销场景；覆盖企业的“申请”“报销”“预算管控”“财务账务”“出纳支付”“费用分析”的全费用生命周期。

智能的费用决策分析。费用趋势分析、费用区间分析、费用同比分析、费用环比分析、审批效率分析、规范性分析、驳回率分析、预算达成分析、预算同比分析、预算环比分析等，提供多维度、全视角的报表和智能分析报告；同时区分管理报表与核算报表，提供管理报表到核算报表双向关联，数据共享。

(3) 财务共享。传统财务运作模式存在一定的弊端。第一，管理成本居高不下。分支结构或组织活动增加，组织结构日趋臃肿，导致管理成本急剧膨胀。第二，财务管控难度增加。集团管理层级多，会计主体多，核算标准不统一，导致不同主体之间的财务数据缺乏可比性。第三，经营灵活性低。组织僵化，角色被动，管理层疲于应付复杂的管理问题。

面对这样的财务运作困境，赛意公司积极寻求有效的解决方式，最终建立起一个高效的财务共享系统，如图 7－14 所示。

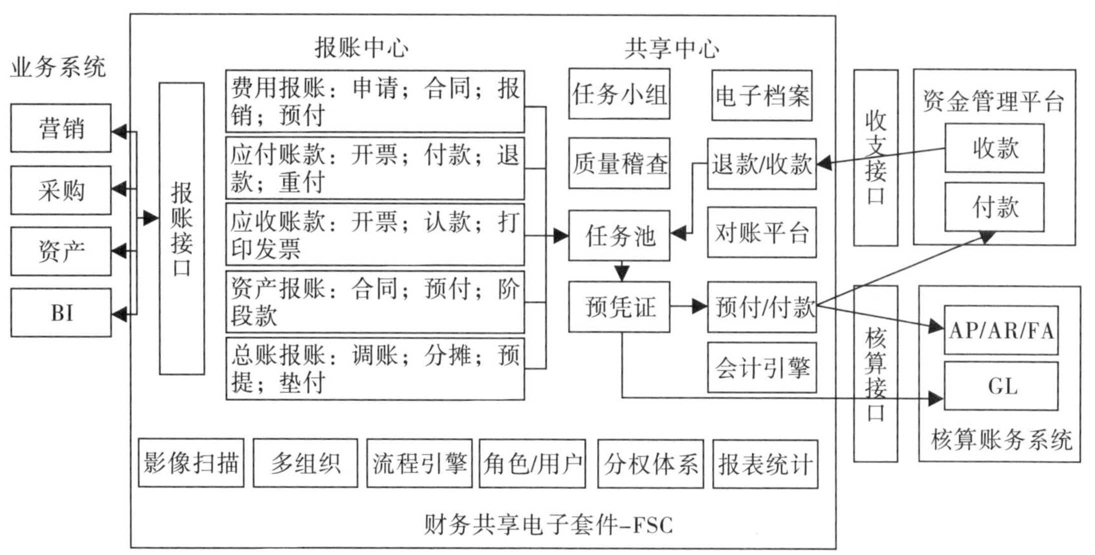

图 7－14　“财务先生”的财务共享系统

该平台面向多区域、多组织、多场景的大中型集团企业，将分散且重复的财务业务进行共享管理，把复杂的工作变得更简单、更标准、更细致，实现企业全场景财务共享，进一步提升理性决策管理水平。

通过财务共享系统，赛意公司实现了从基础财务、技术财务到战略财务、业务财务、共享财务的转型，优化了财务与业务之间的合作关系，重构了财务团队价值，全面转型为企业经营的辅助决策者。具体表现为：

①重构财务组织。以财务共享服务平台为支撑，实现战略财务、业务财务、共享财务和技术财务的分层，提升财务对战略决策与业务支持的价值，实现财务由职能部门到业务伙伴的转变。

②财务流程的转变。财务共享服务的建设促成流程改造与优化，消除冗余非增值环节，为财务事务流程与管理数据设定统一标准和管控平台。

③财务人员的转变。将财务人员从重复、烦琐的作业中解放出来，从事高价值的财务活动，如参与企业决策管理、为企业管理模式转变提供数据支撑等。

④提升财务服务质量。通过集约化使复杂的工作变得更标准、分工变得更精细，提升工作质量和效率，聚焦于服务，实现从传统的会计记账到“会计工厂”的转变。

三、SAP 的管理会计

1. SAP R/3 管理会计模块

SAP R/3 管理会计模块包括成本中心会计、利润中心会计、作业成本核算、订单与项目会计、产品成本核算、获利性分析等。该模块做的是内部会计，面向的是企业内部管理层。它不仅可以控制成本，还提供有效信息帮助高级管理人员做出决策。下面分别简要阐述各模块功能的实施：

（1）成本中心会计。成本中心会计帮助用户确定在企业的何处将生成何种成本，并将成本分配给产生该成本的部门。此类型的记录和分配不仅能够进行成本控制，也能作为其他管理会计核算部门（例如成本对象控制）的成本会计。

（2）作业成本核算。基于作业的成本核算是一种测定业务过程和成本对象的方法。作业成本核算根据业务处理过程中使用资源的情况来分配成本。业务处理过程中发生的成本，根据这些过程的使用情况来分配到成本对象中（如产品、服务、顾客和订单等）。

（3）订单与项目会计。在管理过程中必须单独监控的大量投资支出测算可以用内部订单或项目的方式来表示。订单与项目会计的功能可用于各种投资的支出测算，这些功能包括：

①资源与成本计划功能。它与用户的材料管理和生产能力计划系统全面集成。

②广泛的选项功能。用于监控实际成本、计划成本、原价及次级成本。

③未清行项目管理功能。用于管理采购订单、采购需求、材料及资金储备。

（4）产品成本核算。产品成本管理会计支持下列成本会计核算程序：一般附加费、统计标准成本核算，基于边际成本灵活的标准成本核算。此外，该模块也为无形产品的生产成本管理会计提供了一个简单的成本评估程序。在系统中，产品成本管理会计与后勤模块紧密地连接。例如，在销售订单相关的生产中，销售与分销模块中的销售订单也用作成本对象，在成本对象中，对成本和销售收入进行比较。

（5）利润中心会计。利润中心会计是面向销售的销售成本会计方法和基于期间会计方法的分析。利润中心会计的主要目的是确定利润中心的经营利润。系统使用户按期间会计方法和销售成本会计方法反映利润。此外，通过把资产负债表行项转入利润中心会计，用户还可以按利润中心显示其他关键指标（如投资收益率、流动资产、现金流量等）。这不仅可以为管理层提供重要的、战略性的计划信息，还可以提供可靠的数据来支持公司未来的投资决策。

2. SAP R/3 系统的成功应用——联想集团

（1）联想集团的背景。联想作为中国最大的 IT 企业，成立于 1984 年，自 1997 年起开始步入高速增长期。联想最初在企业内部运行集团自行开发的信息化管理系统，在当时情境下，比起国内同行来说是相当先进和成功的，但是在面对 IBM、HP、DELL 等世界级巨头的竞争下，联想的信息化管理系统已成为发展道路上的障碍和瓶颈。旧有的信息化管理系统已无力支撑起如此庞大的销售、生产和供应网络。为了保持在市场竞争中的优势地位，加强企业管理的核心——财务管理的水平，联想决定选择世界领先的企业管理软件 SAP R/3 系统来实现自己的财务管理信息化建设。通过 SAP R/3 系统和电子商务的实施，联想在财务管理方面得到了全面的提高，这为集团的长远发展奠定了坚实的基础。

（2）联想集团的 SAP R/3 系统。联想集团的 SAP R/3 系统主要围绕制造、代理和系统集成这三大业务，共分为五大部分，分别是财务会计模块、管理会计模块、销售与分销模块、物料管理模块和生产管理模块。在 SAP R/3 系统中，财务会计模块是 ERP 系统的重要功能模块，主要包括应收账款管理、应付账款管理、总账管理、会计报表合并、投资管理、基金管理、现金管理等多项功能；管理会计模块主要包括利润中心会计和成本中心会计等。联想集团的 SAP R/3 管理会计模块如图 7－15 所示。

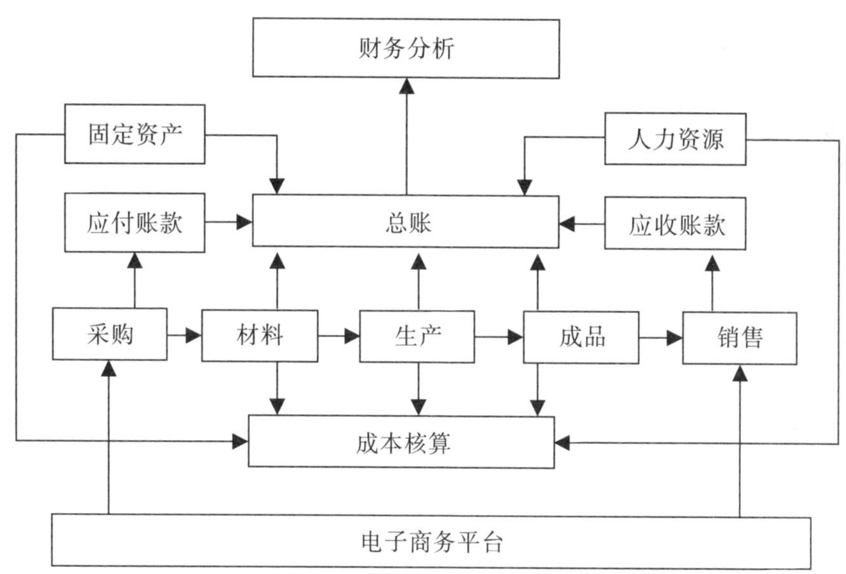

图 7－15 联想集团 SAP R/3 管理会计模块

联想集团引进了 SAP R/3 系统，并对管理会计模块进行优化，实现了：

①准确的成本核算。SAP R/3 系统的管理会计模块使联想的成本管理摆脱了以前冗余的运作模式，无论是事后的特定、伴随业务的发生，还是采购、收货、生产、发货，每一个步骤造成的成本变化都可以实时核算，这为集团提供了通畅、透明的成本数据。

②有效的风险防范。借助信息系统的功能，联想可以对客户的资信状况、付款历史、客户授信做到全面的监控，降低了信用风险。

③严格的资金管理。信息化大大简化了联想集团原有的流程，提高了采购和财务效率。

④精准的预算管理。在 SAP R/3 系统中，联想的管理人员可以实时查询到不同成本中心的预算计划和实际执行情况，随时了解企业经营情况，并进行有效的成本差异分析。

⑤快捷的财务报表。联想的每个法人单位或分支机构的月报表在月末结账后 0.5 个工作日就可以发布出来，财务人员也在短时间内就可以完成各种财务报表的合并工作。

⑥集中的财务控制。通过 SAP R/3 系统的数据集成和业务集成功能，联想透过财务数据就可以对发生的每一笔收入与支出进行监控，这不仅能降低会计人员做假账的可能性，还能减轻企业的经营风险。

四、对比赛意公司“财务先生”和 SAP R/3 管理会计模块

（1）相同之处。从系统功能角度来看，两者都致力于企业软件的开发。在财务方面，两者实现应收应付、成本核算、现金管理、生成报表等功能；在制造方面，实现从生产计划到车间，再到仓储管理和产品质量管理。

此外，两者都能够实现供应商管理、客户管理。值得一提的是，“财务先生”通过 ERP 系统、业务系统和财务系统的统一配置，也跟 SAP R/3 管理会计模块一样，实现了业税财一体化。这极大地提高了财务人员的工作效率，使财务人员从重复的制单工作中解放出来，把更多精力用在企业的运营管理决策上。

（2）不同之处。“财务先生”和 SAP R/3 管理会计模块的不同之处在于三个方面，分别是：

① 从历史渊源角度。赛意公司是中国最具影响力的企业级应用系统集成开发商和实施 ERP 的咨询公司之一，建立于 1998 年，行业经验相对欠缺；相比之下，SAP 公司创立于 1972 年，在世界企业应用软件行业中有着悠久的历史，几乎此类型的企业应用系统都是以 SAP 公司的系统为基础优化形成的。

②从市场份额角度。SAP 公司在全球 120 多个国家中拥有 109 000 个企业客户，其中包括 80% 以上的财富 500 强企业，占据了绝大部分市场份额。而赛意公司开发的“财务先生”软件虽然仅投入市场两年，却在短时间内和 vivo、松下、美的和碧桂园等企业达成了客户合作关系，有着可观的市场潜力。

③从功能角度。“财务先生”更加侧重于成本、费用的管理，赛意公司通过制定一套标准的成本核算体系、费用报销流程（预算—审批—报销—分析），从事前、事中和事后三个方面对成本费用进行控制，以降低企业运营风险。SAP R/3 系统则根据成本中心、利润中心和投资中心，以责任会计理论来进行会计核算，分配依据更加准确。此外，面对企业更加错综复杂的商业模式，SAP R/3 系统还可以满足企业的个性化需求，这也是 SAP R/3 系统之所以在商业竞争中屹立不败，依然为大多数企业所应用的原因所在。

讨论：

1. “财务先生”是如何体现 ERP 财务管理理论的？

2. 上述案例对“财务先生”进行了详细的介绍，你认为“财务先生”存在不足吗？主要体现在哪些方面？

3. 对比 SAP R/3 系统中的组织管理及本章的管理会计模块为“财务先生”提出改进措施。

【本章小结】

本章介绍了我国财务管理信息化的历程，ERP 系统中财务管理的特点及其优越性，并进一步介绍了 ERP 系统中财务会计模块与管理会计模块的系统结构、工作流程。

【讨论题】

1. 财务会计与管理会计的区别是什么？
2. 与传统财务管理相比，ERP 系统中的财务管理有哪些优势？
3. FMIS 是怎样支持企业战略决策的？
4. ABC（Activity-Based Costing）是什么？为什么说这种方法更好？
5. 如何对一个产品进行获利性分析？

第八章　ERP 系统应用中的项目管理

第一节　ERP 系统选型

从 20 世纪 80 年代开始，MRPⅡ系统作为一种信息化管理软件和管理工具进入我国已经有 30 多年的历史了，由于 ERP 系统的复杂性以及我国企业管理基础普遍薄弱等原因，使得 ERP 系统的实施艰难。ERP 系统应用的源头——ERP 系统选型，是企业应用 ERP 系统成败的关键工作。

一、ERP 系统选型失败的主要原因

1．企业对 ERP 系统选型的内涵认识不足

企业 ERP 系统选型的过程是对企业的管理平台进行识别并选择与之相匹配的信息平台的过程。管理平台是指构成企业资源循环的物流、资金流、信息流的平台，具体表现为企业的组织结构、管理流程。提升企业竞争力的根本在于企业运营所依赖的管理平台的质量，信息平台是辅助因素，因此信息平台的架构、内容、功能、实施步骤等，都应由管理平台直接决定，并要求从形式上和结构上适应管理平台。

2．企业很难明确自己的需求，从而无法把握选型标准

企业 ERP 系统选型，首先要进行项目的可行性分析论证，认为可行后进行 ERP 系统立项，做出项目预算。在此基础上形成详细的可行性分析报告，对有关资源需求计划进行落实，同时启动各项计划。因此，企业在 ERP 系统选型中招标和决标的关键前提是“清晰明确的规格和标准”，使得买卖双方对于标的物有清楚一致的认识。然而，ERP 系统本身的复杂性使得相关的 ERP 系统选型人员既要了解信息技术、了解软件产品，又要深入理解并抽象出企业管理平台的运行方式，了解企业的目标市场特点和企业运营方式等。

3．信息的不对称性导致选型失败

由于信息的不对称性，企业经常会被 ERP 厂商牵着鼻子走，一些 ERP 厂商只注重一次交付性，而不能真正为企业提供一套有效的、系统的信息解决方案。由于信息在企业和 ERP 厂商间的不对称分布，双方之间都拥有各自的私有信息，这些信息不对称直接影响了 ERP 系统实施的效果，增加了实施风险。

二、ERP 系统选型的原则

ERP 系统选型的指导思想是：利用信息化的手段来改善企业的管理状况，提高企业的竞争力。在进行 ERP 系统选型之前，首先必须进行业务流程分析和信息流程分析；在流程分析之后，企业才可以开始进行具体的选型工作。因此，ERP 系统选型需要把握以下五个原则：

（1）实用性原则。首先，必须确保 ERP 系统能够适合自己企业的实际，并能够满足今后 3 ~5 年的功能需求。企业不能只是片面追求最好的硬件、最先进的技术、最强大的功能，最为重要的是要选择适合的、整体最优的解决方案。

（2）成熟性原则。不要去选择那些还未经实践证实的产品，而应去选择那些已经非常成熟并被实践所验证过的 ERP 系统。通过选择成熟的产品来实施，可以有效降低实施的风险，减少实施的不确定性，降低投资失误的风险。

（3）开放性原则。一个系统即使再成熟，再完善，它往往也只能满足企业 80% 的需要，因为它是标准化的，剩下的 20% 的需求就需要通过二次开发来满足。因此，ERP 系统的开放性就显得尤为重要了。ERP 系统的开放性，不仅对于系统的二次开发非常重要，而且对于系统的集成、整合、完善等后期工作也起着至关重要的作用。还有一点需要注意，就是开放性应该是适当的。至于开放程度如何，企业应根据自身的情况和需要来确定。

（4）发展性原则。信息技术的更新换代是非常快的，ERP 系统的实施不能只考虑满足当前的需求，还要考虑进一步发展。要想通过信息化给企业运营带来持续效果，就必须不断发展甚至改革现有的信息系统。因此，企业一方面必须注意自身对管理人才和开发人才的培养；另一方面应该在一开始就选择那些前景光明，能为企业提供持续、可靠服务的 ERP 厂商。

（5）安全性原则。对于一个企业来讲，数据就是生命。实施 ERP 系统后，企业的所有数据都将通过信息化的手段来保存。因此，在 ERP 系统实施过程中，必须要保证企业各种数据的安全，保证信息的合法使用，这点关系着企业的命脉。所以，进行 ERP 系统选型时，要特别地关注 ERP 系统的安全性系数。

三、ERP 系统选型的前期工作

1. 成立项目筹备小组

项目筹备小组应该包括以下成员：企业决策层的成员，业务部门的成员，财务部门的成员，IT 部门的成员等，并择优选择。项目筹备小组成员要完成以下几方面的任务：组织 ERP 基本原理的培训；对 ERP 项目进行可行性研究；对同行业 ERP 系统的使用情况进行调查；对企业新系统的需求进行分析；接触软件商并评价推选软件。

2. ERP 知识培训

企业 ERP 系统的成功实施，首要条件就是必须得到企业高层的全力支持。因此，在实施 ERP 系统之前，对企业内部尤其是企业高层进行 ERP 知识的培训就显得尤为重要了。必须让他们明白 ERP 是什么？它是如何工作的？成本如何？能给企业带来什么效益？

3. 可行性分析与立项

项目筹备小组需要对企业现状进行分析，并提出可行性报告，其内容应包括：ERP 基础知识介绍、实施 ERP 所需的资源、实施的必要性、实施的目标以及实施的困难等。而企业领导往往也正是基于所提出的可行性报告来进行决策的。在得到领导的批准后，便正式对 ERP 项目进行立项，做出项目的预算，落实所需要的各项资源，同时启动计划。

4. 需求分析

需求分析为 ERP 系统选型提供依据。通过需求分析，找到目前企业在管理中存在哪些无效、低效的环节，明确企业规模、生产类型以及对 ERP 系统的特殊需求。然后，根据需求分析的结果寻找满足要求的 ERP 厂商。需求分析的主要内容包括以下几个方面：各个部门需要处理的业务需求、软件使用权限的设置、业务报表需求、数据接口的开放性等。

5. ERP 系统初选

企业按照自身的现状，对 ERP 厂商进行初选，企业可以根据 ERP 厂商的总体实力、采用的管理和流程设计思想、系统的可扩展性、软件的成熟度、软件功能等方面综合考虑，初步选定 3 ~5 家 ERP 厂商。

6. 准备测试数据

在选择 ERP 系统之前，必须先对其进行测试。所以，企业需要从各个主要业务资料中抽取一些典型数据，作为以后 ERP 系统选型的测试数据。这些数据通常来自仓储部、财务部、销售部、计划部等。

四、ERP 系统选型的科学方法

1. 层次分析法

这是一种定性和定量相结合的分析方法，是将项目方案按优劣排序后进行筛选的多目标决策分析方法，它的基本原理是决策者将复杂问题分解成各个组成元素，按支配关系将这些元素分组，使之形成有序的递阶层次结构。在此基础上通过两两比较的方式判断各层次中诸元素的相对重要性，然后综合这些判断确定诸元素在决策中的权重。该方法体现了分解、判断、综合的决策思想，是解决 ERP 系统选型的有效方法。

2. 人工神经网络

人工神经网络是在现代神经科学基础上通过对大脑的基本特性进行模拟，从而建立由大量神经元互相连接而成的神经网络模型。由于它模拟了部分人脑的功能，又具有对复杂信息的快速计算和处理能力，并具有较强的纠错功能和模糊判断决策能力，因此被广泛应用于复杂系统问题的解决。人工神经网络应用于 ERP 系统选型的基本方法是：首先，同层次分析法一样，建立 ERP 系统选型的评价指标体系，将基础指标中的属性值作为神经网络的输入向量，将评价目标的评价指数值作为输出变量。其次，用足够数量的样本来训练神经网络，训练好的神经网络就可以作为一种定性与定量相结合的有效评价工具。最后，将目标企业 ERP 系统评价的指标值输入神经网络，进行运算后得到的目标价值为企业的 ERP 系统选型提供科学的依据。

五、ERP 系统选型步骤

俗话说，“三分软件，七分实施”，选型过程企业应该经历图 8－1 所示步骤。

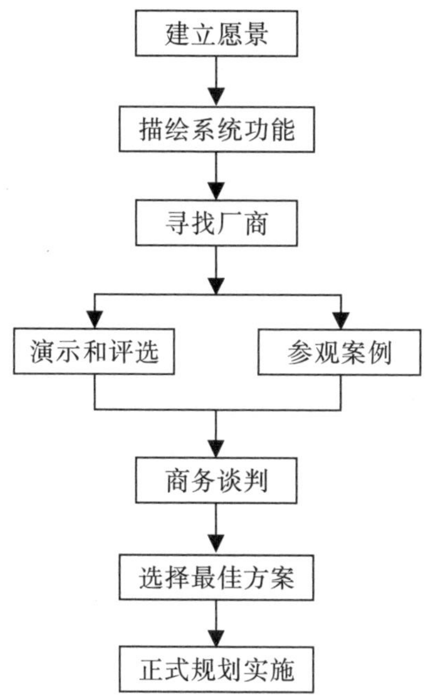

图 8－1　ERP 系统选型步骤

下面将针对每一个步骤做详细说明：

1．建立愿景

愿景为企业的所有成员指明了努力的方向，这是首先必须明确的。企业应该建立具有挑战性，且能使员工们相信通过他们的努力一定能够实现的愿景。这种具备强烈吸引力的愿景，可以有效地激发员工们的斗志和热情，调动他们的积极性。

2．描绘系统功能

基于企业做出的愿景规划，进一步描绘出未来 ERP 系统的功能，这些系统的功能为企业最终的 ERP 系统选型奠定基础，指明方向。企业应该将所希望得到的系统功能列在一张表上，以此作为选择 ERP 系统的依据。

3. 寻找厂商

ERP 厂商的选择至关重要，选择得好，对于企业 ERP 系统的成功实施有着重要的推动作用，甚至可以说，选择对的厂商，就已经成功了一半。在这个过程，需要考虑如下四点：

（1）行业的类别：不同的行业所具备的特征有着很大的差异，不同行业所使用的 ERP 系统也是千差万别。所以，企业必须选择符合本企业所属行业的 ERP 系统。

（2）生产类型：不同的生产类型也相应需要不同的 ERP 系统，如制造业的生产类型主要包括离散式和流程式两种，因此必须选择适合本企业生产类型的 ERP 系统。

（3）企业规模：ERP 厂商出于产品差异化的需要，往往按照企业的规模来细分目标市场，并针对不同的市场设计不同的软件产品。因此，企业首先必须确定自己企业的规模属于哪个范畴，并根据自身规模来选择 ERP 厂商。

（4）技术平台：技术平台包括操作系统类型、数据库类型、开发语言等。企业最好选择能在当前技术平台上应用的 ERP 系统，从而降低和现有系统集成的难度，提高实施成功率。

另外，还可以参考媒体信息等，选择 3～5 家 ERP 厂商。对这些厂商的选择应该有所侧重，并综合考虑厂商的规模、业界中的声誉、行业特色等。

4. 演示和评选

该步骤一般分为两轮进行：在第一轮中，由各个 ERP 厂商派出 ERP 顾问到企业进行实地调研，通常应给每家厂商半天至一天的时间。调研期间，最好将不同顾问的调研时间间隔开，以避免各部门接待人员反复回答相同的问题而有厌烦情绪。

ERP 顾问是根据调研所得到的数据来制订企业实施 ERP 的具体方案的，因此，企业应在 ERP 顾问开始调研之前准备好相关的文件、数据等，以配合 ERP 顾问进行调研。在 ERP 顾问根据调研结果制订出实施方案之后，企业参与选型的人员应对方案进行认真研究，记录疑问，在 ERP 顾问进行系统演示时提出疑问并要求其回答。

在第一轮演示结束后，企业应该立即组织参与选型的人员进行评分，根据报价和评分结果，进行下一轮的演示。

经过第一轮演示后，筛选出 2～3 个厂商来进行第二轮演示。由于这次演示的范围更小，也更细致，所以应该给每个厂商更多的时间来对企业进行更深一步的调研。另外，每个部门的负责人可与 ERP 顾问进行单独的沟通，提出本部门的特殊要求。

ERP 顾问根据更加深入的调研，撰写更加详细的《ERP 需求报告》，企业项目筹备小组根据各个厂商提交的需求报告，撰写本企业的《ERP 需求报告》。

在准备《ERP 需求报告》时，企业应该准备一些实际数据，让 ERP 顾问在他们的 ERP 系统中进行演示，这套数据应该包含企业的大部分功能点，如简单的中长期计划、销售订单、物料清单、工艺路线、工作中心等。

第二轮演示的主要内容和第一轮不同，主要包括三部分：一是 ERP 系统如何满足企业的需求；二是对收到的企业的实际数据是如何处理的；三是现场录入一些生产数据，并讲解处理过程。

5. 参观案例

进入第二轮演示后，有一件重要的事，就是参观各个 ERP 厂商的实施案例。对将要参观的案例应该有所限定，最理想的案例是地域上在企业所在地的周边地区，规模上和企业相差不多，行业相同。

参观案例时，应注意以下几点：案例单位状况、信息化建设、售后服务、实施的功能模块、接待人员对 ERP 系统的评价、部分功能点操作。

参观结束后，参观人员应该撰写参观报告，分发给每个参与选型的人员，参观报告应主要包括：单位简介、信息化建设介绍、已实施的功能模块、未实施的功能模块、成功之处、不足之处、接待人员对 ERP 系统的评价、操作人员对 ERP 系统的评价等。

6. 商务谈判

ERP 系统选型结束后再进行商务谈判并不是个好办法。企业在最终确定 ERP 厂商之前进行商务谈判无疑可以获得商务谈判的主动权，商务谈判的结果是企业做出最终选择的重要依据。

商务谈判需要考虑的内容是多方面的，如购买的模块、用户数、增加用户的费用、各个模块的报价、实施费用、每年的维护费用、硬件要求、实施计划等。

7. 选择最佳方案

在这一步，参与选型的人员撰写分析报告，分析报告应该对厂商的优点、缺点、风险点展开论述，分析报告与商务谈判的结果一道作为高层领导的决策依据。企业选型负责人及企业主要领导人根据以前的评分结果，参考各个 ERP 厂商的交流情况、对各个 ERP 系统的了解状况、各个 ERP 系统的优缺点和商务谈判的结果来进行抉择。

8. 正式规划实施

与所选定的 ERP 厂商签订合同，起草相关的实施计划，准备实施 ERP 系统。

另外，需要注意的是，在进行 ERP 系统选型时，必须基于企业的 IT 战略规划。IT 战略规划是为满足企业的经营需求，实现企业战略目标，由企业高层领导、信息系统技术专家、信息系统用户代表根据企业总体战略的要求，为企业信息系统的发展目标和方向所制定的基本谋划。因此 ERP 系统选型必须考虑 IT 战略规划的要求，注意与现有系统集成，避免信息孤岛，以有效降低维护费用和实施风险，提高实施效益。

第二节　ERP 实施方法论介绍

ERP 实施方法论是一整套正式且结构化的实施惯例或规范，一般包括阶段/方法、活动/任务、输入/输出等内容。ERP 实施方法论可以为项目规划、设计以及实现提供一个框架，避免项目的无序和混乱，提高项目实施的成功率。ERP 实施方法论的一般框架包括：基本原则、实施阶段、建模工具、实施主体、实施工具、培训文档、技术和服务支持等。ERP 实施过程包括需求确认、制订项目计划、实施软件、优化业务流程等方面。

ERP 厂商有无成熟的实施方法论是项目能否成功的关键。对一个项目应该如何实施、怎样分阶段、每阶段重点工作是什么、解决什么问题、会有什么情况、怎样应对、采用什么样的方法等，ERP 厂商一定要有明确的认识。另外，ERP 顾问还应具备根据具体情况解决实际问题的能力。

目前，国内外的 ERP 厂商根据各自的实施经验，总结了各自的实施方法论，大致可以归纳为以下几种：

1. SAP 公司的 ERP 实施方法论

SAP 公司为使 R/3 项目的实施更简单、更有效而建立了一套完整的快速实施方法论——ASAP 实施方法论，如图 8 – 2 所示。ASAP 实施方法论把 ERP 项目总共分为五个步骤：项目准备、业务蓝图、实现过程、最终准备、投产和支持。ASAP 实施方法论优化了实施过程中对时间、质量和资源的有效使用。

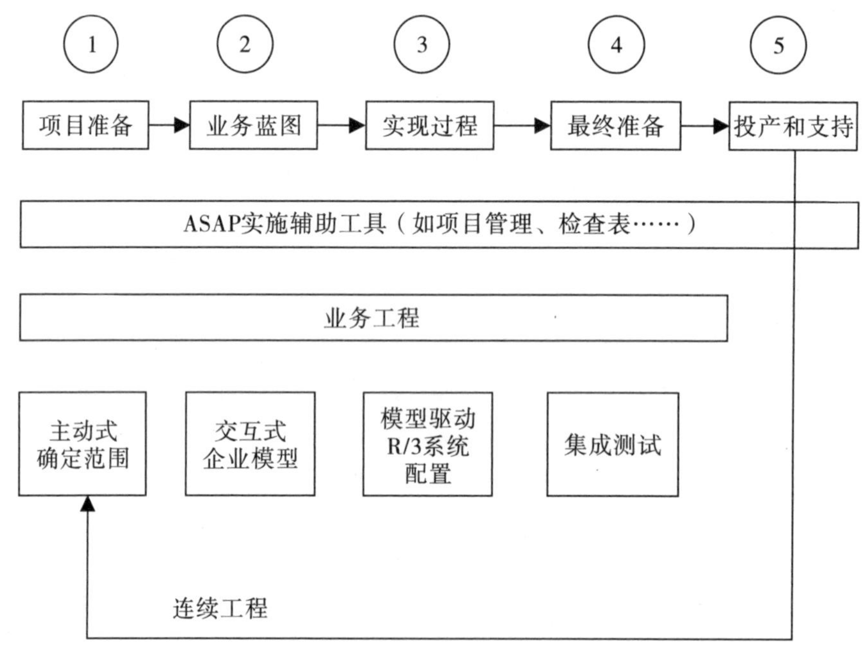

图 8 – 2　SAP 公司的 ASAP 实施方法论

资料来源：SAP 公司专利。

2. 甲骨文公司的 ERP 实施方法论

甲骨文公司的实施方法论是一套建立整体解决方案的方法，主要由 AIM（应用系统实施方法论）和 PJM（整体项目管理方法论）等各自独立的方法论组成。AIM 包含了从定义用户的实施方法、策略到新的系统上线运行等不可缺少的实施步骤。AIM 共分为七个阶段：建立实施策略、业务分析、设计解决方案、建立应用系统、文档编码、系统移植和正式运行，如图 8 – 3 所示。PJM 则提供一个主框架，对所有项目用一致的手段进行计划、评估、控制和跟踪。

ERP顾问在项目实施过程中，会用实施方法论及实施工具来帮助系统实施，并将此实施方法论作为技术转移的一部分。

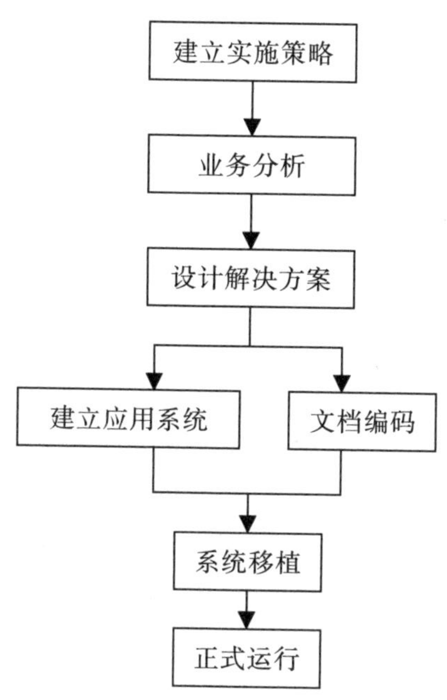

图8－3 甲骨文公司的ERP实施方法论

资料来源：尚林鹏．谈ERP项目管理及实施方法论［J］．河南机电高等专科学校学报，2005（1）．

3．用友公司的ERP实施方法论

用友公司的ERP实施方法论分为七步，被称为“北斗七星”，如图8－4所示。第一是IT咨询阶段，包括业务诊断、IT规划、商务谈判等活动。第二是项目规划阶段，要协助客户建立项目小组，制订项目实施的主计划，召开项目启动会。第三是蓝图设计阶段，大体包括三方面的工作：一是产品的相应安装，包括安装过程当中针对IT人员的相应培训；二是培训，针对关键用户做一些业务培训，包括ERP理论培训、产品结构培训、设计思路培训等；三是业务需求分析。第四是系统建设阶段，包括方案实现、数据准备、集成测试、方案验收以及制定标准的操作手册。第五是切换准备阶段。第六是系统切换阶段，主要是静态数据和动态数据的切换。第七是运行支持阶段。

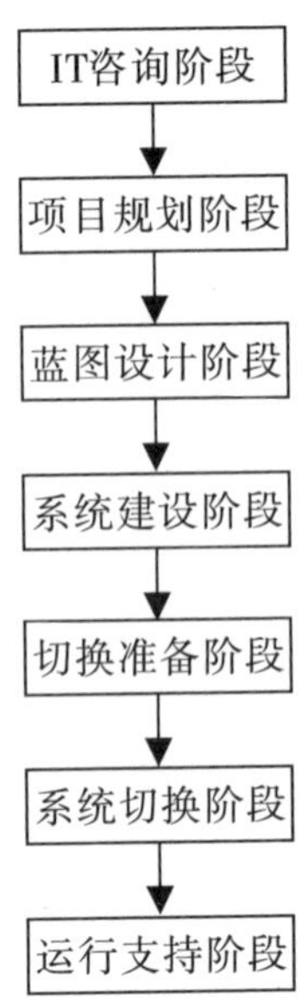

图 8－4　用友公司的 ERP 实施方法论

4. 金蝶公司的 ERP 实施方法论

金蝶公司的 ERP 实施方法论分为六个阶段，被称为“六手指”实施方法论，如图 8－5所示。该实施方法论的特点是系统实施的进度和目标能够得到控制和把握，实施效率能提高 2～3 倍，同时也是一种充分考虑中国国情的本地化的实施方法论。

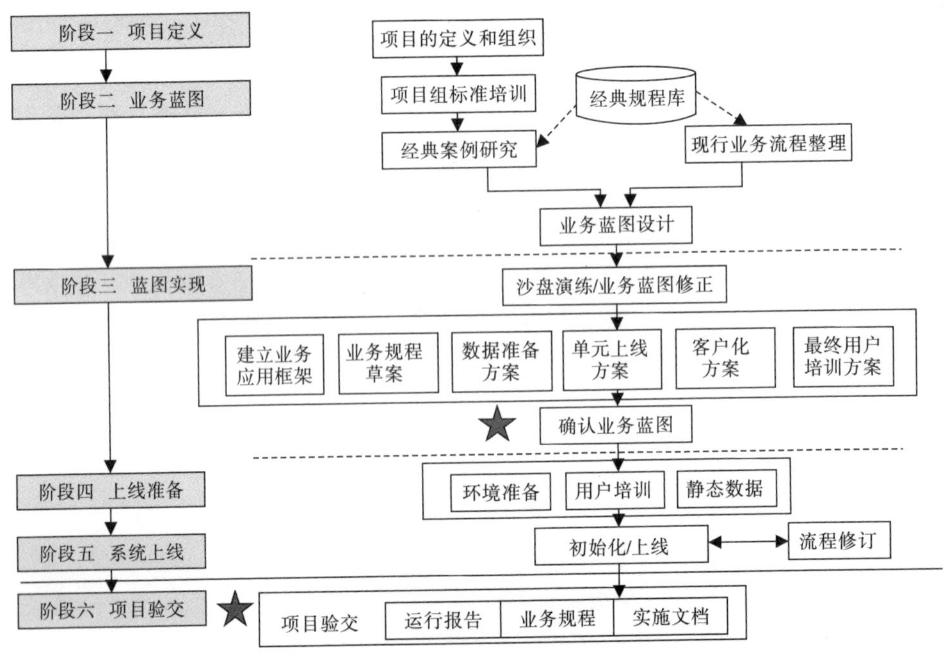

图 8－5　金蝶公司的 ERP 实施方法论

资料来源：《金蝶实施方法指南》，深圳金蝶软件有限公司资料。

5. BAAN 公司的 ERP 实施方法论

BAAN 公司将动态企业建模（DEM）作为其 ERP 实施方法论。DEM 是一套相互关联的企业参考模型、企业建模工具、企业实施工具。企业参考模型和企业建模工具为 ERP 的业务过程模型建模，利用 DEM 方法建模后，一旦企业的业务过程发生变化，模型也会随之变化，相应的应用也会重新配置，还可以添加新的应用组件。企业实施工具提供了对建模过程、实例化过程、优化运行过程及实施过程的管理。

另外，BAAN 公司还总结了自己在世界范围内 8 000 多个用户的实施经验，提炼出了一套 Target 实施方法论。Target 实施方法论是 ERP 领域唯一利用多层原型化的工具，它不仅着重于 ERP 系统的实施，而且还致力于企业业务流程和组织的改进和完善。Target 实施方法论大体包括以下几个特点：注重结果、全员参与、风险共担、面向目标、建立正式的里程碑和责任、文档清晰、公司模型原型化、使用专业化工具、灵活且简单。

通过对以上几个实施方法论的介绍，可以看出，国内外 ERP 厂商的实施方法论都具有共同点，基本上都是围绕人、系统、组织这三个核心因素展开，从调查分析开始到系统上线结束，都强调对系统的运行维护和持续优化。在实施 ERP 系统过程中，企业了解 ERP 厂商的实施方法论的流程和原理，对实施的顺利进行是相当有利的。

第三节　ERP 项目管理

虽然上面的许多实施方法论都是 ERP 厂商以及咨询公司多年实践经验的积累，但是只有好的实施方法论，没有在实际项目实施过程中采取有效的项目管理，项目也不会成功。

前几年我国成功实施 ERP 的企业只占 10% ~20%，且成功实施的企业中 10% ~20% 为外资企业。在实施 ERP 的企业中，没有实现系统集成或部分实现集成、安装周期超过计划、成本超预算现象普遍存在；用户满意度低，尤其是后续服务不满意比例很高。ERP 项目的高失败率吸引了国内外众多学者的关注，学者们研究总结出了大量影响 ERP 项目实施的关键因素，而且普遍认为 ERP 项目的高失败率是可以通过良好的项目管理来降低的。

一、在项目准备阶段的项目管理

1. 对项目进行整体规划，明确实施 ERP 项目的战略目标

ERP 项目对企业来说是一项浩大的工程。首先，从资金投入方面来看，一个企业要实现 ERP 完整功能模块的运行至少要投入四五百万的资金。其次，从 ERP 项目周期来看，一般要经历 5 ~6 年的时间，ERP 项目才能给企业带来显著的效益。再次，从 ERP 项目涉及的范围来看，企业内部几乎所有的部门都会牵涉进项目活动中，所以企业在决定实施 ERP 项目之前要制订详细的主项目计划和各阶段分解计划，通过项目计划文件有序协调企

业的人力、财力、物力，确保企业有足够的资源支持项目开展。项目计划应至少包括以下内容：明确项目实施目标、项目范围，项目主要风险的评估及预防措施，项目时间计划，成本/预算计划，人力资源计划，培训计划。

2. *确立 ERP 项目在企业活动中的优先权地位，认定高层管理者的责任*

ERP 项目一直以来被称为“一把手工程”，多年来 ERP 项目的实践经验表明没有企业高层领导在人力、财力、物力方面的支持，没有高层领导在企业全范围内推行信息化管理的决心，要想取得项目的成功是不可能的。尤其在中国的传统企业文化下，ERP 项目倘若得不到企业“一把手”的认同是很难引入企业的。另外，企业“一把手”还肩负着参与制定项目的目标和需求，对企业各部门之间进行协调和调度的重任。在 ERP 项目实施过程中，ERP 项目是企业的头等大事。因此，企业的各种资源要有效支持 ERP 项目，更加不得随意抽调 ERP 项目资源。

但是需要纠正的是“一把手工程”并不意味着“一把手”的独断专行，尽管目前许多企业在开展 ERP 项目之前都会组织员工参与各种各样的培训或获取员工意见，但是高层领导常常在企业员工尚未理解和相信 ERP 之前便决定投入项目，并强行往下推行，因而导致员工并不理解实施 ERP 项目的真正意义所在，抵触情绪很高。一般来说以行政命令来推行 ERP 项目实施的企业，企业变革寿命较短，要么达不到预定目标就停止，要么在达到了目标之后发生反弹，产生逆转，最终又回到原点。如表 8－1 列出了领导者类型对 ERP 实施的影响。

表 8－1 领导者类型对 ERP 实施的影响

<table>
<tr><th>国家</th><th>领导者特点</th><th>对实施 ERP 项目的态度</th><th>ERP 项目完成时间</th><th>实施方法</th></tr>
<tr><td>中国大陆及台湾地区</td><td>低度规避不确定性，高度集体主义，更多关注技术细节，偏爱短期工程，承受更多国际竞争压力</td><td>激进</td><td>8 个月左右</td><td>爆炸式、一次性实施所有模块</td></tr>
<tr><td>欧洲</td><td>高度规避不确定性，高度注重本地化</td><td rowspan="2">稳健</td><td>23 个月以上</td><td>阶段式</td></tr>
<tr><td>美国</td><td>中度规避不确定性，高度个人主义，严格按照规则行事</td><td>13 个月以上</td><td>按模块分期式</td></tr>
</table>

二、在项目实施阶段的项目管理

1. 人力资源管理

目前国内企业在实施 ERP 项目时面临的人力资源问题大致可概括为以下几个方面：一是缺乏专业人才，尤其是既懂得管理又懂得 IT 的人才；二是参与项目的企业员工受到工作岗位的限制而容易产生冲突；三是企业通过项目培养起来的优秀人才流失严重。

针对这几方面问题，项目实施阶段的人力资源管理要特别注意：

（1）为企业员工组织相关的培训。一般来说实施 ERP 项目将会挑战企业现有的组织结构，例如，工作职责和职权的重新分配，内部人事调动，跨部门的交叉式培训以及更多的横向和纵向的沟通与信息共享，企业员工现有的工作方式和利益变动等。因此，应该对企业各级员工组织不同内容的 ERP 培训。表 8－2 列举了各级员工的 ERP 培训的侧重点。

表 8－2　企业组织各级员工培训的内容

员工层级	培训内容	培训效果
高层管理人员	有关 ERP 的基本知识、实施方法、收益周期和效益方面的培训	清楚地了解 ERP 的原理，有助于正确地决策 ERP 项目问题；重视并自觉地支持 ERP 项目的实施以及主动地帮助解决 ERP 项目实施中所出现的难题
中层管理人员	管理观念的转变，必要的 ERP 原理、ERP 实施效益以及基本操作方面的培训	重视并自觉地支持 ERP 项目的实施；提高管理业务水平和 ERP 系统的操作能力，有助于业务流程的变革
一线员工	专业技术培训以及实施 ERP 项目的重要性和必要性方面的培训	使其具备企业所选的 ERP 系统的知识及操作能力，能够在软件供应商撤走后独立处理系统的一般问题和日常工作 ；减少抵触

（2）制订人力资源管理计划。企业实施 ERP 项目对人员要求很高，所以要仔细识别参与项目人员的能力，合理分配他们在项目中的角色；通过人力资源管理计划描述人力资源引入、撤除方式以及多头领导的冲突处理方式；在人力资源管理计划中，制定具有激励作用的薪酬机制，吸引外部优秀人才的加入，避免内部优秀人才的流失。

（3）组建项目实施团队。企业 ERP 项目团队必须包括以下几种人才：一是懂得管理，了解企业的各方面管理现状的人才；二是懂得企业流程分析和重组技术的人才；三是了解 ERP 功能并懂得 ERP 项目管理的人才。概括起来可以说，ERP 项目是由三个核心团队构成，即战略思考团队、业务分析团队、项目运作团队。由他们负责制订 ERP 系统的项目计划和目标，进行产品选择和配置，负责整个项目的全程实施。而项目团队的人数要根据项目规模等具体情况确定，项目团队可以划分为多个行动组分别负责不同的功能模块的实施。行动组要定期召开例会，相互沟通，交流经验，共同解决难题。在实施过程中，项目团队还应根据项目的进度，吸纳未来将会直接使用系统的个体进入团队，征求他们的意见，使得系统更加人性化。

另外，ERP 项目实施过程中最忌中途换将。如果在 ERP 项目实施的过程中更换项目团队成员，一方面会影响其他成员的士气，造成项目团队对项目完成的信心受损；另一方面由于新进成员对项目尚需一个了解和熟悉的过程，与其他成员也需要一个磨合的过程，势必会影响项目的完成进度。

2. 进度和成本管理

ERP 项目实施过程中的成本大致由三个方面构成：一是软件费用，主要包括软件包的授权、维护和支持费用等，这部分费用占了项目费用的 30% ~40%。二是硬件费用，包括购买工作站、服务器、存储设备、网络设备等的费用。三是实施成本，主要包括进行业务流程变革、组织变革、企业人员培训的费用和咨询费用；软件二次开发费用；企业原有数据分析、转换的费用。其中，管理改革、数据转换和人员培训方面的费用形成了隐性成本，容易被忽视，这部分费用占整个项目费用的 50% 以上。

在项目实施过程中要特别关注财务风险，ERP 项目实施过程中需要大量的资金注入，尽管在项目实施之前也做了严格的项目预算，但是如不严格控制，很可能超出预算，特别是那些无法轻松依靠自有资金支撑 ERP 项目的企业必须密切关注资金使用情况，合理地配置和管理资金是相当重要的，否则就会产生很大的财务风险。一般来说可以通过合理规划 ERP 实施规模，控制财务风险。另外，可以通过自有资金和筹措资金相结合的资本组合方式分散风险，减轻企业实施 ERP 项目所承受的压力。

在大量的 ERP 项目的失败案例中不乏因项目进度不断出现拖延，导致项目团队士气低落，效率低下，企业高层领导失去耐心而使项目夭折的现象。ERP 项目进度的控制取决于多种因素，如项目团队的能力、项目的规模、项目投入的充足程度以及企业对 ERP 的期望的合理度。因此，在制定 ERP 项目的时间轴时应该适当留有余地；将整个项目合理地划分为若干便于考核的阶段；在实施过程中严格按照进度执行，必要时可以采取追加资源和快速跟进的方法确保项目按照进度推进。

3. 风险管理

ERP 项目的风险存在于项目实施的整个过程中，上面提到的制订项目计划、进度和成本管理以及下面将提到的项目实施监理都是为了有效控制风险采取的措施，ERP 项目中几项主要风险如下：

（1）与 ERP 项目性质相关的认识风险——将 ERP 项目当作 IT 项目来实施。

ERP 项目并不等同于一般的 IT 项目，它是一种以现代资源管理为基础的新型的企业管理模式创新项目。对比来看：首先，ERP 项目更加注重与供应商、分销商以及制造商的联系。它涵盖了接单、采购、生产、发货、货款回收、会计处理等整个商务过程，甚至还包括了客户关系管理、精益化生产、并行工程、过程控制、数据库仓库、金融投资管理、运输管理等内容。其次，ERP 项目更加注重企业业务流程，通过优化业务流程实现财务、制造与分销等职能部门之间的集成。再次，强调通过建立完善的企业财务管理体系，总领资金流与物流、信息流，推动企业价值管理理念的实施。最后，ERP 项目更多地考虑人这一资源因素在生产经营规划中的作用。所以，ERP 项目的重点在于“资源及流程管理”，主张企业把合适的时间、资金和人力等资源有效地利用。在许多 ERP 项目实施失败的案例中，不乏将 ERP 项目当作 IT 项目来推广的案例。在 ERP 项目实施过程中一般需要触及企业更深层次的管理理念和管理架构，因而将面临许多障碍，一些企业因为无法克服困难而放弃对业务流程、管理构架的变革，而选择单纯地上马 ERP 系统。这种错误很可能导致花费大量资金上马的 ERP 系统并不能融入企业的日常应用当中，无法满足企业期望。

（2）与实施方式相关的风险——是采取逐步式还是爆炸式推进。

多年的 ERP 项目实施经验表明：通过逐步式推进，ERP 项目的成功率更高，而采取爆炸式推进往往 ERP 项目的成功率低。采取逐步式推进应遵循以下原则：先易后难，成熟一块应用一块，逐步推进。并遵循以下步骤：首先，由项目带头人和项目团队共同制订主项目计划和项目实施的最后期限；其次，分析当前业务流程，确定率先引进 ERP 系统模块，一般来说企业都会从财务部门着手，具体从那个模块开始要根据企业的状况来决定；再次，项目团队要对选定的业务模块做适当的改变以适应 ERP 系统模块的应用；最后，做必要的数据转移、测试，并给用户足够的时间习惯新系统。两种常见实施方式的对比，如表8－3 所示。

表 8－3　两种常见实施方式的对比

ERP 系统的实施方式	实施前	实施中	风险状况
爆炸式推进	准备工作复杂，资金占用量很大	需要协调控制的因素繁多，预算超支，进度延误、无法按期完成等现象频繁出现，难以控制	高风险，某一步骤的失败都可能造成整个项目的灾难性的崩溃，很难补救
逐步式推进	准备工作相对简单，资金占用量相对小	需要协调控制的因素有限，可以有效将项目控制在预算和预定完工日期内	较低风险，容易补救

（3）与选型相关的风险——避免过度依赖 ERP 厂商。

在 ERP 项目的实施过程中，并不是企业花钱买了软件、请了咨询专家、上了项目，做好项目实施的配合工作，就会得到理想的项目结果。ERP 项目不同于一般的管理咨询项目，要求始终以企业的业务为出发点，倘若过分地依赖 ERP 厂商，往往会造成由技术或 IT 主导的结局；除此以外，ERP 系统涉及众多领域的专业知识，因而企业员工应该积极参与 ERP 项目的实施过程，学习各方面的专业知识。而 ERP 厂商和咨询公司的主要任务应该是完成对系统的正确安装和维护，帮助企业实现所需知识的转移。目前国内还没有用于评估 ERP 软件的有效工具，土耳其的三位学者 Inbrahim Cil、Oguzhan Alpturk、Harun R. Yazgan（2005）研究了一种科学评估软件——inteliteam，该软件主要是采用多视角、多维度的方法评估 ERP 软件。

（4）与数据收集相关的风险——数据的准确性。

关于 ERP 项目的实施我们经常会听到这样的话："三分靠技术，七分靠管理，十二分靠数据。"数据的准备过程是枯燥烦琐的，但是规范化、标准化、准确化的数据是企业 ERP 系统运行的基本保障。我国多数企业在应用 ERP 系统时，经常面临数据资料不完整、不准确和不规范等问题，如库存记录不准确、物料清单丢失、工艺线路与实际不符等。为确保基础数据的质量，一般要采取以下几个监控步骤，如图 8－6 所示。

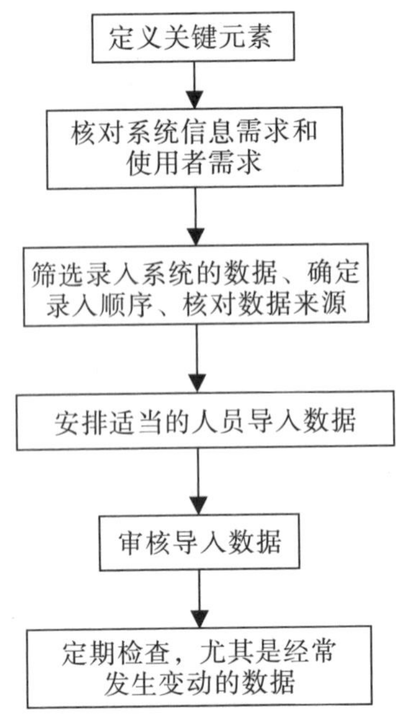

图 8-6　数据监控步骤

(5) 与业务流程再造相关的风险——适合自身的才是最好的。

ERP 起源于西方国家，是适合西方企业模式的管理系统，蕴含了西方先进的管理理念和管理技术，因而将其直接用于中国企业必将与中国企业的体制、特点、文化和环境产生冲突，带来一定的风险。所以企业在实施 ERP 项目时，要结合企业特定的管理及技术环境，针对企业在生产、经营、管理中存在的问题，大刀阔斧地改造企业现行业务流程以适应 ERP 系统。多年来的 ERP 系统实施经验表明，对 ERP 系统进行全面定制，容易导致项目成本超出预算，风险加大。

4. 质量管理

目前，许多 ERP 项目的质量管理还主要集中在项目的最后阶段，这种形式的质量管理效果不好，质量管理应该贯穿于整个项目过程。首先，根据 ERP 项目的实施目标和预期效果，分解一些系统化的、具有可比性和可操作性的评价指标。一要尽可能反映企业应用 ERP 系统的整体效果；二要至少保证实施效果评价指标在相近行业或规模相当的企业之间具有可比性；三要评价指标易于理解、可量化。其次，还要进一步分解一些阶段性评价指标并设置里程碑，采取分阶段的方式对项目实施质量和效果进行评估，如果发现出现偏差，能够及时找到问题根源，落实相应的解决措施，并进一步跟踪落实解决措施后的结果是否符合要求，一旦符合便可以开展下一阶段的工作。目前，国内普遍呼吁由第三方专业的权威项目监理机构进行项目全程监理，由他们采用专业的监理方法，制订科学的监理计划，对进度、造价、合同以及项目最终的审计和效果评估提供公正的监督。但是目前国内尚未建立起适应 ERP 项目的监理团队，而且适应 ERP 项目的监理体系也不完善，所以造成了企业对 ERP 工程监理的认同度较低的现象。

三、后续工作的跟进和持续的改进

后续工作包括由项目组的主要人员分工合作，到各部门现场跟踪应用过程，收集、汇总系统应用过程中出现的问题，通过讨论及时确定解决办法，并以文字的形式制定 ERP 系统的操作规则，以该操作规则指导系统的标准化应用。

首先，企业的规模、产品结构、组织结构、发展战略会随着市场需求的变化而发生变化，这必然要求 ERP 系统跟着企业发展的步伐进行模块扩展或系统升级。其次，随着信息技术的飞速发展，必然会涌现出更加先进的管理思想和管理理念，所以 ERP 系统需要不断地与更加先进的管理系统整合。最后，实施 ERP 系统并非一蹴而就，ERP 系统初步实施成功后会经历一段时间的整合期，在此期间会出现一些之前不可预知的问题，这些问题的解决既可以推动系统应用功能的不断完善，也有助于系统的二次开发和增值服务的发掘。

为了提高 ERP 系统实施过程的管理、控制质量和今后应用推广工作的顺利开展，企业要规范项目实施过程中的文档管理，对实施过程进行全面的文档记录，如月度工作计划、项目会议纪要、阶段性总结报告、模拟/在线测试报告、ERP 业务流程与操作指南、物料编码规则、物料新旧编码对照表等。详尽而规范的实施文档不仅有利于企业、ERP 厂商、管理咨询公司之间的交流，而且对于 ERP 项目的后期维护和持续改进都有重要的作用。

另外，除了对上述与项目有关的内容进行管理之外，在 ERP 项目实施过程中企业其他业务的妥善处理也是十分重要的。

第四节　ERP 项目的成功/失败因素分析

大量 ERP 项目成功或失败的例子表明，ERP 项目的成功不是单一因素造成的，而是由一组因素综合作用的结果。然而 ERP 项目的失败却往往是由于某一方面因素的失误造成的。

在 ERP 项目实施过程中，影响 ERP 项目成败的关键因素存在于各个阶段：

一、项目实施准备阶段

（1）实施 ERP 项目之前是否做了充分的企业调研、需求分析和可行性分析。通过企业调研了解企业存在哪些无效、低效环节，确立企业的生产类型以及各个部门对 ERP 的需求，这样将有助于在实施过程中限定实施内容，抓住侧重点。根据企业现状编制的包含人力资源、资金、管理环境等的可行性报告，应该就实施必要性、实施目标以及实施困难进行说明。依据这些信息，企业在开展 ERP 项目时才能够合理分配各种资源，明确项目范围，做出正确预算。

（2）是否组建了合理的项目筹备小组。项目筹备小组应该涵盖不同层面的人员，也就是我们常说的“一把手”、各业务部门人员、财务部门人员、IT 部门人员等。由他们组织 ERP 项目实施前的基础知识培训、ERP 厂商调查、收集用于 ERP 系统选型的测试数据等。

（3）是否严格选型，选择最适合企业的 ERP 软件。根据严格的选型方法和步骤进行选型，选择符合企业行业类型、生产类型以及企业规模的 ERP 软件。

二、项目实施阶段

（1）是否把握住业务关键点，对业务流程合理再造。ERP 项目主张的是一种“三流合一”的管理理念，而且其实质是在企业内部推行“最佳实践”以提高企业效率，所以根据 ERP 思想来驱动企业业务流程再造是极其必要的，但是也要注意企业的实际和管理的需要。

（2）是否对 ERP 软件模块进行大规模修改。实践经验表明采用 ERP 厂商推荐的最佳实践模式安装 ERP 软件包成功率较高，而定制形式风险很大，容易造成失败。

（3）是否具有有效的变革管理。营造一种企业员工积极参与、畅所欲言的企业文化，将有助于解决组织内部各种冲突和抵触情绪。

（4）是否进行有效的项目管理。包括合理的项目分解细化、标准的项目时间表、严格的项目资金使用管理。项目分解细化将 ERP 项目分解为一系列的子项目，可以通过一个个的子项目实现量的积累而最终达到整个项目的成功，实现质的飞跃，避免因失误造成整个项目失败。将项目所有活动（即使是看似不重要的活动）列入项目时间表进行严格进度控制，可避免项目超期。通过严格的资金管理控制项目成本，可避免项目超支。

（5）是否启用项目全程监理，控制项目实施质量。尽管目前我国尚未建立起权威的第三方 ERP 项目实施监理，但是全程监理的理念对 ERP 项目的实施是极其重要的。

（6）是否与 ERP 厂商和咨询服务提供商建立良好合作。在 ERP 项目中不可控因素多，国内 ERP 厂商的信用状况和与相关企业形成战略合作伙伴的意识较弱，而且 ERP 项目实施尚未建立起统一的行业标准和责任认定机制，所以 ERP 厂商与应用企业之间的合作风险很大。因此企业必须谨慎选择 ERP 厂商和咨询服务提供商，并与之建立良好的合作关系。企业选择咨询服务提供商时要考察其对实施软件的掌握程度、对管理的驾驭能力、对行业的熟悉程度、项目经理和实施人员的素质、经营的稳健度等，既不能盲目依赖，也不能完全不信赖，而是要建立良好的沟通合作。

三、项目验交及后续阶段

（1）是否在系统切换/上线之前进行了详尽测试。在 ERP 系统上线之前，企业要利用企业的各个部门的数据进行详细的测试，在确定系统稳定之后才能投入使用。

（2）是否进行了实施效果和投资受益分析。当 ERP 系统在企业运行一段时间后，要针对各项实施目标对系统进行评估，并持续监控 ERP 项目的汇报情况。

（3）是否采取持续改进措施。由于技术、企业生存环境等都在不断发生变化，因此 ERP 系统也要不断改进以适应企业需求。此外，还要对人员进行持续培训，培养企业自己的人才。

表 8－4 从组织因素、技术因素、用户因素、外部支持因素的角度总结了占有重要权重的成功/失败因素。

表 8-4 ERP 项目成功/失败因素分析

组织因素	技术因素	用户因素	外部支持因素
与企业战略相结合 业务流程重组 最高管理层的支持 组织文化与系统匹配 公司所有部门的配合 有效的项目管理	正确选型 技术先进性与本土化结合 精确的基础数据 系统适应性/与原系统整合	用户的教育与培训 用户的积极参与 用户需求/特征研究	咨询服务提供商的支持 ERP 厂商的支持 经营环境

近几年来，实施 ERP 的企业普遍反映技术因素在诸多因素中所占的权重逐渐下降，主要是因为：一方面，随着技术的日趋成熟以及实施经验的积累和不断改进，技术、软件的本土化进程取得了巨大飞跃，定制服务迅速向最小化迈进。另一方面，ERP 项目毕竟是一个变革管理的项目，与企业战略密切相关，需要高层管理者的鼎力支持，需要项目管理和组织文化的有效匹配才能达到预期效果。正是由于企业对 ERP 认识的提高，使得他们对软件以及技术的选择更加理性，并且将更多的注意力转向了对组织因素、用户因素的管理，最终实现企业 ERP 实施与企业战略的匹配。

案例

关于项目管理的小故事①

罐子满了吗

在一次关于项目管理的课上，教授在桌子上放了一个空的罐子，然后又从桌子下面拿出一些可以放进罐子里的鹅卵石。当教授把石块放完后，正好堆满整个罐子。

这时，教授问他的学生："你们说，这罐子现在是不是满了？"

"是。"所有的学生异口同声地回答说。

"真的吗？"教授笑着问。然后又从桌子底下拿出一袋碎石子，把碎石子从罐口倒下去，摇一摇，再加一些，再问学生："你们说，这罐子现在是不是满的？"

这回他的学生不敢回答得太快。最后班上有位学生怯生生地细声回答道："也许没满。"

"很好！"教授说完后，又从桌下拿出一袋沙子，慢慢地倒进罐子里。倒完后，再问班上的学生："现在你们再告诉我，这个罐子是满的呢？还是没满？"

"没有满！"全班同学这下学乖了，大家很有信心地回答说。

"好极了！"教授再一次称赞这些孺子可教的学生们。称赞完了，教授从桌子底下拿出一大瓶水，把水倒进看起来已经被鹅卵石、小碎石、沙子填满的罐子。

① 资料来源：https：//www. cnbeogs. com/5201314jiya/p/. 6859915. html.

当这些事都做完之后，教授问他班上的学生："你们从上面这些事情得到什么重要的启示?"

启示一：对于我们项目中林林总总的活动，可以按重要性和紧急性的不同组合，确定处理的先后顺序。做到鹅卵石、小碎石、沙子、水都能放到罐子里！

启示二：项目管理就是寻找项目所要完成的工作在时间和空间上的最优化排序，以便最大限度地满足和超越项目关系人的需求和期望。

这是为什么

曾有人做过一个实验：组织三组人，让他们分别沿着十公里以外的三个村子步行。第一组人不知道村庄的名字，也不知道路程有多远，只告诉他们跟着向导走就是。刚走了两三公里就有人叫苦，走了一半时有人几乎愤怒了，他们抱怨为什么要走这么远，何时才能走到。还剩下不到一半路程时，有人甚至坐在路边不愿走了。越往后走他们情绪越低。第二组人知道村庄的名字和路段，但路边没有里程碑，他们只能凭经验估计行程时间和距离。走到一半的时候大多数人就想知道他们已经走了多远，比较有经验的人说："大概走了一半的路程。"于是大家又簇拥着向前走，当走到全程的四分之三时，大家情绪低落，觉得疲惫不堪，而路程似乎还很长，当有人说"快到了"时，大家又振作起来加快了步伐。第三组人不仅知道村子的名字、路程，而且公路上每一公里就有一块里程碑，人们边走边看里程碑，每缩短一公里大家便有一小阵的快乐。行程中他们用歌声和笑声来消除疲劳，情绪一直很高涨，所以很快就到达了目的地。

这三组人为什么会出现这样完全不同的结果?

启示一：在项目章程中，确定里程碑进度表对完成项目目标非常重要。

启示二：确定项目的生命周期，并进行阶段性验收（行政收尾）十分重要。

启示三：项目目标的确定和细分，决定项目的绩效甚至成败。

小矮人的故事

在古希腊时期的塞浦路斯，曾经有一座城堡里关着七个小矮人。传说他们是因为受到了可怕咒语的诅咒，而被关到这个与世隔绝的地方。他们找不到任何人可以求助，没有粮食，没有水，七个小矮人越来越绝望。小矮人们没有想到，这是神灵对他们的考验。小矮人中，阿基米德是第一个收到守护神雅典娜托梦的。雅典娜告诉他，在这个城堡里，除了他们待的那间阴湿的储藏室以外，其他的 25 个房间里，有 1 个房间里有一些蜂蜜和水，够他们维持一段时间；而另外的 24 个房间里有石头，其中有 240 块玫瑰红的灵石，收集到这 240 块灵石，并把它们排成一个圈，可怕的咒语就会解除，他们就能逃离厄运，重归自己的家园。

阿基米德迫不及待地把这个梦告诉了其他的六个伙伴，其中有四个人都不愿意相信，只有爱丽丝和苏格拉底愿意和他一起去努力。开始的几天里，爱丽丝想先去找些木柴生火，这样既能取暖又能让房间有些光线；苏格拉底想先找那个有蜂蜜和水的房间；而阿基米德想快点把 240 块灵石找齐，好快点让咒语解除。三个人无法统一意见，于是决定各找各的，但几天下来，三个人都没有成果，倒是耗得筋疲力尽，更让其他的四个人取笑不已。但是三个人没有放弃，失败让他们意识到应该团结起来。他们决定，先找火种，再找吃的，最后大家一起找灵石。这是个灵验的方法，三个人很快在左边第二个房间里找到了大量的蜂蜜和水。在经过了几天的饥饿之后，他们狼吞虎咽了一番，然后带了许多蜂蜜和水分给特洛伊、安吉拉、亚里士多德和梅丽沙。温饱的希望改变了其他四个人的想法，他们后悔自己开始时的愚蠢，并主动要求要和阿基米德他们一同寻找灵石，解除这可恨的咒语。

为了提高效率，阿基米德决定把七个人兵分两路：原来三个人，继续从左边找，而特洛伊等四人根本没有任何的方向感，城堡对于他们来说像个迷宫，他们几乎只是在原地打转。阿基米德果断地重新分配，爱丽丝和苏格拉底各带一人，用自己的诀窍和经验指导他们慢慢地熟悉城堡。当然，事情并不如想象中那么顺利，先是苏格拉底和特洛伊那组，他们总是嫌其他两个组太慢；后来，当过花农的梅丽莎发现，大家找来的石头里大部分都不是玫瑰红的；最后由于地形不熟，大家经常日复一日地在同一个房间里找灵石，大家的信心又开始慢慢丧失。阿基米德非常着急。这天傍晚，他把大家都召集在一起，商量办法。可是交流会刚开始，就变成了相互指责的批判会。性子急的苏格拉底先开口："你们怎么回事，一天只能找到两三个有石头的房间?"

"那么多房间，门上又没有写哪个是有石头的，哪个是没有的，当然要找很长时间了!"爱丽丝答道。

"难道你们没有注意到，门锁是上孔的都是没有石头的，门锁是十字形的都是有石头的吗?"苏格拉底反问。

经过交流，大家才发现，原来他们有些人可能找准房间很快，但可能在房间里找到的石头都是错的；而那些找得非常准的人，往往又速度太慢。于是，在爱丽丝的提议下，大家决定每天开一次会，交流经验和窍门，然后，把很有用的信息都抄在能照到亮光的墙上，提醒大家，省得再去走弯路。这面墙上的第一条经验就是：将我们宝贵的经验与更多的伙伴们分享，我们才有可能最快地走出困境。

在 7 个人的通力协作下，他们终于找齐了所有的 240 块灵石。但就在这时苏格拉底停止了呼吸。在大家极度的震惊和恐惧之余，火种突然又灭了。没有火种，就没有光线，没有光线，大家就根本没有办法把石头排成一个圈。本以为是件简单的事，大家都纷纷地来帮忙生火，哪知道，六个人费了半天的劲，还是无法生火——以前生火的事都是苏格拉底干的。寒冷、黑暗和恐惧再一次向小矮人们袭来，灰暗的情绪波及到了每一个人，阿基米德非常后悔当初没有向苏格拉底学习生火。在神灵的眷顾下，最终，火还是被生起来了。小矮人们胜利了。

这个故事对我们项目经理做好人力资源管理有哪些有益的启示?

启示一：项目团队的成员只有就目标达成共识、分工协作，才能完成任务。

启示二：经验教训的文档化总结是非常重要的，在模板上改进效率最高。

启示三：一个良好的沟通计划对团队的成功非常重要。

启示四：项目团队的核心技术只由一个人掌握，可能会带来意外的风险。

三只老鼠的“偷油”项目为什么失败

三只老鼠一同去偷油喝，找到了一个油瓶。三只老鼠商量，一只踩着另一只的肩膀，轮流上去喝油。于是三只老鼠开始叠罗汉，当最后一只老鼠刚刚爬到另外两只的肩膀上时，不知什么原因，油瓶倒了，惊动了人，三只老鼠逃跑了。回到老鼠窝，大家开会讨论为什么会失败。最上面的老鼠说，我没有喝到油，而且推倒了油瓶，是因为下面第二只老鼠抖动了一下；第二只老鼠说，我是抖动了一下，但我是感觉到第三只老鼠也抽搐了一下，我才抖动了；第三只老鼠说：“对，对，因为我好像听见门外有猫的叫声，所以抖了一下。”

“哦，原来如此呀！”企业里很多人也具有老鼠的心态。请听一次企业的季度会议：

营销部门的经理 A 说：“最近销售做得不好，我们有一定责任。但是最主要的责任不在我们，竞争对手纷纷推出新产品，比我们的产品好，所以我们很不好做，研发部门要认真总结。”

研发部门经理 B 说：“我们最近推出的新产品很少，但是我们也有困难呀，我们的预算很少，就是少得可怜的预算，也被财务削减了！”

财务经理 C 说：“是，我是削减了你的预算，但是你要知道，公司的成本在上升，我们当然没有多少钱。”

这时，采购经理 D 跳起来说：“我们的采购成本是上升了 10%，为什么，你们知道吗？俄罗斯的一个生产铬的矿山爆炸了，导致不锈钢价格上升。”

A、B、C：“哦，原来如此呀，这样说，我们大家都没有多少责任了，哈哈哈哈！”

人力资源经理 F 说：“这样说来，我只好去考核俄罗斯的矿山了！”

启示一：科学和严密的项目规划是保证项目成功的关键。

启示二：总结项目经验和教训，关键不是追究谁的责任，而是要总结规律以避免以后犯同样的错误。

启示三：公平、公正、量化和透明的绩效考核体系是提高项目团队绩效的关键。

启示四：建立一个良好的冲突解决机制，避免不必要的冲突。

【本章小结】

选型作为 ERP 项目实施的源头，应该获得更多的支持，采取更科学的方法。此外，ERP 项目对企业来说是一项巨大的工程，存在大量的风险和冲突，因此，对于实施 ERP 项目的企业来说，遵循规范的 ERP 实施方法论，采取贯穿 ERP 项目实施过程的全面的、科学的项目管理，是提高 ERP 项目实施成功率的关键。

【讨论题】

1. ERP 实施方法论有什么作用？
2. ERP 中的项目管理有哪些重点？
3. ERP 实施的关键成功因素有哪些？

参考文献

［1］陈洪梅．探究 ERP 系统在企业财务管理中的应用［J］．中国集体经济，2019（32）．

［2］陈林生．营销场域：市场运作的经济社会学分析［J］．商业研究，2010（1）．

［3］杜丽．基于 SAP 系统的 T 公司应付账款内部控制研究［D］．长春：吉林大学，2019．

［4］高伟．ERP 环境下企业的财务管理模块优化探究［J］．中外企业家，2019（33）．

［5］郭伏，叶秋红．基于 ERP 系统功能模块的 SRM 系统功能探讨［J］．中国管理信息化，2006（7）．

［6］迈克尔·哈默，詹姆斯·钱皮．企业再造［M］．王珊珊，等译．上海：上海译文出版社，2007．

［7］康芳玲．基于信息技术用户接受理论的 ERP 系统实施模型研究［J］．中小企业管理与科技（上旬刊），2018（11）．

［8］苗晨红．基于信息化的集团企业财务管控策略研究［D］．北京：北京邮电大学，2019．

［9］宋子发．中小企业预算管理实施 ERP 信息化研究［J］．经贸实践，2018（24）．

［10］孙辰．工业制造企业的 ERP 实施与应用分析［J］．中小企业管理与科技（中旬刊），2017（12）．

［11］孙健，袁蓉丽，王百强．ERP 实施真的能提升企业业绩吗？［J］．中国软科学，2017（8）．

［12］唐秋鸿，王惠芬．企业 ERPⅡ绩效产生根本原因研究：基于批判实在论的视角［J］．现代管理科学，2012（9）．

［13］唐秋鸿．ERPⅡ实施过程中的机制趋同研究：以海尔为例［C］//中国信息经济学会．2012 中国信息经济学会第四届博士生论坛论文集．中国信息经济学会，2012．

［14］毕博管理咨询公司．项目目标不明确 ERP 实施难成功之症结［J］．IT 时代周刊，2006（8）．

［15］崔雷．基于企业建模的 ERP 选型研究［D］．广州：暨南大学，2006．

［16］董煜．收取手续费方式下受托代销业务在用友 ERP 软件的处理［J］．中国物流与采购，2018（21）．

［17］冯恒平．基于 ARIS 的 ERP 实施方法研究［D］．广州：暨南大学，2005．

［18］付甜甜．基于 ORACLE ERP 的中邮人寿投资项目管理系统的设计与实施［D］．济南：山东大学，2019．

［19］高翠红．ERP 系统下企业会计内部控制问题及建议［J］．现代国企研究，2019（8）．

［20］李靖宇. ERP 设备管理模块设计与实现研究［J］. 中国管理信息化，2019，22（16）.

［21］李军国，代廷平. 如何提高 ERP 在企业管理中的作用和实施效果［J］. 中国管理信息化，2017，20（22）.

［22］李晓春. 信息技术与企业组织结构［D］. 北京：中国社会科学院研究生院，1999.

［23］李雪华. 基于 ERP 环境下的企业内部控制研究［J］. 中国商论，2018（30）.

［24］王惠芬，黎文，葛星. ERP 系统应用中的企业管理模式趋同分析［M］. 北京：经济科学出版社，2006.

［25］王惠芬，杨丽萍. 从 ERP 到 ERPⅡ的关键成功因素分析［J］. 科技管理研究，2010（11）.

［26］王惠芬，喻妍，崔雷，等. 基于批判实在论的 ERP 绩效研究［J］. 商业时代，2012（20）.

［27］邢晓. 基于 EBS 的财务管理系统设计与实现［D］. 济南：山东大学，2017.

［28］杨嘉冰. T 公司采购流程优化研究［D］. 厦门：厦门大学，2018.

［29］张玉国. 制造业企业存货管理问题的研究［J］. 财会学习，2018（23）.

［30］赵燕红. ERP 系统在财务管理中的应用探究［J］. 中国市场，2019（26）.

［31］郑宏伟，孟娟，陈拓霖. 价值链视域下 ERP 沙盘经营策略研究［J］. 经营与管理，2019（11）.

［32］周洁琳. 自有仓模式的电商订单集中处理系统的设计与实现［D］. 济南：山东大学，2019.

［33］SHEU C，CHAE B，YANG CHEN – LUNG. National differences and ERP implementation：issues and challenges［J］. Omega，2004（32）.

［34］YEN D C，CHOU D C，CHANG J. A synergic analysis for Web – based enterprise resources planning systems［J］. Computer standards & Interfaces archive，2002（24）.

［35］CIL I，ALPTURK O，YAZGAN H A. A new collaborative system framework based on multiple perspective approach：inteliteam［J］. Decision support systems，2005（39）.

［36］KLEIN H. Seeking the new and the critical in critical realism：deja vu?［J］. Information and organization，2004（14）.

［37］HEVNER A，CHATTERJEE S，CARLSSON S A. Design science research in information systems：a critical realist approach［M］//HEVER A，CHATTERJEE S. Design research in information systems：theory and practice. New York：Springer，2010.

［38］SMITH M L. Overcoming theory – practice inconsistencies：critical realism and information systems research［J］. Information and organization，2006（16）.

［39］GUPTA M，KOHLI A. Enterprise resource planning systems and its implications for operations function［J］. Technovation，2006，26（5 – 6）.

［40］MORABITO V，PACE S，PREVITALI P. ERP marketing and Italian SMEs［J］. European journal management，2005（23）.

后 记

SAP公司作为目前全球最大的ERP软件开发商，于1996年开始在中国推行“种子计划”（SAP Seed）。在该计划中，SAP公司同中国高等院校及科研机构合作，研究中国的企业管理，培养ERP人才。暨南大学作为SAP公司在中国的第一批种子计划合作院校，经过七年来的学习研究，取得了不少研究成果。本书列举了SAP R/3系统的大量特点、流程图、功能等，反映了暨南大学在SAP R/3系统方面研究的特色。

本书中大量研究成果和案例都来自暨南大学ERP研究中心近年来的研究成果。暨南大学作为华南地区培养ERP人才的“黄埔军校”，率先在MBA和本科学生中开设ERP原理与应用课程，10多年来共有超过3 000名学生接受了ERP课程的正规训练。暨南大学ERP研究中心也为华南地区输送了几十名专门研究ERP的企业管理硕士研究生及MBA学生。本书中的主要章节内容和案例大多来自学生的毕业论文和课堂案例，在内容编写和案例的选择上考虑学生的学习体会和教学要求。

多年来，暨南大学ERP研究中心的教学和研究得到了众多ERP应用企业、ERP软件公司、ERP咨询公司的支持。衷心感谢广州医药集团有限公司、海尔集团、汤臣倍健集团、SAP中国公司、赛意公司、金蝶国际软件集团有限公司、用友软件股份有限公司（以上排名不分先后）等为本书的编撰提供了大量的案例和实用信息，同时，也衷心感谢为暨南大学ERP研究中心的研究做出巨大贡献的学者们。

暨南大学ERP研究中心近年来承担了多项国家级和省部级课题，也与许继集团、金蝶国际软件集团有限公司、广州天剑计算机系统工程有限公司、广州华南易凡软件有限公司等企业开展了横向合作。本书借鉴了王惠芬老师主持完成的广东省自然科学基金课题“广东ERP软件企业和管理咨询企业的发展模式研究”，以及国家自然科学基金课题“中外MRPⅡ/ERP软件系统及其实施方法的比较研究”（项目号：70002003）的成果，也反映了广东省自然科学基金课题“广东制造企业ERP/ERPⅡ系统应用及其管理模式趋同分析”和暨南大学社科处预研课题“基于模块化企业的供应链再造”的成果。华南地区是ERP/ ERPⅡ系统应用的先驱，对ERP/ERPⅡ复合型人才的需求旺盛，暨南大学占有天时、地利，希望本教材的编写能为普及 ERP/ERPⅡ系统发挥绵薄之力。

本书的编写时间近一年，由于教学和科研任务繁重，笔者难以全力以赴编写此教材，书中的错误纰漏之处在所难免，而且参考的关于 ERP 的论文及 ERP 软件公司的科技成果也没有一一列出，敬请指出。

再次感谢多年来支持暨南大学 ERP 研究中心教学和科研的各界同仁，衷心祝愿我国的 ERP 研究硕果累累，人才辈出。

作者
2019 **年** 12 **月于暨南园**